黄山学院科研启动项目（2022xskq011）

U0684471

生态农业：
农业经济管理与绿色农业发展

计东亚　金　晨　著

吉林文史出版社

图书在版编目（CIP）数据

生态农业 ：农业经济管理与绿色农业发展 / 计东亚，金晨著. -- 长春 ：吉林文史出版社，2024. 7. -- ISBN 978-7-5752-0507-8

Ⅰ . F32

中国国家版本馆 CIP 数据核字第 2024LT4013 号

生态农业：农业经济管理与绿色农业发展

SHENGTAI NONGYE: NONGYE JINGJI GUANLI YU LÜSE NONGYE FAZHAN

著　　者：计东亚　金晨

责任编辑：程　明

出版发行：吉林义史出版社

电　　话：0431-81629359

地　　址：长春市福祉大路 5788 号

邮　　编：130117

网　　址：www.jlws.com.cn

印　　刷：河北万卷印刷有限公司

开　　本：710mm×1000mm　1/16

印　　张：16.25

字　　数：230 千字

版　　次：2024 年 7 月第 1 版

印　　次：2025 年 1 月第 1 次印刷

书　　号：ISBN 978-7-5752-0507-8

定　　价：98.00 元

前　言

　　农业作为国民经济的支柱之一,不仅直接关系到国家的粮食安全,保障着人民群众的基本生活需求,而且对农村地区的经济社会发展也起着至关重要的作用。农业经济管理是指农业部门（企业）物质资料的生产、交换、消费等经济活动,通过预测、决策、计划、组织指挥、控制等管理职能,以实现管理者预定目标的一系列工作。良好的经济管理能够优化资源配置,提升农业生产效率,增加农民收入,同时还能促进农业向现代化、规模化、可持续化方向发展。特别是在当前全球经济一体化的进程中,有效的农业经济管理不仅有助于提升本国农业的国际竞争力,还能促进全球农业贸易的公平与自由。随着全球对环境和可持续发展问题关注的加深,绿色农业发展成为全球共识。绿色农业着眼于生态和环境保护,强调资源高效利用和环境友好型生产方式,不仅有助于缓解农业生产对环境的压力,还能确保食品安全,提升农产品质量。通过绿色农业的发展,可以实现经济效益、社会效益和环境效益的和谐统一,进而促进农村地区的可持续发展。

　　本书由黄山学院计东亚教授和金晨合作完成,其中第一、二、四章由金晨博士撰写,共计约 8.2 万字,第三、五、六、七、八章由计东亚教授撰写,共计约 15.2 万字,计东亚教授完成了本书的整体校对。本书分为农业经济管理篇和绿色农业发展篇。农业经济管理篇为第一章至第四章,第一章为农业经济管理概述,梳理了农业在国民经济中的地位与作用,分析了农业经济管理的性质与职能、农业经济管理的目的和任务以及农业经济管理的原则和方法。第二章为农业经济的微观组织，首先介绍了农业中的产权结构，然后深入分析了农业家庭经营、农业合作经济组织及农业产业化经营组织等，揭示了农业经济的微观组织特点。第三章为农业生产要素管理，系统地讨论了农业自然资源管理、农业劳动力管理、农业资金管理和农业科学技术管理的关键问题。第四章为农产品市场与物流管理，首先阐述了农产品市场供给与需求的基本理论，然后分析了农产品市场体系及其发展策略，接着对农产品物流管理进行了系统论述。绿色农业发展篇为第五章至第八章，第五章为绿色农业理论基础，全面分析了绿色农业发展的相关理论，包括生态经济理论、低碳经济理论、循环经济理论和可持续发展经济理论。第六章为绿色农业发展的实践路径，包括构建绿色农业政策体系、加快绿色农业科技创新、完善绿色农产品市场体系和健全绿色农业标准体系，为绿色农业的发展提供了实用性策略。第七章为绿色农业发展的绩效管理，阐述了绿色农业发展绩效管理的基本知识，构建了绿色农业发展绩效的评价指标体系，同时提出了绿色农业发展的绩效管理的完善措施。第八章绿色农业发展的风险管理，阐述了绿色农业发展的风险，分析了绿色农业发展风险的识别方法，最后提出了绿色农业发展的风险防范策略。

本书为黄山学院工商管理一流学科（ylxk202104）、市场营销省级一流专业建设点（2020sylzy01）、市场营销国家级一流专业建设点（69）的研究成果。

通过阅读本书，读者不仅可以获得农业经济管理领域的基础知识和理论框架，还可以深入理解绿色农业的理论依据和发展策略，为推动农业经济的可持续发展提供理论支持和实践指导。本书适合农业经济管理研究者、绿色农业实践者、政策制定者以及相关领域的师生阅读和参考。由于笔者水平有限，书中难免有不足之处，恳请广大读者批评指正。

目 录

下篇　绿色农业发展篇

上 篇

农业经济管理篇

第一章　农业经济管理概述

第一节　农业在国民经济中的地位与作用

一、农业的概念与特点

（一）农业的概念

农业是人们利用生物（动物、植物、微生物）的生理机能和外界的自然力，通过人类劳动去控制和强化生物的生命过程，从而把自然界的物质和能量转化为人类所需要的农副产品和优美环境的一个最基本的社会物质生产部门。[①]

在农业生产过程中，植物通过光合作用利用太阳能将空气中的二氧化碳和土壤中的氮、磷、钾等无机物转化为有机物，如碳水化合物、蛋白质和脂肪等，为整个生态系统提供基础的能量和物质。动物通过消化这些植物性产品，转化为富含更高营养价值的动物性产品。微生物通过分解动物排泄物和植物残骸，促进营养物质的循环利用，维持土壤的肥力和生产力。因此可以说，农业生产过程是生物与环境的物质循环和能量转化的过程。在这一过程中，人类的劳动是不可或缺的。通过耕作、种植、养殖和管理等活动，人们加速了物质的循环和能量的转换，提高了生产效率，保障了农副产品的持续供应。

[①]　张云英，刘虎星. 新编农业经济管理 [M]. 郑州：河南人民出版社，1994：1.

（二）农业的特点

1. 农业的本质特征

农业生产是经济再生产与自然再生产相交织在一起的生产过程，这是农业生产区别于其他生产活动的本质特征。

经济再生产指的是人类通过劳动输入，使农产品、劳动力和社会生产关系得到不断反复和更新的过程。再生产过程是所有生产活动的共性，关乎资源的有效配置、生产技术的应用以及生产关系的不断调整与优化。自然再生产即动植物的生长、发育和繁殖过程，这些过程依赖于自然生命力和环境条件。农业生产必须顺应这些自然过程和规律，因为这些自然因素在很大程度上决定了农业生产的效率和可持续性。经济再生产与自然再生产的结合，体现了农业生产的本质特征。人类通过农艺措施和技术投入，可以在尊重自然规律的基础上，有意识地控制和改造生物和环境，以促进自然再生产过程，提高生产力。随着社会经济和技术的发展，人类对自然的控制和调节能力增强，农业生产能力也随之提高，从而实现稳定且高效的农业发展。

2. 农业生产的基本特点

（1）土地是农业生产中不可或缺的基本生产资料。不同于其他生产部门，农业生产对土地的依赖性极高，因为土地不仅提供了植物生长所必需的营养物质，而且是动物栖息和生长的基础。在农业生产过程中，土地的质量和类型直接影响到作物的生长状况和产量，良好的土地是高产优质农产品的前提。土地的特性，如肥力、水分保持能力和微生物活性，都是其他任何生产资料无法替代的。然而，土地的数量是有限的，是不能创造和增加的。这就要求在进行农业生产时，必须经济合理地利用土地，做到用地养地相结合，提高土地生产力。

（2）农业劳动时间和生产时间不一致。在农业活动中，生产时间主要由动植物的生长发育周期决定，这一周期受自然条件的影响，是持续且连续的过程。例如，从播种到作物成熟收割，可能需要数月甚至整个生长季节。相反，农业劳动时间是间歇性的，农民根据作物和牲畜的生长需求进行施工、管理等活动。这种间歇性体现在农业劳动的季节性上，如春播、秋收。由于生产时间长，劳动时间不得不与生物的自然周期相适应，从而产生劳动时间只占生产周期一部分的情况。这要求农业生产者不仅要精准掌握时令，还需要通过科学规划和劳动力管理，确保各项农活能够适时、高效地完成，同时合理调配资源，以缓解劳动力和资金使用上的不均衡，提高农业生产效率。

（3）农业生产受外界环境条件的影响较大，有着很明显的地域性。由于农业生产的对象是生长发育的动植物，它们对气候、土壤、水分等环境因素极为敏感，不同地区的环境条件决定了适宜种植的作物种类和农业生产方式。例如，水稻适合在水资源丰富的低温地区种植，而小麦适合在干旱凉爽的环境中生长。因此，农业生产必须遵循"因地制宜"的原则，根据地理、气候等自然条件及其变化选择合适的农作物和养殖方式，以优化资源利用，提升农业生产的总体效率和可持续性。这种地域性不仅影响农作物的生产，还决定了农业生产结构和布局，使得不同地区形成了各具特色的农业生产模式。

（4）农业劳动具有很强的分散性和流动性。不同于集中的工业生产，农业劳动通常在不同的地块上进行，而且这些地块可能因相距较远，从而导致劳动力的分散。此外，农业活动的季节性和生产周期的不同也要求劳动力具有一定的流动性，以便在不同季节和不同生产阶段进行合理调配。由于农业劳动直接转化为最终产品，没有中间品的存在，这就意味着农业生产的效果直接取决于劳动者对农作物和牲畜的照料质量。为了提高生产效率和产出质量，在劳动力分散和流动的情况下，关键举措是建立高效的劳动组织、确定适宜的生产规模和经营方式，尤其在生产力水平较低的情况下，小规模分散经营往往更为适宜。

（5）农产品的使用价值具有两重性。作为消费资料，农产品直接满足人们的日常生活需求，如食物、纤维等。同时，农产品如种子、种畜和饲料又是重要的生产资料，它们是农业生产持续进行的基础。这种双重性质使得农业在一定程度上具有自给自足的特性，尤其在农业专业化和分工不够发达的条件下，这一特点更为突出。因此，在管理农业生产时，需要采取有效措施，促进农业的区域化和专业化，提升农业商品生产率。同时，作为生产资料的农产品，其质量直接影响着后续生产过程的效率和产出。因此，农作物和畜牧品种的改良就成为提高农业生产效率和产品质量的关键环节。

农业生产的这些特点会对农业经济管理的有效性产生重大影响。因此，在分析具体农业经济问题时，必须深入理解并考量这些农业生产的特性，确保农业经济管理的决策与指导既科学又合理。这意味着，决策制定者和管理者需要将农业生产的特性作为制定政策、规划和管理策略的基础，从而提高农业生产的效率和可持续性，确保农业经济活动能够更有效地适应技术变革和市场变化，促进农业和农村经济的全面发展。

二、农业在国民经济中的地位和作用

（一）农业是国民经济的基础

1. 农业是人类赖以生存和发展的基础

作为最基本的物质生产活动之一，农业直接关系到食物的生产和供应，是维持人类生活和社会稳定的根本。通过种植作物和养殖动物，农业为人类提供了必需的食物、纤维和部分能源，满足了人们日常生活的基本需求。同时，农业的发展也促进了人类居住模式的变迁，从游牧生活转变成定居生活，这不仅增强了食物的稳定供应，而且促进了社会结构和文明的进步。此外，农业生产活动中产生的副产品和农副产品，如药材、工艺品等，极大地丰富了人类的物质文化生活。

2. 农业是其他物质生产部门独立和发展的基础

农业的产出物不仅是人类直接消费的食物，而且是工业生产和服务业运行的重要原料。例如，农业生产的棉花、麻、木材等原材料是纺织工业和造纸工业的基本原料；农作物如玉米、甘蔗等可以转化为生物燃料，为能源产业提供原料。此外，农业还为食品加工业提供原料，促进了一系列与食品相关的产业链的发展。农业的发展和稳定，直接影响着国家经济体系的整体健康和可持续性。在经济全球化的背景下，农业还与国际贸易密切相关，成为国家之间经济往来和合作的重要内容。通过出口农产品，国家不仅可以获得外汇收入，还促进了国内经济的发展。同时，农业的发展也推动了科技创新和应用，如现代农业技术的发展提高了农业生产效率和产出质量，促进了生产方式的转型和升级，对其他产业的发展产生了积极影响。

3.农业是非物质生产部门存在和发展的基础

在现代经济体系中，除了物质生产部门，如工业和农业外，还包括了教育、科研、文化、卫生等非物质生产部门，这些部门虽然未直接产出物质财富，但对社会的可持续发展和人民生活质量的提高至关重要。农业生产的发展为这些非物质部门提供了物质基础，确保社会能够分配足够的资源以支持科研、教育和文化等领域的发展。随着农业剩余产品的增加，更多的人力资源得以从物质生产活动中解放出来，参与科学研究、文化创作、教育传授和健康保障等活动。这不仅丰富了人类的精神世界，也推动了社会文明的进步和经济的全面发展。因此，农业不仅是物质生产部门的基础，也是非物质生产部门发展的根基，其对整个国民经济的平衡发展具有不可替代的重要性。

（二）农业在国民经济中的作用

一般来讲，农业的发展水平不仅是农业部门发展水平的重要标志，也是整个国民经济发展水平的重要标志，因为它在国民经济发展的过程中发挥着重要的作用。[①] 具体如图 1-1 所示。

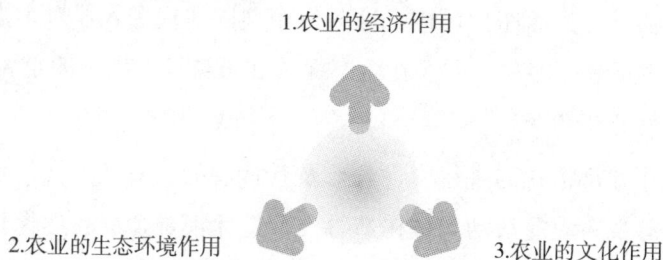

图 1-1　农业在国民经济中的作用

1.农业的经济作用

随着工业化发展，农业在国民经济中的份额已经大大下降。但是，农业在整个国民经济发展中仍然具有十分重要的作用。首先，农业是经济增长的

---

① 王亚军.论农业在国民经济中的地位与作用 [J].经济工作导刊，2001（21）：34.

重要源泉。通过生产粮食和其他农产品，农业直接为国民经济提供基础物资和原料，推动相关产业链的发展。农业产值在很多国家占 GDP（国内生产总值）的重要比重，尤其是在发展中国家，农业对经济的直接贡献尤为显著。其次，农业是就业的重要渠道。在全球范围内，大量劳动力在农业领域就业，农业提供的就业机会有助于减少贫困，特别是在农村地区。此外，农业发展促进内需。通过农产品市场的供需关系，影响食品价格和通货膨胀率，对国家宏观经济稳定起到关键作用。农业还促进了贸易和国际合作，农产品出口是许多国家外汇收入的重要来源，同时，农业的发展也吸引了国际投资，促进了技术和经验的交流。

2. 农业的生态环境作用

农业活动中的土地合理利用和植树造林等措施，不仅提升了土地的生产力，还有助于恢复和增强土地的生态功能，如防风治沙、提高土壤保水能力和改善土壤结构。此外，农业在环境污染治理方面也发挥着关键作用。通过将畜禽粪便和生活垃圾转化为有机肥，农业不仅提高了资源的循环利用率，而且减少了化肥对环境的负担。农作物和林木通过光合作用吸收二氧化碳，有助于缓解温室效应，同时，绿色植被还能降低城市噪声、减少空气中的悬浮颗粒物、提升空气质量。在微观层面，农业土壤和水体中的微生物可以分解多种有害物质，进而净化环境。这些作用共同体现了农业对生态环境维护和改善的多重贡献，突显了农业在生态保护和可持续发展中的重要地位。

3. 农业的文化作用

在现代化和都市化的进程中，农业及其背后的农村社会文化价值逐渐被重新认识并珍视。农业活动如植树造林、改造沙漠、建立自然保护区等，不仅是经济活动，也是文化活动，有助于提升人们的生态意识和自然美感。农田作业本身，由于其与自然的紧密联系，亦蕴含深厚的文化意义。农村社区的稳定性、传统习俗、伦理观念和对亲情纽带的重视，使得农业和农村成为传统文化保存和传承的重要场所。特色鲜明的乡村旅游和生态旅游的兴起，进一步展现了农业在文化传播、生态教育和休闲体验方面的作用。通过这些活动，农业不仅满足了人们对自然和乡土的向往，也促进了文化交流和多样性的保护，强调了农业在文化生态系统中的核心作用。

第二节　农业经济管理的性质与职能

农业经济管理是国民经济的重要组成部分之一。农业经济是一个结构复杂的系统，是农业中生产、交换、流通、分配、消费等方面的经济关系和经济活动的总称。概括地说，农业经济管理是指农业部门（企业）物质资料的生产、交换、消费等经济活动，通过预测、决策、计划、组织指挥、控制等管理职能，以实现管理者预定目标的一系列工作。①

一、农业经济管理的性质

（一）自然属性

农业经济管理有与生产力相联系的一面，由生产力水平来决定的特性，这就是农业经济管理的自然属性，主要体现为管理活动中对生产力的合理组织。对生产力合理组织就是把人、土地及自然资源、生产资料等生产要素，作为一种具有自然属性的使用价值来对待。具体表现为，土地等自然资源的合理开发和利用，劳动力的合理组织，农业生产资料的合理配备和使用等。要最大限度地发挥生产要素和自然资源的最大效益。这里需要特别说明的是，农业经济中的生产力与工业经济中的生产力有所不同。

（二）社会属性

农业经济管理也有与生产关系相联系的一面，由生产关系的性质来决定的特性，这就是农业经济管理的社会属性。农业经济管理的社会属性强调，农业经济管理的方式和效率在很大程度上取决于其所处的社会经济结构和生

---

① 柳咏芬，王利仁，徐凤珠.农业经济管理[M].哈尔滨：黑龙江人民出版社，2008：18.

产关系。在不同的历史时期，农业经济管理的社会属性表现出不同的特点。例如，在人民公社制度下，由于土地公有、集体劳动和集体分配的特点，农业经济管理强调的是集体利益和集体决策，农民家庭主要作为生活单位存在，而生产活动则由集体组织和管理。在这种体制下，农业经济管理的重点是实现集体生产的最大化，加强集体经济的建设和发展。随着经济体制改革的深入，尤其是联产承包责任制的实施，我国农业经济管理的社会属性发生了根本性变化。土地虽然仍属于集体所有，但通过承包给农户家庭，建立了集体和家庭双层经营体制，有效地将所有权与经营权分离。这一变化极大地激发了农民的生产积极性，使农民家庭成为经济管理的重要主体，既承担生产职能，又具备经营自主权。在这种制度下，农业经济管理更加注重提高农业生产效率，增加农民收入，同时鼓励农民根据市场需求调整生产结构，提高农业的市场响应能力和竞争力。

二、农业经济管理的职能

农业经济管理的职能主要包括以下几个方面：

（一）决策职能

决策职能体现为对农业生产经营中的关键问题进行判断和选择，如生产规模、生产结构、技术措施、重要设备的投入、农产品加工和销售等。[1] 决策的正确与否直接关系到农业经济管理的效率和效果，影响着农业企业的竞争力和可持续发展能力。在全球化和市场经济条件下，农业经济管理决策的复杂性和重要性日益增强，这要求决策者不仅需要具备专业的农业知识，还需了解经济、市场、环境等领域的知识，以便综合考量各种因素，做出科学合理的决策。

---

① 郭翔宇. 农业经济管理学 [M]. 2 版. 北京：中国农业出版社，2014：15.

（二）计划职能

计划职能体现为根据决策制定详细的执行方案，包括长期或短期的各类计划，如生产计划、购销计划和收益分配计划等。这些计划需要细致规划到农业生产的各个环节，确保资源的有效配置和利用，以及生产目标的顺利实现。计划职能的一个重要特点是其动态性，即根据市场需求和气候条件的变化对计划进行及时调整，保证计划的实际适应性和灵活性。通过制定具体、可行的计划，农业经济管理能够指导生产实践，促进生产过程的有序进行，同时也为农业经济管理的监控和评估提供了依据。计划的制定和执行还需依赖有效的信息沟通系统，确保各级管理部门和生产单位能够及时获取和反馈信息，增强整个农业部门对外部变化的应对能力和内部管理的协调性。

（三）组织职能

农业经济管理的组织职能是指将农业生产经营的各种要素及生产过程的各个环节，在适当的时间和空间内有效地协调起来，以确保决策目标和计划得以实现。具体包括种子、农药、肥料等生产物资的及时供应和合理分配，劳动力和农机具在农忙季节的有效配置以及在农闲时期的适当安排，以及生产、供应和销售系统的有效协调。组织职能要求管理者具备高效的资源整合能力和流程优化能力，以及对农业生产周期和节奏的深刻理解，以便在正确的时间安排适宜的活动，确保生产过程连贯、高效，并最大限度地提高资源利用效率。通过有效的组织，可以降低生产成本，提高生产效率，增加农业产出。

（四）指挥职能

指挥职能是确保农业经济活动按照既定目标和计划有序进行的关键。这一职能涉及对农业生产各个阶段的直接监督和管理，确保每个环节都能协调一致地向共同目标前进。无论是家庭规模的农业经营还是大规模的农业生产，有效的指挥都是必不可少的。指挥职能包括设定具体执行标准，监控生产进度，解决生产过程中出现的问题，以及调动和激励农业生产人员的积极性。通过明确的指挥和管理，可以确保农业经济管理中的决策和计划得以有效实施，同时也有助于提高应对突发事件的能力，确保农业生产的稳定和持续发展。

（五）控制职能

农业经济管理的控制职能是通过设定标准、监测实施过程、评估结果和进行必要的调整来确保农业生产经营活动能够按照既定的目标和计划顺利进行。这一职能的实质是一个持续的反馈和改进过程，它要求管理者对生产经营活动进行实时监控，及时发现偏差并采取措施纠正。控制职能包括但不限于生产进度的跟踪、质量的检验、成本的监控和收益的评估。通过这些控制活动，管理者可以确保资源的有效利用，预防和解决生产过程中的问题，提高农业生产的效率和效益。此外，控制职能还有助于积累管理经验，为未来的决策和计划提供参考，从而实现农业经济管理的持续改进和优化。

（六）调节职能

农业经济管理的调节职能是指在农业生产经营活动中，根据内外部环境的变化，通过相应的管理措施来调整和优化生产经营策略，以保持农业系统的稳定和持续发展。这一职能要求管理者具备灵活应变的能力，能够根据市场需求变化、技术进步、自然条件变化等因素，及时调整生产规模、结构、技术和经营策略。例如，遇到市场需求下降或原材料价格上涨时，管理者需要通过调整生产计划和销售策略来应对；面对自然灾害或不利气候条件时，需要及时调整种植结构和生产方式。调节职能不仅有助于提高农业经济管理的适应性和灵活性，还可以增强农业系统对外部冲击的抵御能力，促进农业经济的平稳健康发展。

（七）监督职能

监督职能的主要目的是确保各项农业活动和过程按照既定的标准和规划顺利进行，并及时发现和纠正偏差，防止资源浪费和效率低下。这一职能涉及对农业生产全过程的跟踪和评估，包括土地利用、种植、收割、储存、加工和销售等各个环节，还包括对农业生产过程中使用的技术、材料以及环境保护措施的监控，确保它们符合可持续发展的要求。通过有效的监督，可以确保农业政策的实施和农业计划的执行达到预期目标，同时也有助于提高农业生产的透明度和可追溯性。

（八）服务职能

农业经济管理的服务职能指的是为农业生产提供必要的支持和帮助，以提高生产效率和产品质量。具体包括提供技术咨询、市场信息、财务管理、教育培训和其他增值服务。通过这些服务，可以帮助农民掌握先进的农业技术，了解市场需求变化，优化生产结构，提升产品竞争力。例如，通过技术推广服务，农民可以学习到更有效的种植技术和病虫害防治方法；通过市场信息服务，他们可以及时调整生产计划和销售策略，以适应市场变化。此外，服务职能还包括对农业基础设施的建设和维护，如灌溉系统、交通路网、仓储设施等，这些都是保障农业生产顺利进行的基础。通过实施有效的服务职能，可以促进农业经济的整体发展，提高农业的社会和经济效益。

第三节　农业经济管理的目的和任务

一、农业经济管理的目的

（一）提高农业生产效率

提高农业生产效率是农业经济管理的重要目标，是指通过科学管理和技术创新优化农业资源配置，提升农业生产的数量和质量。在实现这一目标的过程中，要引入现代农业技术和管理方法，如精准农业技术、高效灌溉系统、先进的种植和养殖技术等，帮助农业生产者提高土地利用率，减少种植成本，增加作物产量。加大农业科研力度，推广科学种植和养殖模式，通过育种改良、病虫害防治等措施，提高农作物和畜禽的生产性能。加强农业供应链管理，优化农产品的加工、储存、运输和销售流程。通过这些措施，可以大幅提升农业生产的效率和效益，促进农业的现代化发展。

（二）促进农民增收和农村发展

促进农民增收和农村发展不仅对于提升农民的生活水平具有重要意义，也是实现农村经济社会全面发展的关键。要实现这一目标，需要推广高效益的农作物和养殖业，提供农业技术和市场信息服务，帮助农民提高产品质量，拓展销售渠道。鼓励农民参与农业产业链的各个环节，如农产品加工和销售，增加农民的附加收入。发展农村多元经济，如乡村旅游、特色手工艺品制作等，为农民提供多样化的收入来源。政府应提供必要的政策支持和资金投入，加强农村基础设施建设，改善农村教育和卫生条件，提升农民的整体生活质量。通过综合措施的实施，不仅可以有效提高农民收入，促进农村经济发展，还能促进农村社会稳定和文化繁荣，实现农村可持续发展。

（三）保障国家粮食安全

保障国家粮食安全是农业经济管理的一个至关重要的目标，直接关系到国家的经济稳定和社会安定。在全球化和气候变化的大背景下，保障粮食安全尤显重要。这一目标的实现依赖于增加粮食供应、提高粮食储备能力和优化粮食分配效率。具体而言，首先需要通过提高农业生产效率和扩大耕地面积来增加粮食生产，同时引入现代农业技术和种植方式，提高单产水平。其次，建立和完善国家粮食储备系统，合理规划储备规模和结构，以应对可能的粮食危机。此外，优化粮食流通体系，减少粮食流通过程中的损耗，提高粮食利用效率。政府还需制定有效的粮食政策，鼓励粮食生产，保护农民利益，同时通过国际合作，稳定粮食进口渠道，确保国家粮食安全。

（四）促进可持续农业和环境保护

农业经济管理要实现农业生产与自然环境的和谐共生，确保农业长远发展不损害环境资源。推广环境友好型农业生产方式，如有机农业、生态农业和精准农业，减少化肥和农药的使用，保障土壤健康和水质。加强农业生态系统管理，保护生物多样性，实施病虫害的生物防治，减少对化学防治的依赖。推动农业废弃物的资源化利用，如将农作物秸秆和畜禽粪便转化为生物肥料或能源，减少环境污染。政府需要制定相应的政策和标准，引导和支持农业生产方式的绿色转型，投资农业科研，促进环保农业技术的开发和应用。通过这些措施，可以实现农业生产的可持续性，保护和改善农业生态环境，为后代留下绿色的土地和清洁的水源。

二、农业经济管理的任务

第一，选择适合生产力性质的所有制形式、经济形式和经营方式，并贯彻落实党在农村的经济政策，以不断巩固和完善社会主义生产关系。这要求管理者深刻理解农业生产的本质和规律，确保所有制形式和经营方式与生产力发展阶段相适应，从而促进生产效率和生产关系的和谐发展。具体操作上，可能涉及推动土地使用权的改革、鼓励多种经营主体并存、提高农业企业化和集约化水平等。

第二，从农业生产力的现状出发，改革和确立农业经济管理体制，以促进农业持续健康发展。这包括合理配置农业资源，加强农业科技创新，以及改善农业经营体制。管理者需要正确处理农业系统内部不同层级、不同区域和不同企业之间的关系，协调农业与其他国民经济部门的关系，尤其是农业前后部门之间，要激发各方面的积极性。通过构建有效的协调机制和激励体系，可以整合资源，提高效率，促进农业生产快速发展，为实现农业现代化打下坚实基础。

第三，根据我国实际情况探索适合我国特色的农业现代化道路。这要求管理者不仅要制定科学的农业发展规划和技术改造计划，还需要研究农业现代化过程中可能遇到的经济问题，并提出有效的解决策略。这些规划和策略应充分考虑国内外经济环境、自然资源条件、社会需求等因素，确保农业持续健康发展，推动传统农业向现代化农业转变。

第四，根据我国农业资源的状况，遵循自然规律和经济规律，调整农业生产结构和布局，以实现农业资源的合理利用和农业生产力的有效组织。这意味着要根据不同地区的土壤、气候、水资源等自然条件和市场需求，优化作物种植结构和农业产业布局，发展地区特色农业，提高地区农业的竞争力。例如，水资源丰富的地区可以发展水稻种植，干旱地区可以发展节水高效的作物。

第五，正确处理农业中的分配问题，平衡好国家、集体与个人之间的利益关系。合理的分配机制能够保证农业增加值得到公平分配，激励农民投入更多劳动和智慧于农业生产。具体而言，要确保农民在农业增产增收中获得应有的份额，逐步提高农民的生活水平，增强他们的幸福感和获得感。同时，应加强农业积累，支持农业再生产扩大，促进农业技术进步和结构调整。通过逐步提升农民收入，不仅可以调动农民的积极性，还能促进农村经济的全面发展和社会主义新农村建设。

第六，对农民的思想和文化进行科学技术教育，提高农民的社会主义觉悟和文化技术水平。在现代农业发展中，农民的科技知识和文化素养直接影响着农业生产效率和质量。因此，加强农民教育，不仅能够提升农民应对现代农业挑战的能力，还能促进他们的个人成长和全面发展。为此，应积极开展农业技术培训，普及农业科学知识，强化农民的社会主义核心价值观教育，培养他们的集体主义精神。

第四节　农业经济管理的原则与方法

一、农业经济管理的原则

农业经济管理的原则是指人们在对农业经济活动的管理过程中所遵循的

行为准则。它包括发展原则、整体效益原则、利益协调原则、民主集中制原则，如图1-1所示。

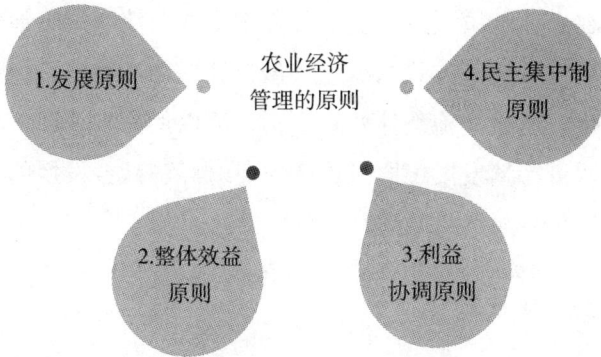

图 1-1 农业经济管理的原则

（一）发展原则

发展原则强调农业经济管理必须促进社会主义农业的稳定与持续发展。尽管我国的农业经济已经取得显著成就，农业在国民经济中的地位和作用不断增强，但农业发展滞后的问题依然突出，存在着与人口增长、人民生活水平提升以及经济发展对农产品日益增长需求不相适应的矛盾。农业经济管理的过程实际上是促进农业经济全面发展的过程。农业经济管理涉及管理体制、发展战略、政府管理以及生产要素的合理开发和组织等多个方面。坚持发展原则，可以有效解决农业发展中存在的问题和矛盾，进而促进农业稳定持续发展，满足人民生活水平提高的需求，进而推动社会主义农业向现代化转变，为国民经济的全面发展奠定坚实的基础。

（二）整体效益原则

整体效益原则是指在农业经济管理中要全面考虑农业生产和经营活动的经济效益、社会效益和环境效益，实现农业发展的综合效益最大化。具体到农业经济管理实践中，这一原则要求政策制定者和执行者在考虑农业投入产出比、提高农业生产效率和增加农民收入的同时，还必须考虑农业发展对社会的影响，如农业就业、农村稳定、食品安全和农民福祉；以及农业生产对环境的影响，包括生物多样性保护、土壤健康、水资源保护和气候变化等方面。这就要求在农业政策制定和实施过程中采取系统思维，通过科学规划和综合协调，推动农业生产方式的绿色转型，发展循环经济，促进农业与自然环境的和谐共生。通过实施整体效益原则，可以促使农业经济管理更加科学合理，确保农业可持续发展，同时提高农业对经济社会发展的整体贡献，最终实现人与自然和谐共生的现代农业发展目标。

（三）利益协调原则

利益协调原则的核心在于妥善平衡国家、集体与个人之间的利益关系，确保农业经济管理的决策既符合国家宏观调控的目标，也顾及集体和个人的利益需求。在我国社会主义农业经济体制下，利益协调原则要求管理者在制定和执行政策时，不仅要充分考虑到国家的战略目标和宏观利益，如粮食安全、农业可持续发展等，还需考虑农业政策对农民集体和个人农户的影响，确保政策能够激发其生产积极性，提高他们的生活水平。这一原则的实施有助于促进社会主义农业经济的和谐发展，通过合理的利益分配机制，能够鼓励农业生产，提升农业效率，同时保障农民权益，推动农业与农村经济社会的全面进步。

（四）民主集中制原则

民主集中制不仅是社会主义政治生活中的组织原则，而且也是社会主义农业经济生活中的管理原则。这一原则要求在农业经济管理过程中实现民主与集中的统一，即在充分发扬民主，广泛听取和尊重农民群众、农业科技人员和管理者等各方意见的基础上，通过集中的方式做出科学决策和高效管理。具体而言，民主集中制原则要求在制定农业政策或管理决策时，广泛征求基层和农民的意见和建议，充分反映他们的需求和利益，然后通过集中的领导和决策机制，形成统一的指导方针和政策措施，以确保农业经济管理的指令明确、执行有力。通过实施这一原则，可以提高农业经济管理的科学性和民主性，增强政策的针对性和有效性，从而促进农业和农村经济的健康发展。

二、农业经济管理的方法

（一）经济方法

1. 经济方法的概念与特点

经济方法是农业经济管理中应用经济杠杆和市场机制来引导和调节农业经济活动的方法。它通过激励与约束机制来影响各类市场主体的行为，以促进资源的有效配置和农业经济的健康发展。经济方法的主要特点如下：

（1）平等性。在市场经济条件下，所有农业经济组织和单位在追求经济利益时享有平等的权利。这种平等性体现在市场准入、资源配置、产品销售等多个方面，确保不同的经济主体在法律和政策面前享有平等的机会和条件，从而激发各类农业主体的积极性，促进公平竞争，提高农业资源的利用效率，推动农业经济的健康发展。

（2）有偿性。在农业经济活动中，各经济组织和单位之间的经济往来必须基于等价交换的原则，即任何经济资源的获取和产品服务的交换都应有相应的经济补偿。这种有偿性有助于确立市场经济中的契约精神，促进经济资源的有效流动和合理配置，提高经济活动的透明度和效率，从而促进农业经济的稳定和可持续发展。

（3）非直接性。经济方法通过非直接性的方式调节和控制农业经济活动，即不是通过行政命令直接干预，而是依靠经济杠杆如价格、税收、补贴等，通过影响农业经济主体的利益得失来引导其行为，从而更有效地激发市场主体的内在动力，促使其在追求自身利益最大化的过程中，顺应市场规律和政策导向，实现资源的优化配置和农业经济的高效运行。

（4）作用范围广。经济方法的作用范围广泛，它不仅适用于农产品的生产、加工、销售等各个环节，还影响到农业科技进步、人才培养、农业信息化等多个方面。通过广泛运用经济方法，可以在整个农业经济体系中形成有效的激励和约束机制，促进各个环节和要素的协调发展，提高整个农业经济的综合竞争力和可持续发展能力。

2. 经济方法的主要内容

（1）发挥经济组织的作用。在决策结构上，应实施所有权与经营权分离，确保不同层级如国家、企业、劳动者能在各自权限内作出决策；在经济利益体系上，应实现国家、企业和个人三者利益的相兼顾，企业的薪酬体系需要与其经济效益挂钩，激励员工提高生产效率；在计划调节体系上，要灵活运用指导性计划和市场机制，利用经济杠杆如价格、税收等手段进行微观和宏观调节。在经济组织体系上，要实行政企职责分开，以横向联系为主，以中心城门为枢纽，建立纵横交错的网络化经济体系。

（2）发挥经济核算工作的作用。经济核算能够促进企业和劳动者更加注重劳动生产率的提升，推动原材料和能源的节约使用，助力降低生产成本，从而提高企业的盈利能力。有效的经济核算不仅有助于企业内部管理，提升经济效率和市场竞争力，也有助于国家宏观经济管理和政策制定。通过对经济活动的量化管理和评估，能够为经济决策提供科学依据，进而推动整个社会经济体系的健康发展。

（3）发挥经济杠杆的作用。经济杠杆主要包括价格、税收、贷款利率、补贴等经济政策工具，[①] 它们通过影响市场主体的成本收益分析，激励或抑制某些经济行为，从而引导资源的合理配置和经济活动的有效运行。例如，通过提高对不可再生资源的税收，可以抑制这些资源的过度消耗，促进节能减排；通过设置合理的农产品价格政策和提供农业补贴，可以激励农业生产，增加农民收入。经济杠杆的有效运用需要基于深入的市场分析和准确的政策进行设计，确保其能够针对性地解决经济管理中遇到的问题，同时避免可能产生的负面效应。通过发挥经济杠杆的作用，可以在更大范围和更深层次上调控经济活动，实现经济效率和社会公正的双重目标，促进经济体系的可持续发展。

（4）发挥经济合同的作用。经济合同是经济活动中各方主体之间的法律协议，它确定了交易双方的权利和义务，是市场经济中协调各方经济关系、保障经济交易顺利进行的基本手段。在农业经济管理中，经济合同对于确保

---

① 张启明. 新经济知识一本通 [M]. 乌鲁木齐：新疆美术摄影出版社，2010：48.

交易安全、降低交易成本、防止市场欺诈等方面发挥着重要作用。通过建立和执行经济合同，可以有效保护农民、企业等经济主体的合法权益，促进其积极参与市场交易，提升农业经济效率。经济合同还有助于引入市场竞争机制，激发经济主体的创新动力，推动农业技术进步和产业升级。因此，完善经济合同制度，加强对经济合同执行的监督和管理，对构建公平、有序的市场经济环境，促进农业经济健康稳定发展具有重要意义。

（二）行政方法

行政方法是一种通过法规、政策、命令等形式，由政府或上级管理机构对下级组织和个人进行直接管理和控制的方式。这种方法在农业经济管理中通常用于实现政策目标、维护市场秩序、保障农业生产安全等方面。行政方法具有以下特点：

（1）直接性。行政方法通过明确的命令和规定直接影响被管理者的经济活动，确保管理决策的迅速传达和执行。在农业经济管理中，政府可以直接设定农产品的最低收购价、发布农业生产安全规范或者直接介入某些农业资源的分配和利用，确保关键农业政策的实施和关键问题的解决。

（2）单一性。行政方法的单一性表现在下级组织和个人只接受单一上级的指令和管理，确保了管理指令的清晰和权威。同时，管理指令通常针对特定经济活动或问题提出单一的、具体的解决方案或行动计划，减少了执行过程中的歧义和混淆。

（3）强制性。行政方法赋予上级组织和领导人一定的权力，使其可以对下级实施强制性干预。这种干预可以通过法律、行政命令等形式表现出来，确保了政策的执行和管理目标的实现。在农业经济管理中，这种特点使得政府能够有效实施农业政策，及时解决农业生产、销售中的问题。

（4）无偿性。在行政方法的管理过程中，上级单位对下级单位的资源调配和利用不以市场机制为基础，不追求等价交换，更多的是基于整体经济和社会发展的需要。这种无偿性特征在农业资源调配、紧急情况下的物资支援、技术推广等方面尤为明显，有助于快速响应农业经济管理中的特殊需求和紧急情况。

（三）法律方法

法律方法是指通过法律规范来调控经济行为、解决经济纠纷的方法。[①]这种方法依赖于法律体系的完整性和权威性，以法律规范为基础对经济活动进行指导、约束和调节。法律方法具有以下特点：

（1）权威性。法律由国家最高权力机关制定，代表了国家意志和社会公共利益，因此具有不可挑战的权威性。所有政府机关、社会组织、企业和个人都必须遵循法律规定行事，确保法律在社会生活中的主导地位。权威性保障了法律规定能被普遍接受和遵守，确保了法律对经济活动调控的有效性，实现了"法律面前人人平等"的原则，禁止任何形式的法外特权。

（2）规范性。法律和法规作为社会行为的规范，其表述必须严密、准确，具有明确的含义，确保法律规范易于理解和执行。法律体系内部具有一定的层次性，高层次法律规范对低层次具有指导和制约作用，确保法律体系的一致性和协调性。这种规范性不仅为个体和组织提供了明确的行为准则，也为农业经济管理提供了稳定的法律基础，促进了经济活动的有序进行。

（3）强制性。法律规范具有由国家强制力保障的执行力，这种强制性意味着法律不仅是推荐或指导性的准则，而且是所有社会成员必须遵守的强制性规定。违反法律的行为将受到法律制裁，确保了法律规范的实施效力。通过强制执行法律，可以保障经济秩序，促进公平竞争，保护合法权益，维护经济管理的正义和效率。

（4）稳定性。法律的制定、废除都要经过缜密的调查研究和一定的程序。法律一经通过实施，就应在一定时期内，具有相对的稳定性，保证企业生产经营的正常秩序和为社会经济持续稳定发展提供有利条件。

（四）思想政治教育方法

思想政治教育方法是指通过传播正确的思想政治理论、价值观念和道德

---

① 潘大荣．社会主义经济管理原理[M]．南宁：广西民族出版社，1991：139.

规范，引导和激励农业从业者自觉遵守经济法规，积极参与农业经济活动，以实现农业可持续发展和农业文明建设的方法。思想政治教育方法具有以下特点：

（1）启发性。思想政治教育方法强调通过讲解、引导、疏导等方式启发农业从业者内心的自觉性，使其认识到参与农业经济建设的重要性和紧迫性。这种方法不同于简单的命令或强制，它通过说理和引导，帮助人们理解和接受正确的经济发展观念，从而在内心深处建立起积极参与农业经济活动的意愿。启发性的思想政治教育能够增强教育的有效性，使农业从业者在理解和认同的基础上行动，从而提高农业经济管理的人文关怀和效率。

（2）长期性。思想政治教育是一个长期的、持续的过程，需要在日常工作和生活中不断进行。正确的世界观、人生观和价值观的确立与人的思想转化是一个长期累积和逐步深化的过程。这要求农业经济管理者持续不断地进行思想政治教育，不仅要在特定时期进行强化，而且要在日常管理活动中渗透思想政治教育的内容，通过各种途径和方式巩固教育成果，实现思想教育的长期效应。

（3）广泛性。思想政治教育方法的广泛性表现在两个方面：一是思想教育方法广泛应用于经济管理的全过程和一切方面；二是它不能由少数几个人包办，而需要动员和发动广大农业从业者、农民群众参与其中，形成全社会共同关注和推动农业经济发展的良好氛围。

（4）多样性。由于农业经济管理涉及的人群背景、教育水平、价值观念等方面存在差异，思想政治教育需要根据不同对象的特点和需求，采用灵活多样的教育形式和方法。这可以包括讲座、研讨、文化活动、现场教学等多种方式，以适应不同人群的接受习惯和教育需求，确保思想政治教育的覆盖面广、形式活、效果好。

第二章 农业经济的微观组织

第一节 农业中的产权结构

农业经济的微观组织是农业生产、经营的基本单位，是农业产权、农业经营方式、运行方式实施的载体。农业产权结构反映了农业微观经济组织的生产资料所有制结构，属于生产关系的范畴。

一、产权与产权结构

（一）产权

产权是指财产主体（生产资料所有者和使用者）对财产（生产资料和生产经营收益）的权利，包括生产资料的所有、使用和处置权以及收益的分配权。[①]

1. 所有权

所有权是指财产所有者对其财产享有的独占性支配权利，包括使用、处置以及从中获取经济效益的权利。所有权赋予主体完整的控制权，使其能够根据个人或法人的意愿和利益决定如何管理和利用财产。同时，所有权主体也承担与其权利相对等的责任和义务，须依法行使权利并对财产的使用结果负责。

[①] 王飞.农业经济学 [M].太原：山西人民出版社，2006：342.

2. 使用权

使用权是对财产特定功能的占有和运用权利，它体现在所有权和使用权可能发生分离的现代经济关系中。当使用权被授予时，使用者可以在一定范围内对财产进行占有和利用，从而获得收益和在一定条件下对财产进行处置的可能性。虽然使用权让使用者拥有对财产的经济利用能力，但使用者同时对财产所有者和社会承担相应的责任和义务。在此过程中，所有者将财产的一部分权利让渡给使用者，同时根据法律或契约规定，确定双方的权利义务关系，确保财产的有效利用与社会责任的履行。

3. 收益权

收益权指的是财产在经济活动中使用后产生的效益归所有者主体和使用者主体分割的权利。具体来说，当财产如土地、知识产权或机械设备被投入使用产生经济价值时，财产的所有者或合法使用者有权获取由此产生的收益。这种权利的存在鼓励财产的有效使用和管理，因为财产的潜在价值转化为实际收益，是促进经济活动和创新的重要因素。

4. 处置权

处置权是对财产进行转让、更换或重组等行为的权利，它允许财产所有者或特定使用者基于经济活动的需要，对财产进行各种形式的处置。在市场经济中，财产的价值和效用往往随市场条件的变化而变化，所有者或使用者通过行使处置权，可以实现财产价值的最大化，响应市场供需变化。这种权利的实行不仅关乎个体经济行为的自由和灵活性，也对整个市场经济的动态平衡和资源优化配置具有重要影响。处置权的合理行使有助于推动经济资源在更广泛领域内的流动和再分配，促进经济活力和创新。

（二）产权结构

产权结构是指不同类型的产权所构成的产权框架及其比例。产权类型的划分是以财产的所有权和使用权来划分的，其中所有权是最核心的内容。[①]

现阶段我国农业的产权结构，按照所有权划分主要有以下类型：

---

① 王飞．农业经济学 [M]．太原：山西人民出版社，2006：343．

1. 国有产权

国有产权是指生产资料完全归属于国家的产权形式。在我国的农业领域，国有产权主要有两种表现形式：一是那些直接参与农业生产活动的国有农场、林场、牧场和渔场等；二是从某一方面为农业服务的各类农业企业和农业事业单位。国有产权能够实现对农业资源的宏观调控和统筹规划，有利于在更大范围内优化资源配置，实现农业生产的规模化和现代化。通过国有产权，政府可以有效地进行土地整治、农田水利建设和其他基础设施的投资，进而提高农业生产效率和土地产出能力。此外，国有产权在应对国家紧急情况、实现重大国家战略目标方面发挥着关键作用，如通过调整农业结构和生产方式，支持国家粮食安全和生态文明建设。

2. 集体产权

集体产权是指生产资料属于农村集体所有的产权类型。在农村，集体产权主要通过社区性合作经济、专业性合作经济和乡镇集体企业等形式体现。这种产权结构旨在增进资源共享和集体福祉，同时允许和鼓励农户在集体的框架内进行个体经营和创新。通过集体经济的形式，农民可以共同参与经济活动，分享资源和利益，增强农村社区的经济实力和凝聚力。此外，集体产权为农村提供了一定的经济基础和社会稳定，通过集体的组织和管理，实现资源的有效利用和农业生产的可持续性。在集体产权框架下，各类合作经济和集体企业能够根据市场需求和成员利益调整其生产经营活动，从而促进农村经济的多元化和动态发展。

3. 个体产权

个体产权在我国农业中体现为个人对其经营资源的所有权和控制权，使得农民或个体经营者可以根据自身决策自由地使用、管理和处置其农业资产。这种产权结构增强了农民对生产活动的主动性和积极性，允许他们根据市场条件和个人偏好做出经营决策，从而促进了资源的有效利用和农业生产效率的提高。个体产权还支持农民对农业创新的探索，允许他们引入新技术和新方法以提升生产力，同时也为他们提供了通过增加收入来改善生活水平的机会。

4. 私营产权

私营产权在农业领域中赋予私人企业或个人完全的所有权和经营权，促使他们在追求利润的同时，注重资源的高效配置和农业技术的革新。这种产权形式激发了市场竞争，推动了农业产业的专业化和现代化发展。私营产权的确立为农业投资创造了有利条件，吸引了更多的资本和人才投入农业，有助于提升整个农业行业的创新能力和竞争力。同时，私营产权也支持农业经营多样性，使得市场能够提供更多样化的产品和服务，以满足消费者的不同需求。

5. 联营产权

联营产权指的是不同经营主体基于共同的目标和利益，通过合作形式共同参与农业生产和经营的产权安排。这种产权形式有助于资源共享、风险分担和效益共享，促进了各参与方的合作和互信。通过联营，不同的资源和优势可以得到更有效的结合和利用，促进了农业技术的交流和应用，提高了农业生产的规模效益和市场竞争力。联营产权还有助于集聚各方力量，共同应对市场和生产中的挑战，推动农业的持续发展和创新。

6. 其他产权

其他产权指以上几种类型之外的其他产权类型，如合资、合作、租赁等。这些产权结构的多样性为农业发展提供了广阔的空间和灵活性，有助于引入各种资源和先进技术，进而促进农业产业的发展。不同的产权形式可以满足各种经营需求和发展战略，有助于提高农业生产的适应性和创新性。

二、现代农业产权结构的基本特征

现代农业产权结构的基本特征如图 2-1 所示。

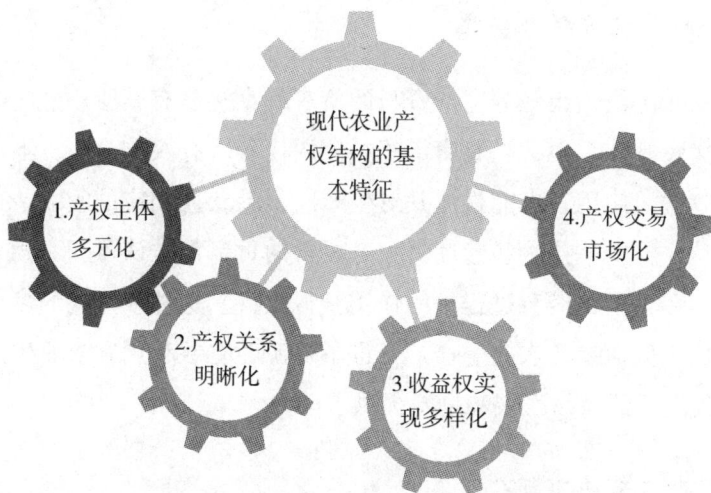

图 2-1 现代农业产业结构的基本特征

（一）产权主体多元化

在现代农业产权结构中，农业生产资料的所有者和使用者具有多样性。所有者层面涵盖了国有、集体所有、私有及联合所有等不同形式，这样的多元化促进了农业资源配置的灵活性和效率。使用者层面不仅包括自营农户，还有租赁和承包者等不同经营主体，这些多样的运作模式加强了农业生产的活力和适应性，能够更好地应对市场和自然环境的变化，从而促进农业产业的持续发展。

（二）产权关系明晰化

在现代农业产权结构中，所有权与使用权之间的关系通过承包、租赁合同等法律文书明确界定，确保了权责利的清晰划分，这有助于避免产权上的纷争，提高资源的使用效率，同时促进资本的流动和农业投资的增加。对于所有者而言，无论是在不同经济实体之间还是在同一集体或联合体内部，财产界限的明确有利于维护其财产权益，促进资源的有效管理和合理利用。对使用者来说，明确的产权关系有助于其确立稳定的经营预期，从而投入必要的资源和努力，推动农业生产的效率和创新。

（三）收益权实现多样化

传统农业阶段，土地等生产资料的所有者直接享有其所产生的收益。然而，在现代农业体系中，随着生产资料使用权和所有权的分离，不仅所有者有权获得收益，使用者也能根据其对生产的贡献获得相应的收益。这种变化意味着劳动、资本、技术和管理等生产要素的贡献都被认可和奖励，每个参与者根据其在生产和经营过程中的作用获得收益。这种收益权的多样化鼓励了各方更加积极地参与农业生产，促进了资源的有效利用和农业生产力的提高，为现代农业的持续发展和创新提供了动力。

（四）产权交易市场化

在市场经济体制下，农业生产资料的所有权和使用权可以在产权市场上进行自由交易。这种市场化的交易机制能够保障交易的公开、公平和公正，确保各方权益得到合理保护。通过产权市场，农业生产资料可以流向更高效的经营主体，实现资源的最优配置。市场化的产权交易不仅增加了农业领域的流动性和灵活性，也为农业生产提供了更大的适应性和竞争力，有助于推动农业资源的高效利用和农业经济的健康发展。这种机制还为投资者提供了更多机会，促进了资本的流入和农业技术的创新，进而提升了整个农业行业的现代化水平。

第二节　农业家庭经营

农业家庭经营是一种以家庭为基本经营单位的农业经营形式。家庭的负责人担任经营管理者，主导农业生产的各项管理和运作任务，而家庭其他成员则扮演农工的角色，执行农业生产过程中的大多数劳动工作。

一、农业家庭经营的特点

农业家庭经营的特点如图 2-2 所示。

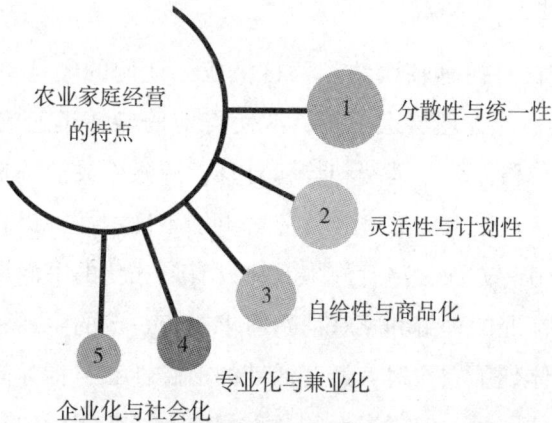

图 2-2　农业家庭经营的特点

（一）分散性与统一性

农户家庭作为一个经济单元，每个家庭根据自己的具体条件和市场变化，独立制定生产经营决策，负责自己的农业生产和家庭收入，这正是分散性的体现。这种分散经营允许农户根据自身优势和市场需求，灵活调整生产结构和经营策略，有助于提升经营效率和增加农户收入。与此同时，农业家庭经营也体现出明显的统一性，即便在实行分散经营的同时，农户仍然是较大社区集体经济的一部分。在集体经济组织的框架下，农户按照承包合同参与集体的统一规划和活动，接受指导、享受机械化作业服务和获取各种农业信息。这种统一性确保了农业生产的协调性和规模效应，有助于农业技术的推广应用、农业资源的有效配置以及农业风险的共担。农业家庭经营的分散性与统一性是相辅相成的。分散性赋予了农户灵活性和适应性，使其能够响应市场变化，提升个体经营的效益；而统一性则为农户提供了稳定的社会和经济网络支持，增强了抵御市场风险的能力，促进了农业知识和信息的共享。随着农村社会生产力的发展和市场经济的深化，这两种特性之间的互动将变得更加紧密，共同推动农业家庭经营朝着更高效、更可持续的方向发展。

（二）灵活性与计划性

一方面，农户拥有较大的经营自主权，他们的经营单元通常人员配置简单，规模较小，管理层次不多，这使得他们能够迅速响应市场需求的变化，按照市场价格波动、消费趋势和自身资源条件灵活调整生产计划和经营策略。这种灵活性是农业家庭经营应对市场不确定性、提高经营效率和增加收入的关键。另一方面，尽管许多农户没有形式化的书面计划，但他们通常会根据对市场情况的理解和家庭消费需求制定一定的生产和销售安排。这种隐性的计划性体现了农户对其经营活动的前瞻性和目标导向性，有助于他们在保持灵活性的同时，实现资源的合理配置和经营活动的有序推进。随着农户经营规模的扩大和农民文化水平的提高，他们对经营计划的依赖可能会增加，计划内容变得更加详细和系统，计划的作用在农业家庭经营中也将越来越明显，从而促进经营效果的持续改善和收入的稳定增长。

（三）自给性与商品化

由于各地农业生产水平和市场环境不同，农户自给性的生产和商品化生产的程度及其比例关系不尽相同。在偏远和交通不便的地区，由于市场范围有限，产品的运输和销售相对困难，农户往往倾向于自给自足的生产模式，以满足家庭的基本生活需求为主，同时辅以一定程度的商品生产，以兑换必需的现金或其他商品。这种经营模式能够保障农户基本的生计需求，减少外部市场波动对家庭经济的影响。在经济发达、市场环境良好的地区，尤其是那些靠近城市的区域，农业家庭经营通常展现出较强的商品化倾向。这些地区的农户能够利用地理和市场优势，更多地生产符合市场需求的农产品进行商品化生产，从而实现收入的增加。商品化生产促进了农业专业化、规模化，增强了农业的市场竞争力，也为农户带来了更高的经济效益。随着市场经济体系的完善和农业现代化的推进，农业家庭经营中的自给性逐渐减弱，商品化生产成为主流。这一转变不仅促进了农业生产效率的提高和成本的节约，还有助于农业家庭经营更好地融入市场经济，利用外部资源和市场机会，拓宽收入来源。商品化不仅是农业发展的历史趋势，也是提高农户生活水平和促进农村经济发展的关键路径。通过加强与市场的联系，农户能够更加专注于提升生产的专业性和效率，从而在激烈的市场竞争中站稳脚跟，实现可持续发展。

（四）专业化与兼业化

专业化指农户专注于某一种或某一类农产品的生产，逐步从传统的"小而全"的生产模式转变为专门面向市场的生产方式。这种转变使农户能够根据自身条件和市场需求，集中资源和努力于最具优势和最有市场潜力的产品，从而提高生产效率和经济效益。专业化生产还能促使农户采用现代农业技术和管理方法，进一步提升产品质量和竞争力。然而，专业化经营也伴随着风险的增加，特别是面对自然灾害和市场价格波动时的脆弱性。为了降低这些风险，农业家庭经营往往采取"兼业化"策略，即在保持农业主业的基础上，发展多元化的经营活动，如参与工业、商业、运输、建筑或服务业等。这种经营模式的多样性不仅能够为农户提供额外的收入来源，增强家庭经济的稳定性，而且有助于优化资源配置，提高总体生产效率。农户通过兼业化活动，能够更好地利用家庭劳动力，特别是在农业淡季时分散投入其他行业，从而增加收入并减少依赖单一农产品带来的经济风险。同时，"兼业化"也促进了农村与城市、农业与非农业领域的融合，有利于促进农村经济的整体发展和农村劳动力的技能提升。随着市场经济的不断发展和社会生产力的提高，农业家庭经营在追求专业化的同时，也不断探索和拓宽兼业化经营的新途径，实现更为稳健和可持续的发展。

（五）企业化与社会化

农业家庭经营的企业化反映了农户经营模式从传统的自给自足向现代农业企业的转变，这一转变意味着农户开始追求利润最大化，实施自主经营和独立的经济核算，并逐步具备法人资格的特征。这种变化不仅促使农户按照市场需求生产商品，还鼓励他们采用现代化的管理和运营方法，优化资源配置，提高生产效率和经济收益。企业化经营使农业家庭能够以更加专业和系统的方式参与市场竞争，增强其在市场经济中的生存和发展能力。农业家庭经营的社会化标志着农户从孤立、封闭的生产方式转向更加开放、协作的农业生产模式。社会化经营促进了生产的分工和专业合作，使农户能够超越单一家庭的界限，通过参与更广泛的社会和经济网络，实现资源共享和互利合作。这种模式有利于农户利用外部的技术、资本和市场信息，提升自身的竞争力和收益水平。社会化还促进了农业知识和信息的流通，有助于农业技术的创新和应用，进而推动农业产业的整体发展。

企业化和社会化是农业家庭经营适应现代市场经济的重要方式，它们共同推动了农业的现代化和市场化进程。通过企业化，农户能够以更加科学和规范的方式参与市场竞争，提升经营效率和盈利能力；而社会化则扩大了农户的视野和操作空间，增强了他们的市场适应性和风险抵御能力。这两种模式相辅相成，共同促进了农业经营的可持续发展，为农户带来了更多的发展机遇和经济收益。

二、农业家庭经营的类型

（一）按其在双层经营中的关系划分

1. 承包经营型

承包经营型农业家庭经营是一种在我国特有的农业生产模式，它是在保持土地公有制基础上形成的。在这种模式下，合作经济组织如农村集体经济组织将土地等主要生产资料发放给农户，由农户负责耕种和管理，实现自主经营。农户按照与集体签订的土地承包合同承担相应的责任，享有经营权和收益权，同时必须履行合同规定的义务。这种经营方式充分调动了农户的积极性和创造性，有助于提高土地利用率和农业生产效率。承包经营型使农户能够根据市场变化和个人意愿自主选择生产内容和生产方式，但同时也需承担市场风险。

2. 自有经营型

自有经营型农业家庭经营指农户利用自己拥有或永久使用的资产进行独立经营的模式。这包括利用家庭住宅周边的土地、庭院等进行农业或者与农业相关的生产活动。自有经营型更加强调农户的独立性和灵活性，允许他们直接面向市场，根据市场需求自主安排生产和销售，追求经营效益的最大化。这种经营方式有助于促进农业生产的多样化和特色化，但也要求农户具备较强的市场洞察力和风险管理能力。

3. 承包经营与自有经营结合型

承包经营与自有经营结合型是在农村经济体制改革和市场经济发展背景下形成的一种混合型经营模式。随着农户家庭经营自主权的不断扩大，越来越多的农户开始采用承包经营和自有经营方式，将承包土地的稳定收入和自有经营活动的灵活性有效结合起来。这种结合型经营方式既能保证农户基本的经济收入，又能够根据市场变化调整经营策略，寻求额外的经济利益。同时，也有助于农户抵御市场风险，实现收入的稳定和增长。

（二）按从事农业生产劳动专业化程度划分

1. 专业农户经营

专业农户经营指的是那些以农业为主要生活来源的家庭，他们的大部分收入都依赖于农业。这类农户通常分为规模经营户和小农户两种类型。规模经营农户倾向于采用现代化的农业生产方式，拥有较大的耕种面积，可能会运用先进的农业技术和设备实现规模化生产。相对而言，小农户则因土地面积或资金限制，其经营规模较小，但同样以农业为主要收入来源。专业农户经营通过专注于农业，能够积累丰富的农业生产经验，提高农业生产的效率和效益。

2. 一兼农户经营

一兼农户经营的农户在保持农业生产为主要活动的同时，还参与非农产业的经营。这类农户通常将大部分劳动力和时间投入农业生产中，但为了增加收入来源和降低风险，他们也会利用部分时间和资源从事非农产业，如小规模的加工、服务或者其他商业活动。一兼农户经营不仅可以增加家庭的经济收入，还可以提高家庭抵御农业生产风险的能力，同时也有助于农户积累非农领域的经验和技能，为将来可能的职业转换打下基础。

3. 二兼农户经营

二兼农户经营主要依靠非农产业作为收入的主要来源，农业生产仅作为一种补充。对于这类农户而言，虽然他们仍然保持一定的农业生产活动，但其主要精力和劳动力都投入至非农行业，可能是因为非农产业提供了更稳定或更高的收入。这种经营模式有助于农户家庭实现经济多元化，减少对农业市场波动的依赖。然而，这也可能导致农业生产技能和经验的流失，对农业生产的持续性和可持续性带来挑战。

（三）按家庭经营的组织化程度划分

1. 单个经营型

单个经营型也称分散经营型，是我国农业家庭经营的一种传统形式，每个农户独立管理自己的农业生产活动，不与其他农户或组织形成密切的合作关系。这种经营模式的特点在于其高度的自主性和灵活性，使得农户能够根据自己的具体情况和需求制定经营决策，直接对接市场。然而，由于缺乏规模经济和合作机制，这种经营类型可能面临资源利用率低和市场竞争力不足的问题。农户需要独立承担所有经营风险，有限的生产规模和缺乏先进技术的应用也可能限制其收入和发展潜力。

2. 联合经营型

联合经营型是一种更为组织化的农业家庭经营方式，一般有农户之间直接合作、与村级社区组织联合、加入专业生产者协会或参与农业产业化经营等形式。通过联合经营，农户可以共享资源、分担风险并提升市场议价能力，实现生产成本的降低和收入的增加。例如，农户间的合作可能涉及共同购买农资、共享农机具或集体销售产品；与村级社区或专业协会的合作则可能提供更为专业的技术支持和市场信息，促进农产品的标准化生产和销售。参与农业产业化经营还能带来与上下游产业链的有效对接，增强农业经营的市场导向和产业竞争力。

（四）按家庭经营的商品化程度划分

1. 自给性经营

自给性经营作为一种传统的农业家庭经营方式，主要目的在于满足家庭成员的基本生活需求而非进行商品交换。在这种经营模式下，农户主要依靠自己生产的粮食、蔬菜、肉类等直接供家庭消费，从而实现生活的自给自足。这种方式在很大程度上减少了农户对外部市场的依赖，但同时也限制了其收入和经济发展的可能性。自给性经营的农户往往缺乏足够的动力去引入先进的农业技术或扩大生产规模，因为他们的主要目标是满足家庭的基本需求，而非追求更高的经济效益。

2. 商品性经营

商品性经营是指为他人生产使用价值，为自己生产价值，即为交换而进行生产。其经营特点如下：

（1）市场导向性。在这种经营模式下，农户不是随意地生产他们想生产的农产品，而是根据市场需求和价格变动来制订生产计划和调整生产结构。这要求农户必须具备市场洞察力，能够有效地收集和分析市场信息，预测市场趋势，从而决定何时、何地、生产何种产品最为合适。通过"以销定产"的策略，农户能够保证其生产的产品有稳定的销路，实现生产与市场需求的紧密对接，促进农产品的顺利销售和经济收益的增加。

（2）专业化经营。商品性经营模式中，农户通常选择一项或几项特定的农业活动进行深入发展，利用自身的资源和技能优势进行专门化生产。专业化经营使农户能够专注于其最擅长和最具市场竞争力的农业领域，通过规模化生产实现成本优势，从而在市场上占据更好的竞争地位。

（3）追求利润最大化。与自给自足型农户不同，商品性经营的农户通过生产和销售农产品来获取收入，他们必须承担由市场价格波动带来的风险。因此，商品性农户经营必须注重成本控制和收益优化，通过合理的成本管理和有效的市场营销策略来提高利润。这种经营方式强调经济效益而非单纯的产量最大化，通过提高产品附加值和开拓市场来实现收益的增长。

3. 自给性与商品性结合经营

自给性与商品性结合经营是一种半自给半商品型农户的经营方式。在这种经营形式下，农户既为家庭成员直接提供生活所需的消费品，又通过参与市场交换获取货币收入。这种经营方式是自给型和商品型经营之间的一种过渡，其经营特点有以下几点：

（1）具有三重经营目标。一是需要满足家庭成员的基本生活消费需求，通过自产的农产品保障家庭的生存。二是需要完成国家和集体的农产品定购任务，确保完成集体经济的规定任务，维护社区经济的稳定。三是通过市场交换实现自家生产产品的价值转换，追求更多的货币收入作为效益目标。

（2）实行兼业经营。在这种经营模式下，农户通常将农业生产与非农业活动结合起来，形成多元化的收入来源。一些农户可能主要从事农业生产，兼营一定规模的非农业活动；而另一些农户可能以非农业产业为主，农业生产作为辅助。这种兼业模式不仅增加了农户的收入，也增强了他们对市场变化和外部风险的适应能力，促进了家庭经济的稳定和可持续发展。

（3）半开放式的投入产出系统。在自给性与商品性结合的经营方式中，农户经营系统的开放程度正在从封闭向开放转变。随着经营商品化程度的提升，农户更多地依赖市场来获取生产要素和销售产品，生产活动从主要满足家庭消费需求转向更多地面向市场需求。这一转变促使农户经营活动与外部市场和社会服务体系的联系更加紧密，也促进了农业生产方式的现代化和农户经营理念的更新。

三、农业家庭承包经营制度的完善

（一）稳定农村土地承包关系

1. 巩固和完善农村基本经营制度

一是确保土地承包关系的稳定性和持久性，落实农村土地承包关系长久不变的政策，并在第二轮土地承包到期后再延长 30 年。这样的政策安排既能够促进农民稳定投资于土地改良和农业生产，也有助于保护农村土地资源，避免因土地承包期限不明确而引发的随意转让、非法占用等问题，从而营造一个稳定的农业发展环境，增强农业发展的持续性和稳定性。二是全面完成土地承包经营权确权登记颁证工作。确权登记颁证不仅赋予农户明晰的土地经营权，还便于土地的流转和适度规模经营，促进农业产业结构的优化升级。同时，实现承包土地信息的联通共享，对于加强土地管理、防范和解决土地纠纷具有重要作用，有助于构建和谐稳定的农村土地关系。三是稳定农村土地承包关系还需完善土地所有权、承包权、经营权分置办法。"三权"分置是农村土地制度创新的重要举措，有利于提升农业生产效率、促进农业现代化。通过明晰土地所有权、承包权和经营权，不仅有助于保护农民利益，还能激发市场活力，吸引更多资源和投资进入农业，推动农业结构调整和农业产业升级。这种分置办法还能为土地的规模经营、集约经营提供法律保障，符合现代农业发展的趋势，对完善中国特色的农村基本经营制度具有重要意义。

2. 加强土地承包经营权流转管理与服务

土地承包经营权流转管理旨在通过建立健全的土地流转市场体系，提高土地资源的利用效率和农业生产的规模化程度。有效的土地流转不仅可以促进土地的优化配置，还能够激发农村经济的活力，吸引更多的投资者进入农业领域。为此，需要建立一套完善的土地承包经营权流转机制和服务体系，坚持依法、自愿有偿的原则，引导农村土地承包经营权有序流转，鼓励和支持承包土地向专业大户、家庭农场、农民专业合作社流转，发展多种形式的适度规模经营。结合农田基本建设，鼓励农民采取互利互换方式，解决承包地块细碎化问题。农村承包土地经营权可以依法向金融机构融资担保、入股从事农业产业化经营。

3. 完善农村土地承包法和土地承包经营权纠纷调解仲裁体系

随着农村经济的发展和土地流转的活跃，土地承包经营权纠纷的数量和复杂程度有所增加。因此，建立和完善农村土地承包法律法规体系，明确土地承包经营权的赋予、行使、维护等法律问题，对于保护当事人合法权益、维护农村社会稳定具有重要意义。同时，还需建立高效、公正的土地承包经营权纠纷调解仲裁体系，这不仅能够为农户提供快速、低成本的纠纷解决途径，还能够积累处理土地纠纷的经验和案例，为制定相关政策和完善法律法规提供参考。通过加强法律体系建设和完善纠纷解决机制，可以为农业家庭承包经营提供坚实的法律保障，促进农业和农村经济的健康发展。

（二）完善新型农业社会化服务体系

1.健全农业公共服务机构

健全农业公共服务机构旨在提升农业生产效率和农产品质量，同时增强农业的可持续发展能力。通过提升服务能力，改革和建设推广体系，以及鼓励多元主体参与，可以构建一个全面、高效、可持续的农业公共服务体系。一是提升乡镇或区域性农业公共服务机构的服务能力，从人才、技术、资金等多方面入手，确保服务机构能够提供及时、准确、高效的服务，帮助农户解决农业生产中遇到的技术和管理问题，提高农业生产效率和产品质量。二是实施基层农技推广体系改革与建设项目，建立补助经费与服务绩效挂钩的激励机制，激发农技推广人员的积极性和创造性，确保农技推广人员积极向农户提供实用的技术指导和服务，促进农业技术的普及和应用。三是通过实施农业技术推广机构条件建设项目，加强基础设施建设、更新技术设备，以确保农技推广机构能够有效地支持农业生产的现代化和科技化。四是鼓励和支持高等学校、职业院校、科研院所面向农村开展农业技术推广，引入更多的科研力量和先进技术，促进农业科技创新和技术成果的转化应用。五是加强乡镇或小流域水利、基层林业公共服务机构和抗旱、防汛服务组织的建设，并充分发挥供销合作社在农业社会化服务中的作用。六是加快推进农村气象信息服务和人工影响天气工作体系与能力建设，提高农业气象服务水平，增强农业抵御自然灾害的能力，保障农业生产安全。

2.推进农业服务机制创新

积极探索以政府公益性服务为支撑、以农民专业合作社为平台、以专业化服务为载体的高产建立新机制。政府的公益性服务包括提供农业技术推广、市场信息、政策咨询等，这些服务对于指导和帮助农户提高生产效率、应对市场变化、获取政策支持等方面至关重要。政府还需确保这些服务能够广泛覆盖，特别是到达最需要帮助的农户手中，确保服务的公平性和有效性。农民专业合作社由农户自愿组成，更贴近农户的实际需求，能够有效地整合农户的资源和力量，提供种植、养殖、加工、销售等一系列服务。合作社可以作为政府和农户之间的桥梁，将政府的政策和资源直接传递给农户，同时收集农户的反馈和需求，为政府提供决策参考。专业化服务包括科技入户、良种推广、病虫害防治等，这些服务应当基于农业科研成果和先进实践，通过技术推广人员或服务机构直接将先进的技术和管理方法带到农户手中，帮助农户解决生产中的具体问题，进而提高生产效率和产品质量。

积极推动农机跨区作业、订单作业、承包作业及一条龙作业，探索建立示范、推广、服务一体化的农机服务新模式。农机跨区作业是指将农业机械应用于不同地区的农田，充分利用农机设备，提高其使用效率，帮助农民及时完成播种、收割等关键农事，减少因天气等不可控因素带来的风险。订单作业是指根据农户或农业企业的具体需求，提供定制化的农机服务，满足用户更为精确和多样化的需求。承包作业是农机服务商承接整个农田或区域的农机作业任务，为农户提供从土地整治到收获的全程农机服务。"一条龙"作业是指提供从耕种到收割全过程的综合农机服务，为农户省去单独寻找多个农机作业服务的麻烦，提高农业生产的连贯性和时效性。此外，通过建立示范基地或示范区域，展示先进的农机作业技术和管理经验，同时结合推广活动和现场服务，实现新技术和新模式的快速传播和应用，引导整个行业的发展。

3. 构建新型农业生产资料物流机制

加强县乡农资配送中心和中心库建设，确保各种农业生产资料如化肥、农药、种子等储备充足，调配及时，满足农民对各类农资的需求。发展农资专卖店、连锁店，并实行看样订货、预约订货、电话订货及送货上门服务，为农民提供更多选择和便利，允许他们根据自身的实际需求和时间安排来选购和接收农资，减少他们的时间成本和物流成本。开通农业生产资料下乡的

"快车道"和"直达车"，直接将农资送至农民手中，减少中间环节，降低进货成本。将各配送中心与农资连锁网点相结合，扩大经营范围，促进农业产业链的延伸，如参与农产品的收购、加工和包装，向集贸市场、超市等进行配送，实现农业生产和销售的双向流通。

第三节　农业合作经济组织

一、农业合作经济组织的内涵与特征

（一）农业合作经济组织的内涵

合作经济是一种基于共同利益和自愿参与原则的经济形式，其核心是通过成员之间的合作实现资源共享、风险共担和利益共享。合作经济组织通常由具有共同经济目标的成员组成，这些成员共同出资、共同管理，按照公平和民主的原则运作，以达到增强经济实力、改善成员经济和社会地位的目的。

农业合作经济组织是在农业生产过程中建立起来的合作经济组织，通过联合农业生产者、提供共同服务（如采购、销售、加工、技术推广等）和资源共享，以提高农业生产效率和经济效益。

（二）农业合作经济组织的特征

1.基于成员的自愿参与和民主管理

农业合作经济组织强调成员的平等地位，无论是大户还是小户，每个成员在决策过程中都享有平等的权利，一人一票的原则通常被采纳来确保每个成员的意见都能得到充分表达和尊重。这种民主管理模式促进了成员之间的相互信任和合作，增强了组织的凝聚力和适应性。成员们共同出资、共同承担风险、共享收益，通过合作提高整体的经济效益。成员的自愿参与确保了组织活动符合他们的实际需求和利益，而民主管理则确保了组织的活动能够得到广泛的支持和参与。

2.注重服务成员和共享资源

农业合作经济组织的主要目标是服务其成员，满足他们在农业生产、加工、销售等环节中的需求，从而提高整体的经济效益。组织通过集中采购、共同销售、技术推广、信息交流等方式，降低成本、提高效率、增强市场竞争力。此外，农业合作经济组织还倡导资源共享，通过共同使用农机具、储存设施、加工设备等，避免资源重复投资，提高资源使用效率。这种服务和资源共享的特性，有助于成员克服单打独斗的局限，特别是对于小规模农户来说，可以通过合作获取更多的发展机会和经济利益。

3.适应和促进农业现代化

农业合作经济组织不仅仅是传统农业的延续，更是农业现代化的重要载体。这种组织形式能够有效地整合农业资源，引入现代农业技术和管理方法，提高农业生产的科技含量和现代化水平。同时，农业合作经济组织能够更好地适应市场变化，通过集体行动响应市场需求的变化，开拓更广阔的市场空间。在推动农业产业化、标准化、规模化的过程中，农业合作经济组织发挥着越来越重要的作用，成为连接农户与市场、传统农业与现代农业的桥梁。

二、农业合作经济组织的类型

（一）农村集体经济组织

农村集体经济组织是农村地区基于地域或社区共同体成立的经济组织，它以农民为主体，通过成员共同出资、共同经营、共享经济成果的方式进行运作。农村集体经济组织的性质通常具有公共或半公共属性，它代表了一定区域内农民的经济利益，同时也担负着一定的社会职能，具体包括以下内容：

（1）管理集体资产。其包括对所有集体土地、设施、资金和其他资源的管理，确保这些资源被合理利用并有效维护，以支撑集体经济的持续发展。

通过有效的资产管理，集体经济组织能够壮大其经济实力，为成员提供更多的经济利益和社会福利。

（2）协调成员利益关系和组织生产服务。农村集体经济组织要平衡不同成员在资源使用、收益分配等方面的利益，确保集体经营活动公平、透明。此外，集体经济组织还负责组织和提供农业生产服务，如技术推广、信息咨询、市场对接等，协助成员提高生产效率和产品质量。

（3）保障成员权益。确保成员对集体财产的所有权、承包经营权以及收益分配权，参与集体经济组织领导班子的选举或被选举权，以及对集体事务进行民主决策、管理和监督的权利。

（二）农村专业合作经济组织

农村专业合作经济组织是指在农业生产、加工、销售等特定领域内，农民基于共同的经济利益和目标自愿组成的合作组织。这类组织通常以提升特定农产品的生产和市场竞争力为目标，成员共同出资，分享风险和收益，依据民主原则和公平原则进行决策和管理。农村专业合作经济组织能够帮助农户应对市场风险，提高谈判能力，获取更多的市场信息，提高生产效率，促进农产品的附加值提升。

农村专业合作经济组织的特点主要包括以下内容：

1. 维护农民土地承包权和自主经营权利

农村专业合作经济组织不会改变农民对土地的承包关系和自主经营的权利，而是提供一个平台，让农民可以在不放弃自己土地和经营权的前提下，通过参加专业合作组织来提高生产效率和经济收益。这种方式充分尊重农民的土地经营权，减少了农民对于参与合作可能产生的顾虑，促进了合作组织的发展和农民的广泛参与。

2. 专业性强

农村专业合作经济组织通常围绕特定的农业产业或产品进行组织，如养殖、种植某种作物或水产品等，这种专业化的组织方式有利于集中资源、优化配置，促进产业的专业化、规模化发展，提高产品的市场竞争力。

3. 以提供服务为宗旨

农村专业合作经济组织以提供服务为主要宗旨，帮助农民解决技术、资金、市场等方面的问题，提高农民的生产技能和经营管理能力，促进农产品的质量和效益提升。

4. 民主管理和自愿加入

农村专业合作经济组织通常实行民主管理，成员有权参与组织的决策过程，对组织的管理和运营拥有发言权和投票权。同时，成员的加入和退出都是自愿的，确保了组织的活动是基于成员的共同意愿和利益进行的。

5. 经营方式灵活多样

农村专业合作经济组织在经营上具有较大的自主性和灵活性，可以根据市场变化、成员需求和组织发展战略，灵活调整服务内容和经营策略。

6. 盈余返还与风险共担

农村专业合作经济组织实行盈余返还政策，即组织的盈余部分按照一定的比例返还给成员，确保成员能够从参与合作中获得实际利益，成员之间共担风险，共享利益，这增强了成员之间的凝聚力和组织的稳定性。

（三）农村股份合作制企业

农村股份合作制是在农村原有合作制基础上，实行劳动者的资本联合，把合作制与股份制结合起来的具有中国特色的农业生产组织制度。农村股份合作制组织中的农民具有双重身份，既是劳动者又是股东，因而既能实现劳动合作与资本合作的有机结合，又能实现劳动集体的共同占有和劳动者的个人占有的有机结合；既能继承合作制优点，实现规模经济，又能融入股份制的长处，调动各方面的积极性。这是广大农村干部与农民十分关注与支持建立农村股份合作制组织的根本原因。

股份合作制允许全体成员参与入股，结合劳动与资本的贡献共同进行经营，与我国解放初期农村和城市中的初级合作社在形式上有相似之处。在那些初级合作社中，参与者将土地和其他生产资料带入合作社，不仅根据劳动获得报酬，还可以根据所投入的土地和生产资料获得相应的回报。然而，从本质上看，股份合作制并不是对初级合作社模式的简单复制，而是一种更为进阶和发展的合作模式，它通过引入现代企业制度的元素，更好地适应市场经济的要求，促进合作组织的发展和效率提升。股份合作制企业具有以下特点：

（1）在股份合作制企业中，职工不仅是企业的劳动者，也是出资者。他们通过投入资本成为企业的股东，并通过自己的劳动参与企业的日常运营。这促使职工对企业有更强的责任感和归属感，因为他们直接参与企业的管理和收益，共同出资、共同劳动和共担风险。

（2）股份合作制企业实行民主管理机制，其最高权力机构是职工股东大会，一般采取"一人一票"的投票制度，确保每位职工股东无论股份大小都享有平等的表决权。这种民主决策过程增加了企业决策的透明度，保证了职工股东能够直接参与企业重大决策，维护了股东的合法权益，同时也有助于促进企业的健康发展和风险的有效管控。

（3）与股份制企业相似，股份合作制企业也实行资本保全原则，股东对企业的责任以其出资额为限，企业以全部资产对债务承担责任。此外，股东不得随意退股，这一规定确保了企业的资本稳定，保障了企业能够持续经营，并对社会承担起应有的责任。

（4）股份合作制企业内部采取按劳分配与按资分配相结合的制度，确保了劳动的价值得到认可同时也体现了资本的贡献。这种分配方式旨在实现公平合理的利润分配，激励职工提高工作效率和积极性，同时确保投资者的资本能获得适当的回报，从而实现企业和职工共同发展，共享经济成果。

三、农业合作经济组织的完善

农业合作经济组织的完善策略如图2-3所示。

1.从法律角度对农业合作
经济组织进行规范

2.用经济手段促进农业
合作经济组织的发展

4.健全农业合作经济
组织内部管理机制

3.多措并举促进农村
集体经济组织的发展

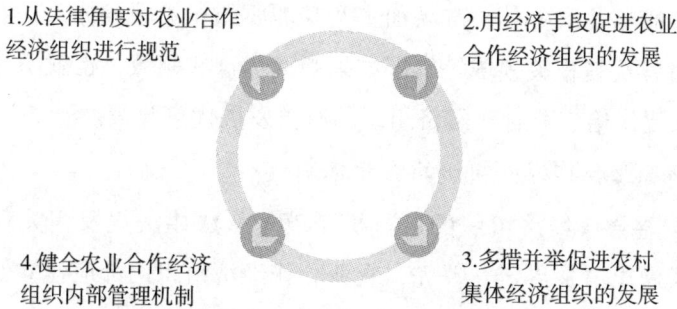

图 2-3　农业合作经济组织的完善策略

（一）从法律角度对农业合作经济组织进行规范

作为一种特殊的经济组织形式，农业合作经济组织在其结构和运作方式上与传统的公司制企业存在根本差异。农业合作经济组织的核心目的在于为其成员提供必要的服务，而非追求利润最大化，这是农业合作经济组织与公司制企业之间的主要区别。鉴于农业合作经济组织的这种独特性，制定专门的法律对其进行规范是十分必要的。尽管我国已经出台了公司法、合伙企业法和私营企业法等相关法律，但专门针对农业合作经济组织的法律尚不健全，对此，可以从以下几方面进行完善：

1.明确农业合作经济组织的性质

农业合作经济组织的性质由其服务于农业、农村和农民（即"三农"）的宗旨和运营方式决定，坚持为成员服务，并表现为企业与社会公共福利的双重属性。这需要相应的法律法规来明确，如制定农业合作经济组织法或组织章程条例等，明确合作经济组织的定义、成立条件、运作机制和监督管理体系，确立其在法律上的地位。

2.明确农业合作经济组织的范围

为进一步推动农村合作经济的发展，应在法规中对各种社区型合作社、供销合作社、专业合作社、综合服务社以及相关协会组织在农村经济条件下进行归类，并明确其发展的方向和目标，以便做出具体的发展扶持对策。农业合作经济组织的成长范围应直接以"三农"服务为标准，如农业生产及其为农业生产的相关服务、农产品加工及其需要的相关服务体系、农产品及其加工品的销售及其相关领域等等。如果脱离了这些领域，也就不能享受政府及有关部门提供给农业合作经济组织的有关发展优惠政策。

3. 明确农业合作经济组织的运行机制

明确农业合作经济组织的运行机制就是从法律法规及相关政策上对其运营的方式做出清楚界定。首先，农业合作经济组织内部应建立健全包括社员大会、理事会和监事会在内的制度体系，确保组织决策的民主性和运行的透明性。社员大会作为最高权力机构，应依据"一人一票"原则做出重大决策，确保每位成员在组织中享有平等的权利与义务。其次，农业合作经济组织应制定会员审查制度以确保新加入成员符合组织定位和服务目标，同时采用"按劳分配"的原则设定合理的收益分配制度，既体现劳动贡献，又适应社会经济发展需求。此外，还需包括建立组织运营状况审查制度，定期对财务和运营状况进行审查，确保组织沿着既定目标和原则前进，以免偏离其宗旨。这些审查制度不仅保障了组织财务的透明性和责任性，也有助于及时发现和纠正问题，促进组织健康发展。

4. 明确农业合作经济组织的法律主体地位

明确农业合作经济组织的法律主体地位是为了确保农业合作经济组织在法律上拥有明确的身份和权利，能够依法独立参与民事活动，承担相应的法律责任。农业合作经济组织应享有财产权、合同权等基本民事权利，能够以组织的名义进行资产管理、合同签订、诉讼等活动。同时，农业合作经济组织需要按照法律规定承担相应的义务，包括纳税、环境保护、社会责任等。通过明确其法律主体地位，农业合作经济组织不仅可以更加稳定和有效地进行经营活动，而且有利于提升其在社会经济中的地位，加强与其他经济主体的合作，为成员提供更加广泛和深入的服务。

（二）用经济手段促进农业合作经济组织的发展

1. 为农业合作经济组织发展提供财政政策支持

财政政策包括直接的资金补助、低息贷款、项目资助等，旨在降低合作社成立和运营的门槛，鼓励更多农民参与合作经济组织。通过财政支持，农业合作经济组织可以进行必要的基础设施建设，引进先进的农业技术和设备，进行市场拓展和品牌建设等，这些都是合作社提高自身竞争力、实现可持续发展的关键。此外，财政政策还可以鼓励农业合作经济组织之间、农业合作经济组织与科研机构之间的合作，促进农业科技成果的转化应用，提高农业生产效率和产品附加值。这样的财政扶持措施能够有效激发农业合作经济组织的活力，促进农业产业升级和农村经济发展。

2. 为农业合作经济组织发展提供税收优惠政策

为农业合作经济组织发展提供税收优惠政策是通过减轻农业合作经济组织的税收负担，提升其资金积累和再投资能力的重要途径。税收优惠政策可以包括减免所得税、增值税、土地使用税等，为农业合作经济组织的成长和扩展提供更为宽松的财政环境。税收优惠不仅可以增强合作社的盈利能力，还可以鼓励更多的农民加入合作经济组织，共同分享发展成果。此外，税收优惠政策还应该针对合作社在农业技术创新、产品质量提升、市场开拓等方面的表现给予差异化的税收激励，促进合作社在提高农业综合生产能力、增加农民收入、推动农业可持续发展方面发挥更大的作用。通过这样的税收政策，可以有效促进农业合作经济组织的健康成长，推动农业现代化进程。

3. 制定扶持农业合作经济组织发展的信贷政策

信贷政策包括为农业合作经济组织提供低息贷款、增加农业专项贷款、简化贷款程序、提供担保支持等。信贷政策对于初创和小规模的合作经济组织尤为重要，因为这些组织通常难以从传统金融机构获取足够的资金支持。政府通过制定有利的信贷政策，可以降低这些组织的资金成本，缓解其融资难题，从而促进其快速成长和发展。此外，特定的信贷产品和服务还可以鼓励农业合作经济组织投资农业技术创新和可持续发展项目，促进农业产业升级，提高整体竞争力。最后，信贷政策还应考虑到农业生产的季节性和周期性特征，提供符合农业生产特点的贷款产品，如季节性信贷、周期性还款计划等，以满足合作社不同阶段的资金需求。

4.相关部门要协调配合，为农业合作经济组织发展提供便利

涉农部门和企业都应该与农民在自愿、平等的原则下发挥各自的优势，共同组建或指导组建各类农业合作经济组织，坚决反对政府以行政命令形式强行组建农业合作经济组织。财政和金融部门要协调配合，确保农业合作经济组织及其成员能够获得必要的财政支持和信贷资源，同时也要保证这些资源的使用既灵活又高效，能够根据实际需要进行分类专用或集中统一使用。同时，工商、税务及其他相关政府部门在农村合作经济组织及其成员的注册登记、办理各种手续以及享受优惠政策等方面，应当提供便利和支持，简化流程，减少不必要的行政负担，使农业合作经济组织能够在更加宽松和友好的环境中成长。通过这样一套协调一致、相互支持的体系，可以有效地促进农业合作经济组织的发展，推动农业现代化进程和农村经济的整体繁荣。

（三）健全农业合作经济组织内部管理机制

1.组织结构的规范化

建立清晰、合理的组织结构是内部管理机制完善的基础。应明确组织的层级结构，合理划分各级管理部门和职能部门，确保每个部门的职责清晰，互不重叠，促进内部协调和信息流通。设立决策层（如理事会）、执行层（如管理团队）和监督层（如监事会），每层都应有明确的职责与权力，保障组织决策的科学性和执行的有效性。决策层主要负责制定组织的发展战略和重大决策，执行层负责落实决策并管理日常运营，监督层则负责对执行层和决策层的工作进行监督和评估，确保组织的健康运作。

2.民主决策流程规范化

农业合作经济组织应确立并严格执行"一人一票"或按贡献大小决定投票权重的原则，保障每位成员的投票权。决策流程应透明、公正，所有重大决策都需经过充分的讨论和合理的程序。为此，组织需要建立定期的成员大会制度，确保所有成员都有机会表达自己的意见和建议，参与组织的决策。此外，也应建立有效的信息公开机制，定期向所有成员通报组织的运营情况和财务状况，接受成员的监督。对于重要的决策，应当有详细的记录和归

档，确保决策过程的可追溯性。民主决策不仅有利于加强组织内部的团结和凝聚力，也有利于提升决策的质量和执行力，有助于组织在充满挑战的市场环境中稳健发展。

3. 成员权益保障规范化

成员权益的保障是农业合作经济组织内部管理机制完善的核心内容。首先，组织应明确成员的基本权利，包括参与决策、选举与被选举、获得信息和监督管理等。其次，必须制定公平合理的入会和退会机制，确保成员自愿加入和退出，避免强制性规定造成的不公平现象。此外，组织还应确保成员能够公平地分享组织的经济成果，按照其贡献大小进行合理的收益分配。农业合作经济组织还应建立有效的争议解决机制，处理成员间或成员与组织间的矛盾和争议，保护成员的合法权益不受侵犯。通过这些措施，可以增强成员对组织的信任和忠诚，激发他们参与合作经济活动的积极性，促进组织的稳定和持久发展。

4. 财务管理的规范化

规范的财务管理是农业合作经济组织稳健运营的基石。这不仅关乎组织的经济效益，也直接影响其透明度和公信力。农业合作经济组织需遵循会计准则和财务管理规定，确保所有财务活动合法、合规，并接受适当的监督和审计。建立全面、透明的财务报告体系，定期向成员披露财务状况，包括收入、支出、利润分配等，确保成员对组织的财务状况有充分了解。制定有效的资金管理和风险控制策略，合理规划和使用资金，避免不必要的财务风险。加强预算管理和内部控制，以保证组织资金的有效利用和组织目标的实现。通过实施规范的财务管理，农业合作经济组织可以提高其资金使用的效率和透明度，提高成员和社会的信任度，促进其长期稳定发展。

（四）多措并举促进农村集体经济组织的发展

1. 多渠道发展壮大农村集体经济

一要明确集体经济的发展方向，根据当地的资源禀赋、经济条件和市场需求，确定发展重点和发展路径。例如，可以通过发展集体林业、渔业、特色种植和养殖等产业来增加集体经济的收入。利用集体资产开展农村旅游、加工和销售农产品等业务，也是壮大集体经济的有效途径。二是通过引进外部资本和技术，与企业或其他社会资本合作，利用土地、工厂、仓库等集体资产开展合作项目，实现资源共享和利益共赢。鼓励和支持农民参与集体经济的经营管理，通过股份合作等形式，使农民能够直接受益于集体经济的发展，增强他们对集体经济的认同感和参与度。三是鼓励和引导集体经济组织与农民专业合作社、农业产业化龙头企业以及其他社会化服务组织实现多元化、多层次、多形式联合。四是加强政府的支持和引导。政府需要制定相关政策，提供必要的财政、税收优惠和技术支持，帮助农村集体经济解决发展过程中遇到的困难和问题。建立健全农村集体经济组织的法律法规体系，确保其经营活动的规范化和透明化，保护农民的合法权益。

2. 加强农村集体"三资"监督管理

加强农村集体资金、资产、资源等"三资"管理是确保农村集体经济健康发展的重要措施。

第一，开展农村集体资产的清产核资，明确集体资产的规模、结构和权属，确保资产管理的透明性和公正性。确认集体成员身份，明确集体经济利益的分配主体，防止集体资产被侵占或挪用。加快推进集体经营性资产股份合作制改革，提高集体资产的运营效率，促进集体经济的发展，同时增加农民的收入和增强集体经济的凝聚力。

第二，摸清村集体经济组织"三资"的家底，对村集体经济组织的资金、资产和资源进行全面的清查和评估，详细记录村集体拥有或管理的各类资产，包括但不限于土地、房屋、机械设备、投资和各种经营性资产，以及资金和资源的情况，确保村集体经济组织对其资产有一个清晰和准确的了解，便于后续的管理和利用。推行"三资"代理服务，引入专业代理服务机构来帮助村集体经济组织管理其"三资"，帮助村集体制定资产管理和增值计划，优化资产结构，提高资产使用效率和收益，同时，确保村集体经济组织在资产管理过程中遵守相关法律法规，降低经营风险。加强"三资"运营指导，为村集体经济组织如何有效利用和保护资产、如何通过资产运营获取收益、如何进行风险控制和资产规划等提供建议，帮助村集体提升资产管理能力，实现资产的保值增值。建立"三资"台账，创建一套详细记录村集体经济组织所有资金、资产和资源情况的账目系统，包括每项资产的详细信息，如数量、位置、价值、使用状况等，以及资金的来源、使用和流向，使村集体经济组织对其资产有一个实时、准确的掌握，便于日常管理和决策，同时也有助于提高资产管理的透明度，防止资产流失和挪用。

第三，切实加强农村集体经济组织的审计监督，通过独立的审计程序评估和验证集体经济组织的财务活动和资产管理是否规范、合法，确保村集体经济组织的资金和资产不被挪用或滥用。一是做好村干部任期和离任审计，审查村干部在任职期间集体经济组织资产和财务的管理情况，评估村干部是否遵守相关法律法规和内部管理规定，是否存在挪用集体资金、侵占集体资产等违规行为，同时确保村干部在离职时能够妥善交接集体资产管理职责，防止资产管理上的漏洞。二是做好土地补偿费审计，对农村集体经济组织在土地征用、出租或转让等过程中获得的补偿费用或收入进行审计，评估补偿费用的收取、分配和使用是否公开透明、合理合法，确保这些收入能够按照规定用途和程序正确使用，真正惠及村民。三是做好农民负担专项审计，对农村集体经济组织征收的各种费用、捐赠或者服务的收费等农民负担进行专项审查，核查这些负担的依据、标准、程序是否合法合规，收取的费用是否按照既定目的和程序使用，以及是否存在乱收费、擅增负担等问题。通过这些审计监督措施，可以建立健全的监督机制，促进农村集体经济组织的规范运作，为农村集体经济的可持续发展提供坚实保障。

3. 推进农村集体经济组织产权制度改革

一是明确村集体经济组织的法人地位，确立一套明确的产权制度，包括产权的归属清晰化、权责关系的明确化、利益分配的公平化、产权保护的强化、资产流转的规范化及产权监管的加强，提升农村集体经济组织的管理和运营效率，激发农村集体经济的活力。二是在具备条件的村庄，推动村集体经济组织组建"三资"经营公司。这些公司采用市场化的经营方式，意味着它们在运营中可以更灵活地调动各类资源，追求经济效益的最大化。通过专业化、市场化的管理，能够更有效地发挥村集体经济资产的价值，增加集体收入，增强村集体经济的整体实力。此外，这种经营公司的建立也有利于吸引外部投资，引入先进的管理理念和运营模式，促进村集体经济的多元化发展。

4.加强村级债务管理，逐步化解村级债务

以防止新的不良债务产生为目标，建立一个有效的债务长效管理机制，将债务管理与村集体经济的发展紧密结合起来，同时规范村级财务管理，强化民主监督机制。在实践中，这意味着要对村集体经济的收入和支出进行严格的管理和监督，确保财务活动的透明和合规。同时，需要对村级集体经济的资产进行有效盘活，利用这些资产产生的收入来逐步偿还债务。此外，通过建立健全的民主监督机制，确保村民对村集体经济的决策有参与权，对财务活动有知情权。该机制可以有效地提高财务管理的透明度，减少不必要的支出和债务风险。这样，不仅能够逐步化解现有债务，还能够为村集体经济的稳定和长远发展奠定坚实的基础。

第四节　农业产业化经营组织

一、农业产业化经营的内涵与特征

（一）农业产业化经营的内涵

农业产业化经营是以市场为导向，以农户经营为基础，以"龙头"组织为依托，以经济效益为中心，以系列化服务为手段，通过实行种养加产供销、农工商一体化经营，将农业再生产过程的产前、产中、产后诸环节联结为一个完整的产业系统，是引导分散的农户小生产转变为社会化的大生产的组织形式，是多方参与主体自愿结成的经济利益共同体，是市场农业的基本经营方式。

农业产业化就其内涵而言，至少需要三个必要条件：

（1）支柱产业是农业产业化的基础。支柱产业能够充分利用和发展当地的资源优势，形成具有区域特色和竞争力的产业链。支柱产业的确定应基于深入的市场研究和资源评估，确保其产品符合市场需求、具有良好的市场前景。此外，支柱产业还应具备一定的开发潜力，能够通过技术创新和模式创新实现持续发展。在这个过程中，地方政府和相关机构需要提供政策支持和服务，帮助确定和培育支柱产业，为农业产业化打下坚实基础。

（2）骨干企业是农业产业化的关键。骨干企业通常具备较强的市场开拓能力、生产管理能力和技术创新能力，能够引领和带动产业链上下游的发展。骨干企业不仅可以通过深加工提高农产品的附加值，还能通过建立品牌、扩展销售网络等方式拓展市场。为了发挥骨干企业的作用，政府应给予税收优惠、资金支持、技术服务等多方面的扶持，同时鼓励骨干企业与农户、合作社等形成利益共享、风险共担的合作关系。

（3）商品基地是农业产业化的依托。商品基地建设有利于实现农业生产的规模化、标准化和集约化。通过建立商品基地，可以更有效地引进和应用现代农业技术，提高生产效率和产品质量，同时也便于实现产前、产中、产后各环节的有效衔接。商品基地的建设应结合地方实际，发挥区域资源优势，形成特色鲜明、竞争力强的主导产品。此外，商品基地还应与骨干企业紧密合作，形成稳定的"产供销一体化"链条，促进农业产业化的深入发展。

（二）农业产业化经营的特征

农业产业化经营的特征如图 2-4 所示。

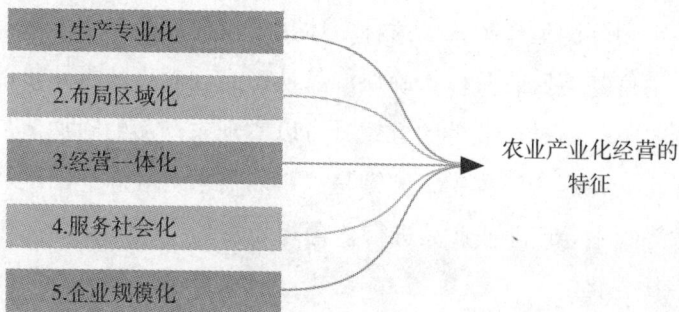

图 2-4　农村产业化经营的特征

1. 生产专业化

生产专业化是农业生产高度社会化的主要标志，生产专业化包括工艺专业化、企业专业化、部门专业化和区域专业化。具体而言，工艺专业化指的是在生产过程中应用专门的技术和设备，以提高生产效率和产品质量；企业专业化指企业专注于某一领域或产品，通过专业化生产来增强其市场竞争力；部门专业化是指不同的生产部门之间分工明确，各自承担生产链中的不同环节，以提高整体生产效率；区域专业化则是根据不同地区的自然条件和资源优势，形成特色鲜明的农业生产区域。这种生产方式不仅有助于提升农业生产的效率和规模，还能加强产品的市场针对性和竞争力，促进农业的可持续发展。

2. 布局区域化

布局区域化强调根据各区域的自然条件、经济基础和市场需求来优化农业生产布局。通过区域比较优势原则，确定各区域的主导产业和优势产品，从而实现资源的最优配置和产业的高效集聚。布局区域化促使农业生产不再局限于单一的行政区划，而是通过大范围的连片开发，形成具有特色的产业带，如特定作物种植带或畜牧养殖带。这种方式有助于集中优质资源、应用先进技术、实现规模经济效益，从而提高产品竞争力，促进农业产值的增长。区域化布局还有利于加强区域内的经济联系和协作，推动农业产业链的完善和升级，为农业可持续发展提供坚实基础。

3. 经营一体化

经营一体化意味着将农业生产的各个环节——产前、产中、产后有效结合，形成一个闭环的运作模式。这种一体化不仅仅局限于生产本身，而是涵盖了加工、销售甚至回收阶段，确保产品从田间到餐桌的每一步都在统一的管理和协调之下。通过产业链的方式，可以实现农产品的附加值最大化和生产效率的优化。在这个过程中，关键是以市场需求为导向，围绕具有市场潜力和区域优势的主导产业或产品进行整合和开发。

4. 服务社会化

服务社会化强调在整个产业链中为各类参与者——无论是农户还是其他

经济主体，提供全方位的支持和服务。这种服务包括但不限于技术指导、资金支持、信息传递、管理咨询、人才培训等，旨在帮助参与者提高生产效率、优化经营管理、增强市场应对能力。服务社会化的实现有助于促进资源共享、优势互补，形成互助合作的良好氛围，进而推动整个农业产业链的联动发展和升级。

5. 企业规模化

龙头企业的生产经营要具备较大的规模，通过大生产体现专业化的区域生产规模效益、企业的规模效益。企业的规模扩大有利于先进科技成果、技术和工艺的采用与扩散，有利于参与市场竞争。

二、农业产业化经营的组织模式

（一）龙头企业带动型模式

龙头企业带动型模式是指一个实力雄厚、管理先进、市场竞争力强的企业作为产业链的领头羊，通过与上下游企业以及农户建立各种形式的合作关系，带动整个产业链的发展。龙头企业通常负责产品的加工、销售和市场开发，同时还可能提供种植、养殖技术支持，财务服务和物资供应等，形成从原料供应到产品加工再到市场销售的完整产业链。这种模式能够有效集中资源，提高产业链各环节的效率，增强产品的市场竞争力。此外，龙头企业的引领作用还有助于提升农户的生产技术和管理水平，增加农户收入，促进农业现代化和农村经济发展。

（二）市场带动型模式

市场带动型模式是指由一个专业批发市场为主、几个基地市场为辅组成的市场群体，通过市场的软硬件建设和市场功能的完善，带动大批农民从事农产品商品生产和中介贩运活动，从而带动当地及周边地区农产品商品基地的发展，实现农民增收。这种模式主要适用于不必进行深加工、只进行初级分类整理即可。市场带动型模式促使农业生产更加市场化、专业化，有助于优化资源配置，提高经济效益。此外，在这一模式下，市场信息的反馈机制对于指导农户生产、引导企业经营具有重要意义，有助于提升整个农业产业链的适应性和竞争力。通过对市场趋势的精准把握和快速反应，市场带动型模式能够有效促进农业产业化经营的持续健康发展。

（三）主导产业带动型模式

主导产业带动型模式强调以特定的主导产业作为发展动力，充分发挥该产业在地区经济中的引领作用，带动相关产业和区域经济的全面发展。在这种模式下，通过识别并发展具有地区特色和市场潜力的农业产业，形成区域经济发展的支柱。这一过程通常需要依托于地方资源优势，科学规划产业发展，强化产业链条，提升产业竞争力。主导产业的选择不仅要考虑地理、气候条件，还需兼顾市场需求、技术支持和政策环境等多方面因素，确保产业具有可持续发展的基础。发展主导产业可通过政府引导、企业参与、市场运作等多种方式，鼓励创新，强化品牌建设，拓展内外市场，最终实现地区经济的转型升级和农民收入的持续增长。

（四）中介组织带动型模式

该模式以各类中介组织为载体，将分散经营的农户组织起来，共同进入市场，参与竞争，让农民参与贸工农一体经营，并通过中介组织维护农民的合法权益，使农民的大部分生产经营活动通过中介组织得以实现。中介组织包括专业的农业服务公司、行业协会、技术推广中心等，它们在连接政府、企业和农户，促进资源共享、信息交流和技术转移等方面发挥着关键作用。通过提供市场信息、技术支持、管理咨询、金融服务等，中介组织帮助农户和企业提高农业生产和经营的效率，降低交易成本，增强市场应对能力。此外，中介组织还可以促进政策的有效实施，为农业产业化提供政策咨询和反馈，协助构建良好的产业发展环境。

（五）集团开发带动型模式

集团开发带动型模式，即现代农业集团公司型模式，体现了产、供、销一体化的高度组织形式，代表了农业产业化的高级阶段。这一模式通过成立农业开发集团，整合各种资源，对大面积闲置或未充分利用的农业资源进行科学规划和高效开发。集团公司运用现代化的管理手段和先进的科技，在确保资源高效利用的基础上发展高产、优质、高效的农业项目。集团公司不仅在生产上提供指导，还负责产品的加工、销售，甚至可以根据市场需求发展特定的主导或支柱产业，形成完整的产业链。通过与农民签订合约，集团公司为农户提供技术、资金、信息等全面服务，确保产品品种、质量和供应量的统一，最终实现农业产业化和规模化经营，提升农业的整体竞争力和可持续性。

三、农业产业化经济组织的完善

农业产业化经济组织的完善策略如图 2-5 所示。

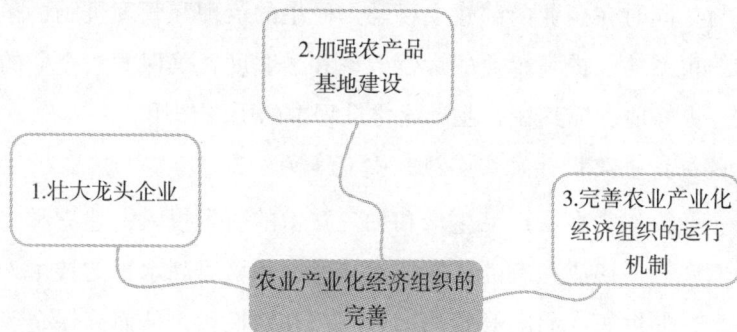

图 2-5　农业产业化经济组织的完善

（一）壮大龙头企业

我国农业产业化中的龙头企业普遍面临一些问题，如资产规模较小、技术水平不高、市场竞争力和抗风险能力有限等，这些问题限制了它们在推动农业产业化、提高农业综合竞争力方面的能力。龙头企业的发展不仅关乎自身的经济效益，还关系到能否有效带动上下游企业以及农户，促进整个地区乃至整个国家农业产业的提升和转型。为此，必须壮大龙头企业，具体可采取以下措施：

1. 大力发展龙头企业

鼓励企业之间的参股、控股、兼并和联合等多种形式，打破地域、行业和所有制的界限，促使企业向规模化、集团化方向发展。支持企业进行组织结构和经营模式的优化调整，形成较大规模的企业集团，以增强其在国内外市场的竞争力。鼓励企业积累和整合优质资产，实行强强联合，提高整体竞争优势，使之能够在全球竞争中占有一席之地，并有效地带动地方经济和农业现代化进程。

2. 引入现代企业制度，规范龙头企业的发展

实行政企分开、明确产权归属，以及实施所有权与经营权的分离。应用现代公司法人治理结构，明确董事会、管理层和监事会等不同组织机构的职责和权力，建立清晰的企业内部治理框架。鼓励实现股权多元化，吸引更多投资者参与，同时在企业内部建立科学、民主的治理和管理机制，包括有效的激励和约束系统，提高企业的运营效率和透明度，确保龙头企业的可持续健康发展，更好地发挥其在农业产业化进程中的引领作用。

3. 通过科技手段提升龙头企业核心竞争力

龙头企业要加大在农产品生产和加工技术的研发投入，建立和完善自身的技术研发中心，形成独有的核心技术。引进和培养高水平的技术人才，推动技术进步，促进新产品的开发和旧产品的升级换代，从而确保企业在激烈的市场竞争中保持领先地位。

4. 解决资金困难问题

龙头企业的发展往往受制于资金短缺，解决这一问题可采取以下策略：一是政府财政部门可以提供贷款贴息等财政支持，尤其是针对大型农副产品加工企业和基地建设项目，这些支持能够降低企业的财务成本，提升其发展和扩张的能力。二是鼓励包括海外资本、工商资本和民间资本在内的多元化资金进入农业产业化领域，特别是鼓励非农业领域的企业投资于农业，以实现资本的优势互补。三是通过开展多层次、多形式的招商引资活动，龙头企

业可以寻找并建立与国内外合作伙伴的合作关系，这不仅能为企业带来资金支持，还能引进先进的技术和管理经验，共同推动企业及整个产业的发展。

（二）加强农产品基地建设

加强农产品基地建设对于促进农业产业化和提升农业竞争力具有重大意义。它不仅有助于组织和规模化分散的农户生产，提升整个农业的专业化和组织化水平，而且还为龙头企业提供了稳定的原材料供应，保证了产品质量和数量，支撑龙头企业的生产和经营活动。此外，农产品基地还是技术、资本和信息等现代农业要素的集聚地，能够有效推动农业技术进步和管理创新，提高农业整体效率和效益。

加快农产品基地建设应从以下几方面入手：

（1）建设农产品基地应从本地区实际出发，合理调整农业生产结构，依托地区资源优势，发展具有特色和竞争力的主导产业。通过科学规划和布局，将资源集中到具有明显优势和潜力的产业上，不仅可以提高资源利用效率，还能形成具有区域特色的农业产业带，提升区域农业的整体竞争力和可持续发展能力。

（2）应注重引导和动员广大农户的参与，通过示范带动，实现从点到面的推广。通过建立示范户、示范村，让农户直观感受到基地建设带来的实际效益，从而激发他们的参与热情。这种自下而上的参与机制能够确保基地建设更加贴近农户需求，增强基地的群众基础和可持续性。

（3）可以在基地内部组建专业合作社或农协，并以此为平台，围绕基地的专业化方向进行生产、加工、销售等活动。这样不仅有利于农民实现利益的最大化，还有助于提升农户的市场应对能力和整体生产效率。

（4）加强农产品基地的基础设施建设，如改善灌溉、交通、储存和加工等设施，确保基地能够顺利进行高效、规模化生产。此外，通过与龙头企业的合作，引入更多的资本和技术支持，进一步优化基地的生产环境，提高产品质量和产量，为农业产业化奠定坚实的物质基础。

（三）完善农业产业化经济组织的运行机制

1. 完善农业产业化经营组织的管理机制

建立透明、开放的沟通和信息共享平台，确保各方面信息的畅通无阻，让每位成员都能够及时了解组织的运营状况和未来计划。在决策制定上，实行"一人一票"或根据投资比例的投票制度，确保决策过程公正、民主，并且符合大多数成员的利益。建立有效的监督和评估机制，允许成员对管理层的工作进行监督和评价，及时纠正管理过程中的偏差，确保管理决策的有效执行。通过民主管理，不仅可以增强成员对组织的认同感和归属感，而且能够促进资源的合理配置和利益的公平分配，从而提高组织的整体效能和竞争力。

2. 完善农业产业化经营组织的利益机制

建立一套公平、合理的利益分配体系，使得所有参与方，无论是大型企业、中小农户还是其他合作伙伴，都能根据其贡献大小获得相应的回报。在风险共担方面，通过合同约定、保险机制、互助基金等方式，将经营过程中可能遇到的各种风险进行分散和缓释，确保单一成员不会因突发事件而面临巨大损失。积极探索多元化盈利模式和增值服务，增加收入来源，为利益分配提供更大空间。通过完善农业产业化经营组织利益机制，可以调动各方面的积极性，促进合作与共赢，推动农业产业化经营向更加高效、稳定的方向发展。

第三章　农业生产要素管理

第一节　农业自然资源管理

一、农业自然资源的分类与特点

（一）农业自然资源的分类

1. 按照资源的属性分类

农业自然资源可以根据其物理属性分为土地资源、水资源、气候资源和生物资源四大类。土地资源是农业生产的基础，提供了种植作物的空间和必要的营养物质；水资源是保证作物生长和畜牧业发展不可缺少的资源；气候资源决定了作物的生长周期、产量和质量，包括温度、光照、降水等；生物资源包括农作物、畜禽、微生物等，它们是农业生产中直接使用的生命体。

2. 按照资源的更新性分类

根据更新能力，农业自然资源可以分为可再生资源和非可再生资源。可再生资源，如生物资源和某些水资源，可以通过自然过程或人工干预在较短的周期内得到更新。非可再生资源，如某些矿物质肥料和化石水，一旦消耗就很难或需要极长的时间来恢复。

3. 按照资源的经济性分类

农业自然资源还可以根据其在农业生产中的经济价值和作用分为直接资

源和间接资源。直接资源是直接参与农业生产过程，对农业产出有直接影响的资源，如耕地、灌溉水、种子等。间接资源是对农业生产有间接支持作用的资源，如生态系统服务提供的病虫害调控、土壤保持、水源涵养等。

（二）农业自然资源的特点

农业自然资源是指自然资源中可被人类用于农业生产的物质和能量，及保证农业生产活动正常进行所需要的自然环境条件的总称，如土地资源、水资源、矿产资源等[①]。农业自然资源具有多种特点，如图3-1所示。

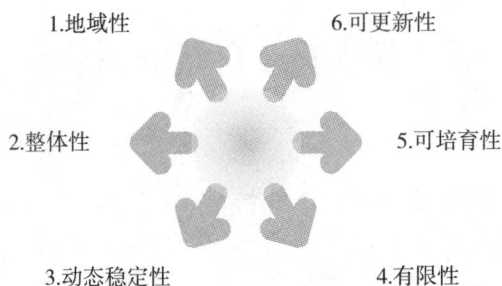

1.地域性		6.可更新性
2.整体性		5.可培育性
3.动态稳定性		4.有限性

图3-1　农业自然资源的特点

1. 地域性

农业自然资源的分布和质量受到地理位置的影响。不同地区的土壤类型、气候条件、水资源等各不相同，这直接决定了该地区适宜种植的农作物种类、农业生产的方式和效率。

2. 整体性

农业自然资源不是孤立存在的，而是相互联系、相互依存的一个复杂系统。自然环境中的水、土壤、气候、生物等要素相互作用，形成了特定的农业生态系统。例如，水热条件决定了特定地区的土壤类型和植被，进而影响动植物和微生物群落的结构。任何单一要素的变化都可能引发整个系统的连锁反应，导致新的生态平衡状态。因此，农业资源的管理和利用不能仅关注单一要素，而应采取系统化的观点，综合考虑各种资源的相互关系和作用。

---

① 柳咏芬，王利仁，徐凤珠．农业经济管理 [M]．哈尔滨：黑龙江人民出版社，2008：105.

3. 动态稳定性

动态稳定性是指农业自然资源在一定的时间和空间范围内，虽然经历不断变化和调整，但最终能够达到一种相对平衡的状态。具体体现为农业资源系统能够在遭受自然或人为干扰后，通过内在的调节机制恢复到一定的稳定状态。例如，一个自然的生态系统，在遭受短期的干旱或洪水之后，可以通过物种间的相互作用和生态过程的自我调节，最终恢复原有的生态结构和功能。在农业生产中，动态稳定性要求人们在开发利用农业资源时，不仅要考虑即时的生产需求，还要考虑资源系统长期的稳定性和恢复力。这意味着在进行农业活动时，应采取可持续的方法，避免对资源系统造成不可逆转的破坏，确保资源系统的健康和生产力能够在长期内得到保持。

4. 有限性

农业自然资源的数量是有限的，特别是一些非可再生资源，一旦消耗殆尽，就很难或需要极长时间才能恢复。例如，土地资源是非常有限的，不合理的农业开发和利用可以导致土地退化、沙化，影响其长期的生产力。水资源也同样有限，不可持续地抽取和使用可能会导致地下水位下降、水体污染等问题。农业自然资源的有限性要求农业生产必须遵循节约原则和可持续性原则，合理规划和利用资源，避免过度开发和浪费。

5. 可更新性

可更新性是指某些农业自然资源具有在适当的管理和保护下自我更新和恢复的能力，这主要指的是生物资源以及某些非生物资源。例如，植被和土壤有机质可以通过自然生长和积累过程得以更新，水资源通过水循环过程实现自我补给。这种特性意味着如果人们能够合理利用这些资源，不破坏它们的自然恢复机制，就能够实现资源的可持续利用。

6. 可培育性

可培育性体现在通过人为干预和管理，可以改善农业自然资源的质量和生产力。例如，通过施用有机肥料和改良土壤结构，可以提高土壤肥力；通过引种改良和生物技术，可以培育出更高产或更适应当地环境的作物品种。可培育性赋予了农业生产更大的灵活性和主动性，使农业生产能够适应不断变化的市场需求和环境条件。然而，培育和改善自然资源的过程需要科学的方法和技术，以及对生态环境影响的充分考虑，以避免可能产生的负面效应。有效利用农业自然资源的可培育性，不仅可以提升农业生产效率和质量，还可以增强农业系统对环境变化和市场波动的适应能力，进而促进农业的可持续发展。

二、农业自然资源管理的意义

农业自然资源管理是指在农业生产和发展过程中，合理利用、科学调配、有效保护和持续更新农业自然资源，以确保资源的长效利用和农业可持续发展。这涉及对土地、水、气候、生物等资源的综合评估、规划和监管，旨在提高资源利用效率，保护生态环境，促进农业和社会经济的和谐发展。

（一）促进农业可持续发展

农业自然资源管理对于维持和提升农业生产力至关重要。通过合理管理，可以保障农业生产所需的关键自然资源不被过度开发和浪费，确保长期稳定的农业生产。这不仅有助于当前的食物安全和农业收入，也为未来世代保留了充足的资源和良好的生产环境。

（二）保护生态环境

农业生产活动紧密依赖于健康的自然资源和生态系统，而不恰当的资源利用和管理方式则会导致土壤退化、水资源枯竭、生物多样性丧失和环境污染等问题，从而破坏生态平衡和农业生产的基础。通过实施有效的资源管理措施，如水土保持、生态农业实践、生物多样性保护和污染防治，可以维护和增强生态系统的功能，促进自然资源的再生和恢复。这不仅有利于保持农业生态系统的健康，提高其抵御自然灾害和疾病侵害的能力，还能够促进生物多样性的保护，维护全球环境的稳定性。

（三）促进经济和社会发展

首先，农业是许多国家经济的基础，尤其是在发展中国家，农业的发展对于促进就业、增加农民收入和减少贫困具有关键作用。通过提高农业生产效率和稳定性，农业自然资源管理能够促进农业经济增长，提升国家经济水平。其次，农业的发展也对社会稳定具有重要作用，可持续的资源管理有助于确保食品供应安全，避免因资源枯竭或生态破坏导致的社会冲突和不稳定。此外，农业自然资源管理还与农村社区的福祉密切相关，合理的资源利用和环境保护可以改善农村生活条件，促进教育和公共卫生事业，提高农村居民的生活质量。

（四）增强生态服务功能

农业自然资源管理对于维持和增强生态系统提供的服务功能至关重要。生态服务包括水源涵养、土壤保持、碳固定、氮循环和生物多样性维护等，这些服务对于农业生产和人类福祉都是不可或缺的。通过合理管理农业自然资源，如实施水土保持措施、恢复退化土地、保护湿地和水体、维持和增强生物多样性，可以增强生态系统的韧性，提升其对自然灾害和环境变化的适应能力，保障生态服务的持续供给。这不仅有利于农业生产的稳定性和可持续性，也对保护全球环境、减缓气候变化、保护生物多样性具有重要作用。

（五）促进知识和技术创新

随着对农业自然资源压力的增加和可持续发展目标的提出，研究和开发新的资源管理技术、种植方法和生态农业模式成为重要任务。通过对农业自然资源的深入研究，可以增进对资源特性、生态过程和可持续管理策略的理解，推动农业科技进步，促进创新型农业实践的发展。例如，精准农业技术可以提高资源利用效率，减少浪费；生态农业模式可以提升农业系统的生态服务功能，实现生产与环境保护的双赢。此外，知识和技术的创新也有助于培养农业人才，提高农业劳动力的技能和素质，促进农业行业的可持续发展。因此，农业自然资源管理不仅对当前的资源保护和利用有重要影响，也对农业未来的科技创新和发展趋势具有深远意义。

三、农业自然资源管理的核心内容

农业自然资源管理的核心内容主要包括农业土地资源管理和农业水资源管理。

（一）农业土地资源管理

1. 农业土地资源管理的原则

农业土地资源指的是可用于农业生产的土地，包括耕地、园地、草地等各种类型，它们为农业生产提供了基本的空间和物质条件。农业土地资源管理则是指通过科学的方法和措施，合理利用和有效保护农业土地资源，以提高土地利用效率，在保障农业可持续发展的同时，还能够维持生态平衡。在进行农业土地资源管理时，应遵循以下原则：

（1）正确处理国家、集体、个人之间关系。在我国，尽管国家、集体、个人在根本上拥有共同的利益目标，即实现国家的长期发展、社会的稳定和人民生活的改善。但在具体的土地利用决策和实践中，各方利益往往表现出复杂的交错和冲突。以占地盖房为例，个体和集体可能更倾向于选择地理位置优越、交通便利的土地以满足即时利益最大化，而国家层面则更强调土地资源的节约与高效利用，倾向于优先开发利用荒地、劣地或旧宅基地，以促进土地资源的可持续发展和社会公共利益的最大化。因此，在农业土地资源管理中，必须综合考虑和平衡各方利益，既要满足国家发展和人口增长带来的土地需求，又要确保土地资源的合理分配和高效利用，避免资源浪费和生态破坏，实现土地利用的总效益最大化。

（2）坚持生态、经济、社会三效益统一。在农业土地资源管理中，应全面考虑土地利用的生态价值、经济价值和社会价值，实现这三者的有机结合和相互促进。虽然从长远看，生态效益、经济效益和社会效益是相辅相成、相互依赖的，但在实际土地利用决策中，往往会出现偏重眼前经济利益、忽视生态和社会效益的行为。这种做法可能会带来一时的经济增长，但长期来看，却可能导致生态环境退化、社会成本上升，甚至威胁到地区乃至国家的可持续发展。因此，土地管理应遵循长远和全局的利益，重视生态保护和恢复，在提升土地经济价值的同时，也要考虑社会公平和福祉，确保今天的土地利用不会损害未来代际的福祉，真正实现土地利用的可持续性。

（3）坚持依法、统一、科学地管理土地。土地不仅是国家和全社会的重要财富，也是农业生产的基础。因此，将土地管理纳入法治轨道，依法进行管理，是保障土地资源合理利用、防止土地资源滥用和破坏的关键。通过制定和执行科学合理的土地法律法规，可以有效维护社会主义公有制土地的基本性质，保障各种土地利用活动依法有序进行，确保土地资源得到有效保护和合理利用。同时，土地管理应实现统一，即对全国城乡土地进行统一规划和管理，确保城乡、各部门和各行业在土地利用上的需求和利益得到均衡考虑和妥善协调。统一管理有助于避免管理碎片化，提高土地资源的利用效率和管理效果。此外，必须采用先进的科学技术和方法，遵循自然规律和经济规律，进行土地资源的评估、规划、利用和保护。科学地管理土地资源有助于提升土地利用的科技含量和创新能力，实现土地资源的高效开发和可持续利用，促进农业和社会经济的全面发展。

2. 农业土地资源管理的具体内容

（1）地籍管理。地籍管理是指国家为获得地籍信息，科学管理土地，而采取的以土地调查、土地分等定级估价、土地登记、土地统计为主要内容的综合措施。

①土地调查。土地调查是全面、准确地收集和记录土地相关的各项信息的过程。根据土地调查的内容侧重点不同，可以分为三种：一是土地利用现状调查。土地利用现状调查主要关注土地的当前使用状况，包括土地的利用类型、利用强度、利用效率和土地覆盖等信息。通过对土地利用现状的细致勘察和分析，可以获取土地利用的空间分布特征和模式，识别非法占用或低效利用的土地，以及评估土地利用的可持续性。二是地籍调查。地籍调查侧重于建立和更新土地的权属记录，包括土地的位置、界限、面积、权利人等基本信息。地籍调查为土地产权的确立、变更和交易提供了法律依据，是土地管理和土地市场运作的基础。通过地籍调查，可以防止土地纠纷、保障土

地所有者和使用者的合法权益，促进土地资源的规范管理和有效利用。三是土地条件调查。土地条件调查专注于土地的自然属性，包括土壤类型、地形地貌、水文状况、植被覆盖和环境质量等方面，旨在评估土地的自然生产潜力和环境价值，为土地的合理利用和生态保护提供科学依据。通过土地条件调查，可以识别土地的生态敏感区和环境脆弱区，指导农业生产和土地利用的可持续性策略，同时为生态修复和环境保护工作提供指导。

②土地分等定级估价。土地分等定级估价是对农用土地的自然属性和经济属性进行全面而细致的评估，以确立土地的等级和基准价值。这个过程主要是基于土地的土壤类型、地形、水利条件、气候等自然条件以及土地的位置、交通状况、市场接近度等经济条件进行的。通过对这些因素的综合分析，可以确定每块农用土地的生产潜力和经济价值，进而对土地进行合理的分级。土地分等定级不仅有助于揭示不同土地之间的质量差异，为农业生产的规划和土地资源的合理配置提供科学依据，而且估价过程还能为土地的买卖、租赁、抵押等经济活动提供重要的参考信息，这有利于促进农用土地的有效利用，提高土地资源的经济效益，同时也有助于保护农民利益，促进农村经济的发展。

③土地登记。土地登记是国家依照法定程序将土地的权属关系、用途、面积、质量等情况记录于专门的簿册，并向土地所有者和土地使用者颁发土地证书，以确认土地所有权或者使用权的制度。土地登记的重要性在于它为土地的合法利用、交易和管理提供了法律保障，确保了土地市场的稳定和透明。通过正规的土地登记，可以有效避免土地权属争议，减少土地纠纷，保护土地所有者和使用者的合法权益。此外，土地登记系统中积累的大量土地信息对于国家的土地资源管理、土地政策制定、城乡规划和经济发展规划等都具有重要价值，为国家提供了重要的决策支持。

④土地统计。土地统计是对地籍信息进行汇总、分析和报告的过程，目的是掌握土地资源的总体状况和变化趋势，为政府决策和土地管理提供数据支持。在土地统计工作中，需要定期收集、更新和分析地籍数据，包括土地的数量、分布、利用状态、所有权变更等信息，并根据这些数据编制土地统计报告。这些报告不仅可以反映土地资源的利用效率和变化情况，还可以揭

示土地市场的发展趋势，指导土地资源的规划和管理，支持土地政策的制定和调整。

（2）土地权属管理。土地权属管理是指对土地所有权和使用权的确认、登记、调整和监督的过程，旨在明确土地权益关系，规范土地使用行为，保护土地资源，促进土地的合理开发和高效利用。通过土地权属管理，可以有效预防和解决土地权属争议，提高土地利用效率，保障土地所有者和使用者的合法权益。

土地权属管理的内容主要包括以下几个方面：

①土地所有权和使用权的确认。这是土地权属管理的基础，包括明确土地的所有者，是否有土地使用权的设立，以及使用权的性质和范围。通过土地测绘、权属调查等方式，准确记录土地的位置、面积、界限和权属关系。

②土地权属调整。随着社会经济的发展和土地利用政策的变化，土地权属关系可能需要进行相应调整。这包括处理土地继承、划拨、征收、交易等引起的权属变更，确保土地权属信息的准确性和时效性。

③土地权属监督。对土地使用情况进行监督，确保土地使用符合法律法规和土地规划，防止非法占用、滥用土地资源。对违反土地管理法律法规的行为进行查处，保护土地资源，维护土地市场秩序。

（3）土地利用管理。土地利用管理是指对土地的使用方式进行规划、监督和调控，以确保土地资源的高效、合理和可持续利用。

①耕地利用管理。耕地利用管理旨在提高耕地的使用效率和生产力，保护耕地资源不受侵占和退化，同时维持耕地的生态功能。这包括确保耕地面积的稳定，避免非农建设占用优质耕地；实施耕地质量保护和改良计划，如土壤肥力恢复、水土保持和污染防治；以及推广科学种植、精准农业等先进技术和方法，提高单位面积耕地的产出和效益。耕地利用管理还需要关注耕地的合理轮作休耕制度，以保障土地的持续生产力。

②林地利用管理。林地利用管理关注于林地的保护、培育和合理利用，旨在促进林业资源的可持续发展，同时保持和增强林地的生态服务功能。林地利用管理要求制定科学的林地保护和利用规划，实行严格的林木采伐和更新制度，防止过度采伐和破坏林地资源。同时，通过林分经营、林地改良和

森林生态修复等措施，提升林地的生产力和生态价值。此外，林地利用管理还包括促进林下经济和林业多功能利用，为社会经济发展提供更多支持。

③草地利用管理。草地利用管理着力于保护和合理利用草地资源，维护草地生态系统的健康和稳定。这涉及制定和执行草地保护规划，防止草地退化、沙化和荒漠化，以及制止非法占用和破坏草地。草地利用管理强调科学放牧和草畜平衡，避免因过度放牧所引发的草地退化问题。同时，推广草地改良技术，提高草地生产力和承载能力，促进畜牧业和草地相关产业的可持续发展。通过有效的草地利用管理，可以保障草地资源的长期稳定，支持畜牧业生产，同时也能够保护生物多样性和水土资源。

（4）农用土地市场管理。农用土地市场管理是指国家对农用土地交易、流转和租赁等市场活动进行的规范、监督和控制，旨在促进农用土地资源的合理流动和高效利用，同时保护土地所有者和使用者的合法权益。

首先，建立和完善农用土地市场的法律法规体系是基础工作，这包括制定有关土地交易、流转、租赁的法律法规和政策，明确土地市场交易的原则、标准和程序，确保土地市场活动的合法性、规范性和透明性。通过法律法规来规范所有市场参与者的行为，保障其合法权益，同时对违法违规行为进行约束和惩罚。其次，监督和管理土地交易过程是农用土地市场管理的核心内容。这包括对土地买卖、流转、租赁等交易活动进行监管，确保交易信息的公开、透明，交易程序的公正、公平。再次，监督土地使用权的流转和交易，确保流转活动符合土地利用总体规划和土地管理法规，防止土地资源的非法占用和浪费。此外，促进土地市场的健康发展是农用土地市场管理的重要目标。这需要通过政策引导和市场机制，激发土地市场的活力，促进土地资源的有效配置和优化利用。支持和鼓励符合条件的非农业主体参与农用土地流转，推动土地规模经营和农业现代化。最后，发展多元化的土地流转模式，如土地托管、合作经营、股份合作等，丰富土地市场的内涵，满足不同主体的需求，促进农业产业结构的优化升级。

（二）农业水资源管理

1. 水资源的概念

水资源指的是地球上以液态、固态和气态存在的水，包括地表水和地下水，可供人类使用的水资源主要包括河流、湖泊、地下水、冰川和降水等。水资源在农业中扮演着至关重要的角色，它是农业生产不可或缺的自然资源之一。在农业中，水资源主要用于灌溉，有助于提高作物产量，稳定粮食供应，尤其是在干旱和半干旱地区，灌溉成为确保农业生产可持续性的关键措施。除了直接支持作物生长，水资源还参与调节微气候，保持土壤结构，促进有效营养物质的循环与利用，从而提高土壤肥力和作物的生长质量。在畜牧业中，水是动物生长发育不可缺少的要素，对维持畜牧业健康发展同样至关重要。此外，水资源对农业生态系统的维持也发挥着关键作用，包括维护湿地生态、保持生物多样性等，这些生态服务间接支撑着农业的可持续发展。因此，合理利用和有效管理水资源，不仅对增进农业生产效率、提高农产品质量具有决定性影响，而且对保障食品安全、维护农业生态环境和推动农业可持续发展具有深远意义。

2. 农业水资源管理的具体内容

（1）水资源评估与监测。水资源评估与监测是农业水资源管理的基础工作，其主要目的是确保对农业用水资源的状况有一个全面、准确的了解，为水资源的合理规划和有效利用提供科学依据。评估与监测工作涵盖对水资源量、水质状况、水利用效率和水资源变化趋势等方面的持续观测和分析。这需要建立和维护一套全面的水资源监测系统，包括水文站点的设置、数据采集和处理等。通过水资源评估与监测，可以及时掌握干旱、洪水等极端气候对水资源的影响，评估人类活动对水资源的利用和影响，从而为农业水资源管理和决策提供重要信息。

（2）水资源规划与分配。水资源规划与分配关注如何科学合理地规划和分配农业水资源，以满足不同农业区域和作物的水需求。有效的水资源规划与分配需要基于水资源评估与监测的结果，结合地区气候、土壤条件、作物需水特性和农业生产模式等因素，制定合理的灌溉计划和水量分配方案。规划与分配过程中还应考虑到水资源的时空变异性，采取灵活的调控措施，确保水资源在干旱和丰水期的有效调配和利用。此外，水资源规划与分配还需与地区发展规划、生态保护等政策相协调，以实现区域水资源管理的综合效益最大化。

（3）水资源保护与污染防治。水资源保护与污染防治聚焦于维护水资源质量和可用性，防止农业生产中的水资源被污染和破坏。这包括实施水土保持措施，减少农业面源污染，控制农业用药和化肥的过量施用，以及处理农业废水和养殖业排放。通过这些措施可以减少对水体的污染负荷，保护水资源环境，维持水体生态系统的健康。同时，还需要加强法规建设，通过法律手段加强水资源保护，确立水污染责任追究机制，提高违法成本。此外，还要通过增强公众和农户的水保护意识，促进社会各界共同参与水资源保护工作。

四、农业自然资源可持续管理的政策建议

（一）完善农业自然资源管理体制和机制

一是建立国家统一管理机构，汇集各方面专业力量，统筹全国农业自然资源的管理工作，提高决策的科学性和实施的有效性。该机构应具备跨领域的决策能力和执行力，能够及时响应各类资源管理挑战，制订并执行统一的管理策略和行动计划。通过建立国家统一管理机构，可以更好地整合资源、统一标准、协调行动，促进农业自然资源的合理利用和长期保护，为实现可持续发展奠定坚实的基础。二是推动多元化的参与机制。鼓励各利益相关方，包括政府机构、农业企业、农民、科研机构和民间组织等，参与农业自然资源的管理。通过建立合作平台和沟通渠道，促进信息交流和资源共享，集合各方力量解决资源管理的问题。

（二）推进农业自然资源管理相关法律法规建设

法律法规为资源管理提供了必要的规范和指引，确保所有管理活动都基于明确的法律依据进行，有效遏制资源的无序开发和滥用。随着农业生产的

不断发展和自然环境的变化，现有的法律法规可能无法完全满足当前的管理需求，因此需要不断地进行审视和更新，以适应新的挑战和需求。

推进农业自然资源管理相关法律法规建设，一是要确保法律法规的全面性和前瞻性。法律体系需要覆盖农业自然资源的所有重要方面，包括土地、水资源、森林、草原、生物多样性等，同时要考虑到气候变化、生态保护等新问题。全面性的法律体系能够为资源管理提供全方位的指导和约束，前瞻性则确保法律能够适应未来发展的需要，预防潜在的资源管理问题。二是要确保这些法律法规能够得到有效执行。这需要建立健全的执法机制，提高执法效率和权威性。同时，还要加强对相关法律法规执行情况的监督和评估，及时发现并纠正执行过程中的问题，确保法律法规的实施效果。三是要定期审查和修订法律法规。随着科学技术的进步和社会经济的发展，农业自然资源管理面临的环境和挑战会不断变化，法律法规也应相应地进行更新，以保持其相关性和有效性。通过建立定期审查和修订机制，可以确保法律法规能够及时响应新的挑战，为农业自然资源管理提供稳定而灵活的法律支持。

（三）加强农业自然资源的经济审核评估

加强农业自然资源的经济审核评估是确保农业自然资源管理效益最大化和促进可持续发展的重要措施。通过经济审核评估，可以全面了解农业自然资源利用的经济效益，合理评估资源管理项目的成本与收益，通过提供科学依据来指导资源的有效配置和保护策略的制定。

在实施农业自然资源的经济审核评估时，一是要采用科学合理的评估方法和指标，全面衡量农业自然资源管理活动对经济、社会、环境等多方面的影响。这种评估不仅包括直接的经济收益分析，也应涵盖对资源保护和可持续利用带来的长远影响评估，如生态服务价值的评估、环境保护的经济效益评估等。二是建立一套完善的数据收集和分析系统，确保评估过程中使用的数据准确、可靠。这要求从多个渠道和角度收集数据，包括直接的经济数据、资源利用情况、环境变化数据等，同时运用先进的数据处理和分析技术，确保评估结果的科学性和客观性。

经济审核评估的结果应用于指导农业自然资源管理的决策过程，帮助政策制定者和管理者识别资源利用中的优势和不足，制定更有效的管理策略和措施。例如，通过评估可以识别哪些资源管理项目经济效益显著，哪些项目成本过高或效益不明显，据此调整资源分配和管理重点，提高资源利用的经济效率和可持续性。此外，加强经济审核评估还有利于提高公众和决策者对农业自然资源价值和保护重要性的认识。通过将资源管理的经济效益具体化、量化，可以更加直观地展示资源保护和合理利用的必要性和紧迫性，增强社会公众的环保意识，促进更广泛的社会支持和参与。

（四）开发资源节约型产业和技术

开发资源节约型产业和技术是实现农业自然资源可持续管理的有效途径。

在全球化和经济快速发展的背景下，资源的压力日益显现，传统的资源密集型产业模式已难以为继。开发资源节约型产业和技术，既是应对资源环境压力的需要，也是实现经济结构转型和升级的关键。通过技术创新和产业升级，不仅可以提高资源的利用效率，促进经济的绿色增长，还可以为农业和社会的可持续发展提供坚实的支撑。

首先，资源节约型产业和技术的开发需要科学规划和策略指导。这要求政府、科研机构和企业等各方面共同努力，构建一个支持创新、鼓励实用的政策环境和技术生态。通过研究和引导市场需求，确定关键的节约资源领域和技术方向，集中力量攻克技术难题，加速资源节约型产业的成长和技术的应用。其次，资源节约型技术的开发不仅要关注提高生产效率，还要注重全生命周期的资源利用效率和环境影响。这包括原材料的有效利用、生产过程的能源效率提升、产品的长寿命设计和回收再利用等方面。通过综合考虑和技术创新，可以显著降低生产和消费对自然资源的需求，减少废弃物的产生，提高资源的循环利用率。同时，开发资源节约型产业还需加强对新技术和新产业的市场化推广。通过政策扶持、财税优惠、市场准入等方式，激励企业投入资源节约型技术的研发和应用，促进节约型产品的市场竞争力。此外，提升公众对资源节约和环境保护的认识也是推广资源节约型产业和技术的关键，需要通过教育、宣传等方式，形成全社会节约资源、保护环境的良好氛围。

第二节　农业劳动力管理

一、农业劳动力的概念与作用

（一）农业劳动力的概念

农业劳动力是指在农业领域内，拥有劳动能力并实际参与农业生产活动的人口，包括农业劳动力的数量和质量两个方面。农业劳动力的数量是适龄人口中可以参加农业劳动的人数和尚未达到或已经超过劳动年龄但实际参加农业劳动的人数。农业劳动力的质量，是指农业劳动力的体力强弱、技术熟练程度和科学文化水平的高低等。[①] 农业劳动力的数量和质量是衡量一个国家或地区农业生产能力和发展潜力的两个重要指标。它们共同影响着农业产出的规模、效率和可持续性，从而对经济发展和食品安全具有深远的影响。

（二）农业劳动力在农业发展中的作用

1. 生产力的关键驱动者

农业劳动力是实现农业生产的基础，直接参与种植、养殖、收割、加工等各个生产环节，是推动农业生产发展的核心动力。无论是传统农业还是现代农业，劳动力都是实现生产目标、提高农作物产量和质量不可或缺的资源。农业劳动力的数量和质量直接影响到农业生产的规模和效率，从而决定着农业产出和发展水平。

---

① 李秉龙，王胜利，王可山 . 农业经济管理概论 [M]. 北京：中共中央党校出版社，2005：255-256.

2. 技术应用和创新的实施主体

随着农业科技的进步，新技术、新设备和新方法的应用成为提高农业生产效率和产品质量的关键。农业劳动力不仅需要掌握这些新技术，还要在实践中不断创新和适应，使之更好地服务于农业生产。农业劳动力的技能和知识水平，特别是对新技术的接受能力和创新能力，对农业科技的应用和农业持续发展至关重要。

3. 农业可持续发展的保障者

农业劳动力在促进农业可持续发展中起到基础性作用。劳动力在日常工作中对资源的合理利用、环境的保护、生态平衡的维持等方面发挥着直接作用。通过有效的劳动管理和良好的农业实践，农业劳动力有助于实现农业生产与环境保护的和谐共生，促进农业长期可持续发展。

4. 农村社会经济发展的推动者

劳动力在农业中的有效利用可以带动农村就业，增加农民收入，改善农村居民的生活质量，从而促进农村社会经济的整体发展。此外，农业劳动力的消费和投资行为也为农村市场活动和其他产业的发展提供了需求和资本，进一步推动了农村经济的繁荣。

二、农业劳动力使用上的特点

（一）农业劳动时间具有强烈的季节性

农业劳动时间具有强烈的季节性是由农业生产本身的特性决定的。不同的农作物根据其生长周期有不同的种植、管理和收获时间，这些农业活动大多依赖于自然条件，如气候和季节变化，从而导致农业劳动需求在一年中的不同时间呈现显著的波动。例如，在播种和收获期间，农业劳动力需求量大，农民需要投入大量的劳动来确保作物的生长和及时收获；而在非生长季节，农业劳动需求则相对减少。这种季节性特征要求农业劳动力具备高度的适应性和灵活性，同时也对农业生产的劳动组织和管理提出了挑战。为了应对这种季节性变化，农业生产经营者需要提前规划劳动力的使用，确保关键时期有足够的劳动力投入，同时在劳动需求低的时期合理安排劳动力，以提高劳动效率和经济效益。

（二）农业劳动的周期长，劳动效益具有差异性

从播种到收获，农作物需要经过较长的生长期，这意味着农业劳动投入与收获之间有长时间的跨度，劳动回报不是即时的。此外，由于农业生产受多种因素影响，如土壤、气候、病虫害等，因此，即使同样的劳动投入，不同地区、不同年份、不同农田的产出效益也可能存在较大差异。这种长周期性和效益差异性要求农业劳动力在生产过程中具备耐心和毅力，同时也需要具备一定的风险管理能力，以应对农业生产的不确定性。对于管理者来说，理解农业劳动的这种特性，合理规划和调配劳动力资源，以及采取适当的风险缓解措施，对提高农业劳动效益、保障农民收入具有重要意义。

（三）农业劳动场所的分散性

农业劳动场所的分散性是由农业生产的地理特点决定的。农田通常广泛分布于各个村庄和地区，不同作物的种植区域往往分布在不同的地理位置，有时甚至分散在几个不同的自然环境和气候条件下。这种分散性导致农业劳动力在不同时间内需要在不同的地点进行劳动。农业劳动的这一特点对劳动力的调度和管理提出了较高的要求。农业生产者需要合理规划劳动力的使用，以确保各个分散的劳动地点都能得到适时的劳动力支持。

（四）农业劳动内容的多样性

农业不仅涉及基本的耕种、种植、灌溉和收割等活动，还包括土地管理、病虫害防治、作物后期处理、市场营销等一系列复杂的工作。此外，随着现代农业技术的发展，农业劳动者还需要掌握农业机械的操作、农业信息的处理等技能。这种多样性要求农业劳动力具备广泛的技能和知识，能够适应不同的工作内容。对于农业管理者来说，理解农业劳动内容的多样性，合理安排劳动力的培训和分工，以及鼓励劳动力的技能提升，对于提高农业生

产的效率和质量具有重要意义。

三、农业劳动力资源的管理

（一）加快农业剩余劳动力的转移

1.加快农业剩余劳动力转移的意义

农业剩余劳动力是指在农业生产过程中超出所需劳动量的劳动力，即这部分劳动力在农业领域内不能得到充分利用，其劳动产出边际贡献相对较低。这种现象通常发生在农业生产力提高、农业机械化程度加深，或是农业生产不再需要大量人力时。农业剩余劳动力的存在，不仅影响劳动力资源的有效分配，也影响整体经济的生产效率和增长潜力。加快农业剩余劳动力的转移具有以下意义：

（1）促进经济结构调整。通过加快农业剩余劳动力向非农业部门的转移，能有效促进劳动力资源在各产业间的优化配置。这不仅有助于缓解农业部门的人口压力，还能为工业和服务业等非农部门提供必要的劳动资源，支持这些部门的扩张和升级。随着劳动力在更高产值和更高技术领域的重新分配，整个经济结构将逐步向更加多元化和高级化转变，从而提升国家或地区的经济效率和全球竞争力。

（2）提高劳动力收入。农业剩余劳动力转移到非农部门能显著提升其收入水平。在多数情况下，非农部门提供的就业机会不仅数量多，而且工资水平普遍高于农业部门，这意味着劳动力转移可以直接带来个人和家庭收入的增加。更高的收入将改善他们的生活条件，增强消费能力，进而带动相关产业和服务业的发展。

（3）促进农村发展和城乡一体化。农业剩余劳动力的有序转移能有效激发农村地区的经济活力，推动农村多元化经济的发展。当农业劳动力向非农产业转移时，不仅可以减轻农村的就业压力，还能带动资本、技术等生产要素向农村流动，促进农村基础设施建设和公共服务改善。此外，农业剩余劳动力的转移还可以促进农村与城市之间的人口、资本和信息流动，加快农村现代化进程，推动城乡经济和社会的一体化发展，逐渐缩小城乡之间的差距。

（4）促进农业劳动力素质提升。农业剩余劳动力在转移过程中接受新的职业技能培训和继续教育，有助于提高其整体素质和职业技能。这不仅增强了劳动力个体的就业竞争力，还为其提供了更广阔的职业发展空间和更多样化的职业选择机会。随着个人技能和知识的提升，农业劳动力能够在更高层次和更宽领域贡献自己的才能，进而促进劳动市场的高效匹配和人力资源的最优配置。

2. 加快农业剩余劳动力转移的途径

（1）加强政策引导和支持。政府可以通过制定和实施一系列政策措施来引导和支持农业剩余劳动力的转移。一是为农业剩余劳动力提供就业信息服务，如职业介绍、就业指导、劳动市场分析等，帮助他们能更好地了解就业市场的情况和趋势，减少他们在就业过程中的信息不对称问题，为他们寻找适合的工作提供便利。二是建立劳动力市场，这不仅为农业剩余劳动力提供一个就业的平台，还能促进劳动力供需双方的有效匹配。通过劳动力市场，雇主可以更直接地了解到劳动力的供给情况，而劳动力也能更方便地找到合适的工作机会，从而提高劳动市场的整体效率。三是制定税收减免、创业扶持、职业培训补贴等优惠政策，减轻农民工在转移过程中的经济负担，激励他们掌握新技能，提高就业竞争力。特别是职业培训补贴，能够鼓励农业剩余劳动力参加培训课程，学习新知识和技能，增强他们适应新工作环境的能力。四是确保农业转移劳动力在城镇获得平等的社会和公共服务，包括教育、医疗、住房等各方面，只有当农业转移劳动力能够在城镇享受到与本地居民同等的服务和待遇时，他们才能更好地融入城镇社会，实现真正的平稳转移。政府需要采取措施，消除制度上的壁垒，确保所有转移劳动力都能享受到公平、合理的公共资源和服务。

（2）加大职业教育和技能培训。通过系统的职业教育和技能培训，农业剩余劳动力可以获得必要的知识和技能，提高他们的就业能力和生活质量，从而实现平稳有效的职业转换。具体而言，可以从多方面入手：一是提供多样化的培训项目。培训项目应涵盖各种技术操作、服务管理、信息技术等领域。随着时代的发展，劳动市场对劳动者技能和知识的要求不断提高。因此，农业剩余劳动力需要获得与时俱进的技能培训，以适应经济发展和产业升级的需要。例如，对于某些愿意进入制造业的农民工，提供机械操作和维护的技能培训；而对于那些转向服务业的人员，提供客户服务和信息管理的培训。二是培养职业素养。职业素养不仅关系到个人在工作场所的表现，还直接影响到他们适应新环境的能力和长期发展潜力。职业素养包括一系列关键的软技能，如沟通能力、团队协作、职业道德、时间管理和自我管理等。在从事农业活动到转入非农行业的过程中，农业劳动力需要适应全新的工作文化和环境，这就要求他们具备良好的职业素养。例如，良好的沟通能力可以帮助他们更有效地与同事、上司和客户交流，增进相互理解与合作；团队协作能力使他们能够在团队中发挥作用，共同实现目标；职业道德则是赢得同事尊重和职业发展的基础；而时间管理和自我管理能力则直接关系到个人的工作效率和职业成就。综上，职业素养的提升不仅有助于农业剩余劳动力在新岗位上的表现，还有利于他们的个人发展和职业生涯规划。

职业教育和技能培训的有效实施需要政府、教育机构和企业的共同参与和支持。政府可以通过财政补贴、政策优惠等方式鼓励和支持职业教育机构开设符合市场需求的培训课程，同时也可以激励企业参与职业培训，通过定制培训计划，为其潜在的员工提供必要的技能训练。此外，还要建立跟踪反馈机制，对培训效果进行评估和优化，确保培训项目真正符合劳动力转移的需求。

（3）发展多元化就业渠道。随着经济发展和产业升级，仅依赖传统的制造业和建筑业已不能满足所有农业剩余劳动力的就业需求，因此，发展新兴产业和创造多样化的就业机会便显得尤为重要。一是发展乡村旅游，利用本地自然和文化资源，为农业剩余劳动力提供就业机会。随着城市居民对休闲和旅游需求的增长，乡村旅游逐渐成为热门的旅游形式。农业剩余劳动力可以通过参与乡村旅游的各个环节，如导游、住宿服务、特色餐饮、文化体验等，实现职业转换和收入增加。这不仅有助于提升他们的生活质量，还能推动当地经济发展，实现资源的有效利用。二是发展电子商务，为农业剩余劳动力提供参与全国乃至全球市场竞争的途径。通过电子商务，农民可以直接销售自己的农产品或手工艺品，或者参与电子商务企业的运营、物流、客服等环节。这不仅能够拓宽他们的销售渠道和增加收入，还能帮助他们学习和掌握现代信息技术和市场营销的知识，提高自身的竞争力。三是完善家政服务行业的发展。随着城市化进程的加快和家庭结构的变化，家政服务需求持续增长，涵盖了保洁、照料老人和儿童、烹饪等多个方面。参与家政服务不仅能为农业剩余劳动力提供稳定的收入来源，还能促进他们技能的提升和职业发展。四是鼓励和支持农民工返乡创业。随着农村经济的发展和创业环境的改善，越来越多的农民工选择返乡创业，利用本地资源开展特色产业，如特色农业、乡村旅游、地方特产加工等。这不仅能为他们自己创造收入，还能吸纳更多的农业剩余劳动力就业，带动地方经济发展，促进农业转型升级。

（4）加快推进城乡一体化建设。推进城乡一体化是实现农业剩余劳动力平稳转移的重要保障。具体而言，可以从以下几方面着手：

第一，改善农村基础设施，加强农村交通、通信、水利、能源等方面的建设和升级，以确保农村地区能够与城市地区实现无缝连接，为农业剩余劳动力的流动和信息的传递提供便利。第二，建立更加公正和高效的公共服务体系，确保农业劳动力在教育、医疗、就业、社会保障等方面能够享有与城市居民同等的权利。例如，通过推动教育资源的均衡分配，使农村孩子能接受良好的教育；通过改善农村医疗卫生条件，提供可负担的医疗服务，保障农业劳动力的健康；通过完善就业服务和社会保障体系，为他们提供更多的就业机会和更为全面的保障。第三，缩小城乡差距。在制度上消除对农业剩余劳动力的各种歧视和限制，赋予他们平等的权利和机会，确保他们在法律和政策上与城市居民享有同等地位。在文化上，促进城乡文化交流和融合，尊重和保护农业劳动力的文化身份，同时帮助他们理解和适应城市文化，促进不同文化背景下人们的相互理解和尊重。在社会保障方面，需要建立覆盖城乡的统一社会保障体系，保障农业劳动力的基本生活和权益，使他们能够感受到社会的关怀和支持。总之，通过改善农村基础设施，提升公共服务水平，缩小城乡差距，可以为农业剩余劳动力转移创造良好的外部环境。

（二）提高农业劳动力利用率

1. 提高农业劳动力利用率的意义

农业劳动力利用率是指农业劳动力在农业生产活动中的实际工作时间与其可利用时间的比例，反映了农业劳动资源的使用效率。提高农业劳动力利用率具有重要的意义，主要体现在以下几方面：

（1）提升农业生产效率和产出。通过提高农业劳动力的利用率，可以更有效地利用每位农民的工作时间，从而提高农业生产的总体效率和产出。这不仅有助于增加农业生产量，还能提升农产品的质量。

（2）增加农民收入。农业劳动力利用率的提高意味着农民可以在相同的时间里获得更多的产出，进而可能增加销售额和收入，改善农民的生活水平。

（3）促进农业可持续发展。合理高效地利用农业劳动力资源有助于实现农业的可持续发展。通过提高劳动力利用率，可以减少对自然资源的过度依赖和消耗，降低对环境的影响，同时保障农业生产的长期稳定性和可持续性。

（4）适应人口结构变化。随着人口老龄化和农村劳动力向城市转移，农业劳动力可能会出现短缺。在这种情况下，提高农业劳动力的利用率可以缓解劳动力不足的问题，进而确保农业生产的稳定和发展。

2. 提高农业劳动力利用率的途径

（1）合理安排劳动力。要实现劳动力的合理安排，首先要组织良好的劳动协作与分工。农业生产是一个复杂的系统工程，需要多种不同的工作配合完成，包括耕种、灌溉、施肥、收割、储存、加工等。通过有效的协作与分工，可以确保这些不同环节顺畅衔接，高效运转。例如，在收割季节，需要大量劳动力进行收割工作，而在非高峰期，则可能需要更多的人手进行土地整治和种植准备。通过预先规划，根据生产的季节性变化和任务需要，调动和分配劳动力，可以使得劳动资源与生产需求大致平衡，避免资源的闲置或短缺。其次，合理安排劳动力还需要充分考虑劳动者的性别、年龄、体力和技术特长。不同的农业工作对体力和技能的要求不同，通过考虑这些因素，可以将合适的人分配到最适合他们的工作岗位。例如，年轻力壮的劳动者更适合进行体力劳动密集的田间工作，而经验丰富的老年劳动者则可能更适合进行需要技术和经验的工作，如农作物的病虫害防治。此外，考虑到性别特点，可以安排适合女性劳动者的工作，如蔬果采摘和分拣，这样既能保证工作效率，又能确保劳动者的身体健康。通过发挥每个劳动者的特长，不仅可以提高各项工作的效率，还能提升劳动者的工作满意度和积极性。当人们在工作中感受到自己的能力得到了充分发挥和认可时，他们更可能对工作投入更多的热情和努力，从而进一步提升工作效率。最后，在安排劳动力时，也需要建立有效的沟通和反馈机制，及时调整劳动力分配计划，应对农业生产过程中的突发情况和变化。这要求农业管理者具备灵活的管理能力和前瞻性，能够根据实际情况做出快速反应，确保劳动力资源的最优配置。

（2）增加生产经营项目。通过增加生产经营项目，农业劳动力可以在更广泛的领域内发挥作用，从而提高其整体利用效率。一是引入新的作物种植或改进种植结构。通过研究市场需求和土地条件，引入高附加值或市场需求大的作物，可以提高土地利用率和经济收益，同时也为劳动力提供了更多的工作机会。比如，某些地区可能适合发展特色果蔬或药材种植，这些作物通常需要更多的人工照料，从而增加了劳动力的使用。二是发展养殖业，特别是在一些农作物种植不那么盈利的地区，通过发展畜牧业、水产养殖等，可以有效提高农业劳动力的综合利用效率。三是通过开发农业旅游项目，如观光园、农家乐、采摘园等，不仅可以吸引城市游客，增加农民收入，还可以为农业劳动力提供多样化的就业机会。在增加生产经营项目的过程中，还需要注意劳动力的合理疏散和安排，确保劳动力资源得到有效利用。这意味着在不同的生产经营项目之间，需要有良好的协调和配合，避免劳动力的浪费或过度集中。

（3）优化农业产业结构。优化农业产业结构是通过调整农业内部各个产业的比重和关系，提高农业整体效益和竞争力的过程。通过对农业产业结构的优化，可以将劳动力从低效率或低收益的领域转移到高效率或高收益的领域，从而提高整个农业部门的劳动力使用效率。

（三）提高农业劳动生产率

1.提高农业劳动生产率的重要意义

农业劳动生产率是衡量单位农业劳动力在一定时间内创造的农业产出价值或数量的指标。它反映了农业劳动力在农业生产中的效率和效益，通常用单位劳动力产出的农业产品量或价值来表示。提高农业劳动生产率意味着在同等劳动投入下能够获得更多的农业产出，这对于农业发展具有多重意义：

（1）提高农业经济效益。提升农业劳动生产率可以显著增加农业产出，进而提高农业经济效益。随着产出的增加，农业总收入提升，这不仅能增强农业部门的经济实力，也为农业再投资和发展提供更多资源，从而形成良性循环，推动整个农业经济的持续增长。

（2）增强农民经济收入。农业劳动生产率的提升直接影响农民的经济收入。较高的劳动生产率意味着农民可以在较短的时间内或以较少的劳动量获取更多的农产品，这些产品可以直接销售或加工后销售，从而增加农民的收入，改善他们的生活质量。

（3）促进农业资源的有效利用。通过提高劳动效率，可以使得每单位投入的资源（如土地、水、化肥等）产出更多的农产品，这不仅减少了资源浪费，也有利于农业的可持续发展，减轻了农业活动对环境的压力。

（4）加速农业现代化进程。提高农业劳动生产率通常需要现代化的农业技术和管理方法的支持，如使用先进的种植技术、引进高效的农业机械、实施科学的田间管理等。这些现代化的农业实践不仅提升了劳动生产率，也促进了农业技术进步和产业升级，加速了农业现代化的进程。

（5）增强国际竞争力。在全球化背景下，农业也面临着国际竞争。提高农业劳动生产率可以增加农产品的竞争力，无论是在质量、成本还是供应稳定性方面，都能使本国农产品更具吸引力。这不仅有助于扩大出口、赢得国际市场，也能够促进农业的健康发展，提升国家的农业软实力。

2.提高农业劳动生产率的途径

（1）改进劳动力使用的物质技术装备。随着科技的进步，农业机械化、自动化水平的提升对增加农业产出、降低劳动强度、提高劳动效率具有显著作用。通过引入现代化的农业机器和设备，比如拖拉机、收割机和喷灌设施等，可以在短时间内完成大量的农业作业，从而极大地节约人力资源。同时，科学使用化肥、农药和改良种子等生产资料，能够有效提高土地的产出率和作物的生长质量。然而，在具体实施过程中，需要根据不同地区的农业特点和作业需求选择合适的机械和技术，避免资源的浪费。此外，还需确保农业劳动力能够适应新技术，通过培训和教育提升他们操作现代化设备的能力，确保技术装备的有效利用，同时为被机械替代的劳动力提供再就业的机会和途径，实现农业劳动生产率的整体提升。

（2）合理利用自然资源与环境。农业生产与自然条件紧密相连，只有充分认识并利用这些自然规律，才能在确保生态平衡的基础上提高农业生产率。这要求农业生产必须因地制宜，选择与当地气候和土壤条件相适应的作物种植策略，进行合理的作物轮作和多样化种植，以充分利用和保护自然资源。同时，通过开展农业基本建设，如建设水利设施、改善灌溉系统、实施土地整治等，可以有效改善农业生产环境，提高土地的利用率和作物的生产潜力。通过这些综合措施，可以提升自然力在农业生产中的作用，从而有效提高农业劳动生产率。

（3）提高劳动力的科技水平。在现代农业发展过程中，科学技术的作用日益凸显，只有将这些科技成果转化为农业生产中的实际应用，才能有效提升生产效率和产出质量。鉴于我国农民整体受教育程度相对较低，要实现这一转化，必须加大对农民的教育和培训力度，提升他们的科学文化素质和技能水平。这包括普及农业科技知识，教授现代农业技术（如高效种植、病虫害防治、土壤管理和水资源利用等），同时还应该增强农民对于新农业机械的操作能力。通过这些教育和培训活动，不仅能够帮助农民掌握科学的农业生产方法，提高他们对现代农业技术的接受度和应用能力，还能够激发他们的创新意识和实践能力，从而有效提高农业劳动生产率。

（4）调动农民务农的积极性。农民的积极性直接影响到农业生产的投入、管理和创新，是提升生产率的根本动力。为此，国家和地方政府需不断完善农业支持政策，确保这些政策落到实处，切实保障农民的权益。这包括提供合理的农产品价格保护、优化农业补贴政策、改善农村基础设施、提供农业技术支持等。同时，还需要建立有效的激励机制，比如通过实行合理的分配制度、开展技能竞赛等方式，激发农民的内在动力。通过这些措施，可以有效提升农民对农业生产的认同感和归属感，增强他们的责任心和使命感，从而充分调动他们的积极性，为提高农业劳动生产率创造良好的外部环境和内在动力。

（5）在稳定农业家庭承包经营的基础上促进生产的专业化，适当扩大经营规模。农业专业化生产和规模经营能够更有效地利用先进的科学技术和农业机械，相较于传统的"小面全"的农业家庭经营模式，它们能够实现生产要素的优化配置和规模效应，提高生产效率。专业化生产允许农户集中精力于其最擅长或最具竞争力的生产活动，通过提高作物品质和产量来增加经济收益，而规模经营则通过统一管理和批量操作降低生产成本，提高劳动效率。要实现这一转变，就需加强劳动管理和改善劳动组织形式，比如推广合作社和家庭农场等新型经营主体，鼓励农户间的合作与资源共享。此外，通过政策引导和技术支持，促进农业生产工具和自然资源在现有条件下的最佳结合，为提升农业劳动生产率打下坚实基础。

第三节　农业资金管理

一、农业资金的特征与分类

（一）农业资金的特征

农业资金是商品货币经济条件下，农业生产和流通过程中所占用的物质资料和劳动力的价值形式和货币表现，也是市场经济条件下，农业生产单位获取各种生产要素的不可缺少的重要手段。[1]

---

[1]　方天堃，陈仙林. 农业经济管理 [M]. 北京：中国农业大学出版社，2005：210.

农业资金具有以下特征：

1. 周期性

农业资金的周期性是由农业生产的季节性决定的，不同的农业活动在不同的季节需求不同量的资金。例如，在播种前需要大量资金购买种子、肥料等生产资料，在收获后则可能需要资金进行产品的加工和销售。这种周期性要求农业资金管理必须具备良好的预测和计划能力，确保在各个关键时期都有足够的资金支持农业生产的需要。同时，这种周期性也使得农业资金流动具有明显的季节性波动，需要在非生产期合理安排资金，保证资金的有效利用，以及在生产期能够迅速到位，满足生产需求。

2. 风险性

农业资金的风险性主要来源于农业生产的不确定性。自然条件如气候变化、灾害发生，以及市场价格波动都可能对农业生产产生影响，进而影响资金的安全性和收益性。例如，一场突如其来的自然灾害可能导致农作物损失，从而影响农民的收入和偿还债务的能力。因此，农业资金管理需要考虑这些风险因素，采取风险防范措施，如多元化生产以减少单一市场风险，购买农业保险等。

3. 专用性

农业资金的使用具有很强的目的性和针对性。投入农业生产的资金通常用于购买种子、化肥、农药、农业机械设备等特定的生产资料，或用于土地整治、灌溉等农业基础设施的建设。这些投入对提高农业产出、改善生产条件有直接影响。

4. 区域性

农业资金的需求和使用受到区域自然条件和经济发展水平的影响。不同的地区由于气候、土壤、水资源等自然条件的差异，其农业生产的类型、规模和效益各不相同，对资金的需求也有所不同。例如，灌溉农业区与雨养农业区，其对水利设施建设的投资需求差异较大。

5. 政策依赖性

在市场经济条件下，政府往往通过农业资金来干预农业主体的行为，以各种农业补贴、公共投资、公共服务等形式来达到国家农业发展的目的。因此，国家在农业计划中，农业资金往往和一定的农业政策联系在一起。

（二）农业资金的分类

农业资金按不同的标准可以进行如下分类：

（1）按资金的来源分类，农业资金可分为生产单位的自有资金和借入资金。自有资金是农业生产单位自身积累或投资者投入的资金，这部分资金通常具有使用灵活、成本较低的特点。借入资金则包括各类贷款、债券等外部融资方式获取的资金，这部分资金能够帮助农业生产单位扩大生产规模、改善生产条件，但同时也增加了财务成本和偿债风险。

（2）按资金在生产过程中所处的阶段分类，农业资金可分为生产领域的资金和流通领域的资金。生产领域的资金主要用于购买种子、化肥、农药、农业机械设备等直接投入农业生产过程中的各类物质和服务，以及用于农业基础设施建设、土地改良等。这类资金直接影响农业生产效率和产出质量。流通领域的资金则用于农产品的加工、储存、运输和销售等环节，关系到农产品价值的实现和增值。

（3）按资金的价值转移方式分类，农业资金可分为固定资金和流动资金。固定资金通常投资于土地、建筑物、机械设备等长期使用并逐渐折旧的固定资产，这部分资金的投入有助于提升农业生产的基础设施和技术装备水平，对提高生产效率和稳定性具有重要作用。流动资金则主要用于短期内消耗和循环使用的生产资料采购、日常运营等，具有快速周转和直接推动生产活动的特点。

二、农业资金的来源

（一）农户自有资金的投入

在我国实行家庭承包经营制度后，农户自有资金成为农业生产的主要资金来源。这类资金主要源于农户的积蓄、农业和非农业活动收入，以及可能存在的资产出售所得。农户自有资金的优势在于其获取和使用过程相对简单直接，没有额外的财务成本，且在使用时具有高度的自主性和灵活性。农户可以根据自己的生产经营计划和对市场的判断，决定如何分配和使用这些资金，无需承担借贷带来的利息负担，也不受外部融资条件的限制。然而，农户自有资金的规模通常受限于其经济状况，尤其是在资金需求量大的情况下，仅依靠自有资金很难满足大规模投入或现代化改造的需要，这时就可能需要外部资金的支持。

（二）财政资金的投入

农业财政资金的投入是支持农业发展的重要资金来源之一，尤其在促进农业现代化、增强农业竞争力、改善农村经济和社会发展等方面起着至关重要的作用。财政资金主要包括政府直接投资、补贴、贴息贷款、税收优惠等多种形式，是为了激励农业生产、鼓励农业技术创新、促进农业结构调整、保障农民收入和实现农业可持续发展。农业财政资金能够有效缓解农业生产和经营中的资金短缺问题，降低农业生产成本，提高农业投资回报率。同时，通过财政资金的投入，政府可以引导和调控农业发展方向和重点领域，比如支持绿色农业、生态农业和有机农业等，促进农业与环境的和谐发展。然而，财政资金的使用效率和效果很大程度上依赖于相关政策的设计和执行情况，需要通过科学规划和严格监管，确保资金的有效利用。

（三）信贷资金的投入

随着农业生产规模的扩大和生产方式的现代化，农户和农业企业对资金的需求不断增加，而信贷资金成为满足这一需求的重要途径。银行和其他金融机构提供的贷款可以帮助农户和企业购买必要的生产资料、更新农业设备、扩大生产规模或改善农业基础设施。此外，随着金融产品和服务的创新，农业信贷产品也越来越多样化，能够更好地满足不同农业主体的需求。然而，信贷资金的使用也伴随着还款压力和利息负担，农户和企业需要合理规划和使用这些资金，以确保能够有效提升生产效率，增加经济收益，并最终偿还债务。为此，金融机构通常会对贷款项目进行评估，确保贷款能够用于提升农业生产力，同时减少违约风险。

（四）企业或其他经济组织的投入

随着农业产业链的延伸和深化，越来越多的乡镇企业、农村集体经济组织、农业合作组织等开始投资农业。这些企业和组织通常会选择在有潜力的农业领域或项目进行投资，如高效农业、有机农业、农业科技创新等，其投资不仅可以带来经济效益，还有助于推动农业可持续发展和产业升级。同时，这种投入还有助于连接农业与市场，促进农产品的销售和品牌建设。然而，企业和其他经济组织在进行农业投资时也需要面对市场风险和回报的不确定性，因此需要精心规划和评估，确保投资决策的科学性和合理性。

（五）国外资金的投入

随着全球化的加深和国际资本流动的便捷，国外资金成为我国农业资金来源中的一个重要组成部分，为我国农业的发展注入了新的活力。国外农业资金的引入主要有三种渠道：一是国际经济组织的资金支持，这些资金通常用于推动农业可持续发展、减贫和提高农业生产效率的项目；二是政府间的援助或农业项目投资，这种形式的资金往往旨在加强两国之间的经济合作，促进技术交流和农业发展；三是来自国外金融机构、公司或个人的农业投资，这包括贷款、直接投资等多种形式。引入国外资金还需要妥善处理好资金使用的效率和安全性问题，确保这些资金能够真正用于提高农业生产效率、促进农业科技进步和提高农民福祉，促进农业与农村经济的健康发展。

三、农业财政资金的管理

（一）农业财政资金投入的原则

农业财政资金投入的原则如图 3-2 所示。

图 3-2　农业财政资金投入的原则

1. 效率原则

效率原则是指在农业财政资金投入时，应确保资金使用的效率最大化，即用最少的资金投入获取最大的经济和社会效益。这要求政府在分配农业财政资金时，应基于农业发展的实际需求和潜在效益进行科学规划和合理配置，优先支持那些能够有效促进农业生产、提高农业竞争力、增加农民收入的项目。同时，应加强对农业财政资金使用效果的监控和评估，确保资金的每一分投入都能产生明确的收益，防止资源浪费和效率低下。此外，提高农业财政资金使用的透明度，公开资金分配和使用情况，也是确保资金使用效率的重要手段。

2. 公平原则

公平原则要求在农业财政资金的分配和使用中应保障各类农业主体、不同地区和不同农业领域之间的公平性，避免资源分配的偏颇。公平原则的实施有助于缩小地区间、产业间的发展差距，促进农业和农村经济的均衡发展。这意味着在资金投入时，应充分考虑各地区农业发展的差异性和特殊需求，对贫困地区、弱势群体给予更多的关注和支持，同时也要关注不同农业板块之间的协调发展，避免资源过度集中于某一特定领域而忽视了其他同样重要的领域。

3. 稳定原则

稳定原则有双层含义：首先，农业财政资金的投入应与农业发展的长期规划和需要相协调，确保资金供给的连续性和稳定性，避免由于资金投入的大幅波动而影响农业生产的正常进行和未来规划；其次，农业财政资金还应作为稳定农业经济波动的工具，通过在不同经济周期中适时调整资金投入的规模和方向，帮助农业抵御市场风险，保持农业经济的稳定发展。

4. 持续原则

持续原则要求政府的资金投入不仅要考虑到农业发展的当前需求，还要关注其长远影响，确保农业的可持续发展。这包括两个方面：一是资金投入应支持那些能够提高农业生产效率、促进资源合理利用、保护生态环境的项目，以确保农业生产的环境友好和资源可持续性；二是农业财政支出本身也要可持续，意味着政府需要确保农业财政资金的投入在长期内是经济上可承受、社会上可接受的，同时也要符合国际规则和惯例，特别是在 WTO（世界贸易组织）框架下，确保农业补贴等政策措施不会引发国际贸易争端。

（二）农业财政资金管理的具体措施

农业财政资金管理的主要任务是切实重视和加强财政资金对农业的投入。主要措施如下：

1. 建立健全农业财政资金管理制度

建立健全农业财政资金管理制度是确保资金安全、提高使用效率的必要措施，这要求相关部门遵循相关法律法规及管理制度的指导，确立严密的会计核算和内部管理机制。通过遵守《中华人民共和国会计法》《会计基础工作规范》等法规，各单位需对农业财政资金进行专项核算，确保资金使用的每一笔支出都有据可依，可查询、可追溯。此外，建立健全内部管理制度，如规范化的日常核算流程和严格的支出管理规则，对于加强财务控制、防止资金滥用具有重要作用。这些措施能够有效地杜绝制度执行过程中的随意性和变通行为，确保管理制度的严肃性和权威性。在具体实践中，一旦发现管理和使用过程中的不规范行为，应及时纠正和处理，从而持续提升农业财政资金的管理质量和使用效率，支持农业经济的稳健发展。

2. 提高农业财政资金的安全性、规范性和有效性

一是深化支出管理改革，吸取以往农业财政资金管理的经验与教训，不断优化和完善管理流程。加强对预算编制的科学性和合理性审查，确保每一

笔资金的分配都有明确的依据和目标；进一步规范国库集中支付制度的实施，通过提升财务支付的透明度和效率，减少资金流转环节中的风险；进一步加强政府采购监督和管理，确保采购过程的公正、公开，有效遏制贪污腐败行为，从而保障资金的安全和规范使用。二是推行项目管理，所有农业专项资金项目都要进行可行性研究和评估论证，有条件的地方和部门要逐步推行标准文本和专家评审管理办法，要加强资金运行和项目实施的跟踪问效，要按照项目管理程序的要求做好项目竣工验收和项目后续管理工作。三是明确农业财政资金管理责任。各级财政部门和主管部门的领导层应高度重视农业财政资金管理，确保管理责任到人。具体管理部门和机构需要明确专人负责，建立健全责任制度，确保资金管理的每个环节都有明确的责任主体。同时，对农业财政资金项目承担主体明确管理使用责任，加强对资金使用情况的监督检查，确保资金按照既定目标和要求被高效且合规使用。

3. 规范农业财政资金的预算管理

规范和加强农业财政资金的预算管理，是管好、用好农业财政资金的关键。一要规范预算编制过程。项目主管部门和项目单位要严格遵守《中华人民共和国预算法》等相关法律法规，细化和科学合理地制定预算。在预算编制过程中，各部门需要加强配合和协调，确保预算的真实性、完整性和统一性。通过建立和完善预算编制的标准流程，确保每一笔预算都有明确的依据，每项支出都能反映实际需求，从而提升预算的科学性和实用性。二要强化预算的刚性和维护预算的严肃性。农业财政资金预算经过同级人民代表大会审批，具有法律效力，必须严格执行。项目单位应按照批复的预算内容严格组织实施，不得擅自调整或变更预算内容。如果确需调整，必须遵循原申报程序重新报批，确保预算的执行既符合法律要求又能适应实际需要，保障政策的有效实施。三要加强对项目结余资金的管理。项目单位应当按照预算批复要求，有效推进项目实施和资金使用，确保资金使用的及时性和高效性。对于项目执行过程中形成的结余资金，应严格按照预算管理要求处理，确保资金使用的连续性和合规性。未完成项目的结余资金应纳入下一年度预算继续使用，已完成项目的净结余资金则应按规定上缴或合理使用，确保资金的安全、高效和合规。

4. 充分发挥基层财政部门的监管作用

基层财政部门接近农业生产第一线，对当地农业和农村经济的具体情况有着深入了解，这一优势使得基层部门在财政支农资金监管中发挥着不可替代的作用。通过参与支农项目的全过程，包括项目的调研、评估、实施以及后续的监督检查，基层财政能够确保项目实施与当地实际需求紧密结合，有效防止资源浪费和资金滥用，确保资金使用的效率和效果。基层财政部门需及时、准确地向上级财政部门报告，确保对农业和农村发展政策的执行情况有准确的把握。同时，基层财政部门应提高工作时效，确保各项支农资金和农民补贴及时发放。此外，要支持基层财政部门加强基础工作，构建支农信息平台。通过完善的信息系统和沟通机制，可以确保中央与基层财政之间信息的及时准确交流，加强监管的连续性和系统性。这样的信息对接不仅提升了监管效率，还有助于形成上下联动的支农资金管理体系，从而确保资金的每一分投入都能够达到预期的支农效果。

5. 完善农业财政资金管理的监督机制

完善农业财政资金管理的监督机制，可以确保资金按照既定目标和要求使用，防止资金滥用和浪费。具体来说，可以从内部监督和外部监督两个方向进行。内部监督需要通过建立健全的内部控制体系、加强财务管理和审计工作来实现。比如，通过定期的财务报告、审计检查等手段，及时发现和纠正资金管理中的问题。外部监督则涉及更广泛的社会力量，包括通过公开透明的政策和资金使用信息，接受社会公众、媒体以及第三方机构的监督。同时，还可以建立投诉举报和反馈机制，鼓励社会公众参与农业财政资金的监督，增加监督的广度和深度。此外，引入现代信息技术手段，如建立在线监督平台、实施电子政务和财务透明系统等，也可以大幅提升监督的效率和效果。通过实时数据的收集、处理和分析，不仅可以提升资金管理的效率，还能增强监督的实时性和准确性。

四、农业企业资金的管理

农业企业对其占有的农业资金管理的主要任务是努力提高其使用的经济

效益。要提高农业资金使用中的经济效益，最主要的办法就是提高其资金的周转速度，使一定的资金能够在一年内多次在生产上发挥作用。农业企业资金管理的具体措施如下：

（一）加快固定资金的周转

第一，控制固定资产的增置。控制固定资产的增置要求农业企业在购置固定资产时必须实事求是，根据生产的实际需要进行决策，避免盲目扩张和过度投资。企业应将有限的资金集中投入至能够带来最大经济效益的项目上，并确保新购置的设备与企业的生产规模、现有设备相适应，实现资源的最优配置。同时，注重设备的通用性和适应性，避免因技术更新迅速而导致设备过早淘汰。

第二，提高固定资产的利用率。在农业生产中，由于作物生长具有明显的季节性，固定资产往往存在闲置的情况。通过采取多种措施，如轮作、间作或开展农闲期的经营活动，可以有效提高固定资产的使用率，加快固定资金的周转速度。此外，通过定期维护和升级设备，也可以延长其使用寿命，提升固定资产利用效率。

第三，合理安排生产性与非生产性固定资产的比例。生产性固定资产直接参与生产过程，对企业的收益贡献较大，而非生产性固定资产虽然对企业的长远发展有一定的支持作用，但短期内不直接产生经济效益。因此，企业应根据自身发展战略和财务状况，合理配置两者的比例，优先保证生产性固定资产的投入和更新，以促进企业效益的最大化。

（二）加快流动资金的周转

加速流动资金周转速度，意味着用较少的资金占用，获得更多的产出，提高了资金的利用效益。由于流动资金是伴随着供、产、销周转的，加速流动资金周转，应从以下三个方面进行：

一是改善物资储备供应和增强计划性。企业需要避免盲目采购，通过科学制定消耗储备定额，确保物资采购与实际需求相匹配。建立健全物资保管责任制和及时处理积压物资不仅可以减少不必要的储备资金占用，还能提升物资使用效率。这一措施帮助农业企业减少资金闲置，确保资金能更多地投入生产和经营中，从而加速流动资金的周转速度，提升企业的资金使用效率。

二是建立合理的生产结构和实行农工商综合经营。通过加强和改进生产技术的组织管理，企业能够降低产品成本，提高产品数量和质量，进而增加销售收入。尽可能缩短生产周期，结合不同生产周期的生产项目，开展多样化经营，可以帮助企业更均衡地使用生产资金，避免资金在某一环节的过度积压，从而提升资金的流转效率。

三是及时组织产品销售和加速货款回收。企业应积极进行市场销售，加快销售后的款项回收，保证现金流的连续性。同时，还应加强贷款的计划性和合理使用信贷资金也是关键，这可以帮助企业优化资金结构，减少成品资金和结算资金的占用。通过这些措施，农业企业能够确保流动资金的高效运转，支持日常运营和扩大再生产，促进企业的持续发展。

第四节　农业科学技术管理

农业科学技术管理是指对农业科学技术的研究、实验、开发、推广、技术方案的实施、技术经济效果以及技术教育和培训等一系列工作的管理。其目的在于推动农业科学技术进步，促进农业发展和农村经济建设。加强科学技术管理是把科学技术由潜在生产力变为现实生产力的重要保证，是充分发挥科学技术在农业发展中的作用的重要措施，同时也是实现我国农业现代化和农业科学技术进步本身的要求。

一、农业科学技术管理的特点

（一）综合性

农业科学技术不仅包括作物栽培、畜牧养殖、渔业等传统农业科学领域，还包括农业工程、农业经济管理、农业信息技术等现代科技领域。因此，农业科学技术管理要求对不同学科领域的知识和技术有一个全面的把握和整合能力，能够协调各个科学领域和技术领域的关系，实现资源的优化配置和利用。这种综合性要求管理者不仅要具备多领域的专业知识，还要有跨学科整合的能力，以促进不同领域间的技术融合和创新，从而更有效地推动农业科学技术的发展和应用。

（二）区域性

不同地区的气候、土壤、水资源等自然条件差异显著，农作物的种植品种、栽培技术、病虫害防治等也都需要根据地方特点进行调整和优化。因此，农业科学技术管理必须根据各地实际农业生产条件和需求，制定和实施相应的科技管理策略和措施。这就要求管理者不仅要深入了解全国乃至全球的农业科技发展态势，还要具备地方视角，能够结合本地实际情况进行科学决策和管理，以保证科技管理活动的有效性和适用性，促进地区农业科技进步和农业生产的持续发展。

（三）预见性

农业科学技术从研究、试验到推广应用，是受生物再生产的季节性以及自身生长发育过程制约的，不能像工业产品研制那样能搞突击或人为缩短周期。因此，农业科研有周期长的特点，农业科学技术管理要根据农业生产发展的规律，选准目标，预先安排，做好农业科学技术发展的长远规划。没有预见性的农业科学技术管理就有失去对农业生产促进作用的风险。

（四）服务性

农业科学技术管理面向面广而分散的农业，农业科技成果的应用要由千家万户农业劳动者来实践。而动植物是有生命的，在生产周期长、作业环节多、自然条件千变万化的情况下，在连续的生产过程中，对生物的照料和生产技术措施的应用，都要由独立分散的劳动者随机作出反应和决策，即农业科技成果的推广应用，其成效大小，不仅取决于物质技术成果本身，也取决于农业劳动者的知识技术水平。这就反映了农业科学技术管理中技术指导和技术服务的重要性。农业科学技术的推广应用，要根据不同的经营层次，不同文化技术水平的农业劳动者的需要，有针对性地提供农业科技服务，做到服务到家。

二、农业科学技术管理的原则

（一）需求导向原则

需求导向原则强调农业科学技术管理应紧密围绕农业生产和农村发展的实际需求，确保科技活动与农业生产的需求高度契合。这要求管理者深入理解农业领域面临的关键问题和痛点，如提高作物产量、改善品质、减少病虫害、提升资源利用效率等，并将这些需求转化为科研和技术开发的具体目标。需求导向原则要求科技管理活动不是孤立进行，而是要与市场需求、农民需求以及国家农业发展战略紧密结合，通过需求的有效识别和响应，推动科技成果的转化应用，确保科技创新能够真正解决农业生产中的实际问题，提升农业产业的整体竞争力和可持续发展能力。

（二）创新引领原则

创新引领原则强调在农业科学技术管理中应不断追求创新，以科技创新驱动农业发展，实现农业生产方式的根本变革和升级。这要求管理者不仅要关注现有技术的应用和推广，更要着眼于前沿科技的探索和引入，鼓励原创性研究，支持跨学科、跨领域的合作，培育新兴技术领域，以及加强科技成果的保护和商业化。创新引领原则下，农业科技管理不仅要为研究人员和技术开发提供支持，更要营造一个激励创新、容错纠错的良好环境，确保科技创新活动能够源源不断，为农业持续发展提供强大的技术支撑和创新动力。通过实施创新引领原则，可以促进农业科技进步，不断提升农业生产的智能化、精准化水平，推动农业向更高质量、更有效益、更环保的方向发展。

（三）协同高效原则

协同高效原则强调在农业科学技术管理中应注重各参与主体之间的有效合作与协调，确保科技活动在各环节间高效衔接，资源共享，信息流通，从而提高整体管理效率和科技成果的转化速度。这要求建立跨部门、跨领域的协作机制，加强不同研究机构、高校、企业以及政府部门之间的沟通和协调，形成合力，共同推进科技创新和应用。协同高效还意味着要优化科技项目的管理流程，减少重复建设和资源浪费，通过科学的项目评审、监督和评估体系，确保每一项科技活动都能高效运转，资源得到最优配置。此外，通过利用现代信息技术手段，如大数据、云计算等，可以提高农业科技管理的智能化和信息化水平，进一步提升协同效率。

（四）可持续发展原则

可持续发展原则要求农业科学技术管理在推动科技进步和提高农业生产效率的同时，应充分考虑环境保护、资源节约和社会责任，确保科技活动和农业发展的长期可持续性。这涉及推广环保型技术、实现生态农业、保护生物多样性、促进农业资源的循环利用等多个方面。科学技术管理应鼓励和支持研发低碳节能、减少化学品使用的技术，同时促进农业废弃物的资源化利用，减少农业生产对环境的负面影响。在确保农业经济效益的基础上，注重社会效益和生态效益的统一，通过科学技术手段实现农业生产方式的绿色转型，为后代留下充足的资源和良好的生态环境，实现农业的可持续发展。

三、农业科学技术管理的重点任务

（一）加快农业科学技术创新体系建设

农业科学技术创新指的是在农业领域内，通过新理论、新知识、新技术的发现、开发和应用，不断推动农业科技进步和农业生产方式的改进。农业科学技术创新是推动农业持续发展的关键动力。只有构建起完善的农业科技创新体系，才能有农业科技理论与知识、农业新技术的不断创新，才能加快农业技术进步的步伐。加快我国农业科技创新体系的建设应从以下四个方面入手：

1. 加快农业科学技术机构创新

机构是农业科学技术创新活动的行为主体，主要组成单位是农业企业、科研机构和高等院校，教育培训机构，中介机构等。为了实现创新目标，应改革农业科研机构的布局，实行分类管理。对部分公益性的科研院所实行事业单位企业化管理；对多数科研院所应面向市场，放开搞活，使之逐步转变为科技型企业或中介机构。强化农业教育的改革与发展，加强重点学科建设，加快系统内外的联合与共建。积极推动科研院所和高等院校以不同形式进入企业，以及重大工程项目或与企业合作、共建；企业及重大工程项目要通过引进、消化、吸收，加强技术开发和技术改造，研究开发新技术、新产品，特别是高新技术产品，使企业尽快成为科研开发和投入的主体；提高企业的技术创新能力，真正实现"农科教""产学研"一体化。

2. 加快农业科学技术基地建设

（1）选取具有强烈创新意识和实力的企业，为其提供必要的支持和资源，使其成为技术创新的引领者。这些企业不仅能够开展自身的技术研发，还能带动周边企业和产业链的技术升级，形成创新示范效应，推动农业科技整体进步。

（2）在深化科研院所改革基础上，建立国家级或区域性研究中心作为知识创新基地，目的是集中优势资源，形成创新高地。这些研究中心通过高水平的研究团队和先进的研究设施，聚焦农业科技前沿领域，进行基础研究和应用研究，为农业科技创新提供重要支撑。

（3）加强国家级和省部级重点实验室建设，投入更多资源建设高水平的研究平台，提供先进的研究设施和环境，吸引和聚集顶尖科研人才，开展高水平的科学研究，为农业科技创新提供关键技术和理论支持。

（4）加强国家级、省部级工程中心的建设，推进农业产业技术进步，这些工程中心通过与企业合作，转化科研成果，解决实际生产中的技术问题，提高农业产业的技术水平和竞争力。

（5）加强重点学科建设，重点发展农业科学的关键领域和学科，集中资源培养高水平的学科团队，提高学科研究和教育质量，为农业科技创新和人才培养提供坚实的学科基础。

（6）加强科技示范基地的建设，通过示范推广先进的科技成果和技术，可以直接促进技术的应用和普及，提高农业生产效率和效益，促进农业现代化。

（7）创建高新科技园区，采用现代科学技术，如设施农业和生物技术，高新科技园区能够成为农业科技创新的重要平台，促进高新技术在农业中的应用，推动农业科技产业化和现代化。

（8）建设科技信息网络，构建覆盖国家、省市、研究机构和企业的信息共享平台，提供科技信息交流、资源共享和协同工作的网络环境，加速科技信息的传播和利用，提高农业科学技术管理的效率和效果。

3. 加快农业科学技术机制创新

（1）人事方面：引入公平竞争机制，实施全员聘用制度，建立更加灵活和开放的人才流动环境，提高科研机构的活力和竞争力。通过建立"科研人员聘任年限制度"和"科研院所研究理事会制度"，可以确保人才评价和使用更加科学和公正，促进科研人员的专业成长和事业发展。实行首席专家负责制增强科研项目的领导和协调，确保研究方向和质量，这些措施能够共同促进科研机构内部的活力和创新能力。

（2）分配方面：引入激励机制，将科技人员的报酬与其科研成果和贡献直接挂钩，通过实行院所长的年薪制和对科技人员实行绩效相关的报酬体系，可以显著提高科研人员的工作积极性和创新动力。对于取得显著科研成果的个人或团队实行重奖制度，不仅是对其成就的认可，也是对其他科研人员的激励。同时，建立和完善知识产权保护制度，是确保科研人员创新积极性的关键，保护他们的成果不被侵权，确保其经济和学术利益。

（3）科研项目、课题及承担单位选择方面：引入更加公开、透明的项目审批和资金分配体系。通过资格认定和招标竞争的方式，确保项目的分配既公正又高效，促进科研资源的合理利用。这种机制可以激发科研机构和科研人员的主动性和创造性，提高科研项目的质量和效益，同时也有利于提高科研资金的使用透明度和公正性。

（4）成果转让方面：建立科学的评价监督机制，对科研机构、科研人员及其科技成果进行客观、公正的评价。科学评价可以提高科技成果转化的效率和效果，确保科技成果可以快速地转化为实际生产力。通过市场经济规律让供需双方直接见面或利用中介组织进行有偿转让，不仅可以加速科技成果的应用，还可以为科研机构和科研人员带来更多的经济回报，从而进一步激发其创新热情和活力。

4. 加快农业科学技术环境创新

（1）构建一个支持科技创新转化的法律法规体系，鼓励和引导科研成果向应用领域转移。通过完善知识产权保护法律、优化科技成果转化的政策环境、简化科技项目成果的商业化流程等措施，可以激励科研机构和个人积极投身于农业科技创新，促进科研成果的实际应用，进而带动农业产业的发展和升级。这种转移不仅能够促进科研活动的自身价值实现，还能够通过创新促进社会财富的增加，加速农业科技向更高水平的发展。

（2）发挥市场在科技活动中的牵引作用，增强市场竞争。政府应当在宏观调控中确保市场对科技创新的需求和方向起到决定性作用，同时通过政策引导和激励措施，鼓励科技成果的市场化。市场的需求可以成为科技活动的直接驱动力，通过市场竞争机制促进技术创新和优化，确保科技成果更快地转化为实际的生产力，提升农业科技的市场响应速度和效率。

（3）加大学科结构、人才结构的调整力度，完善科技人员的绩效考核制度。通过科学合理的学科和人才结构调整，可以更好地适应农业科技发展的需求，培养和集聚高水平的科技人才。同时，公正、公平的评审验收和奖惩制度能够激发科研人员的积极性和创造性，确保科研活动和科技创新的质量和效率，为农业科技创新提供有力的支撑。

（二）加大农业科学技术推广力度

农业科学技术推广是指将农业科学技术研究成果转化为实际生产力，通过一系列组织化、系统化的活动，使这些科技成果在更广泛的农业生产领域得到应用的过程。通过有效的农业科学技术推广，可以加速新技术在农业生产中的普及和应用，促进农业现代化，提高农业竞争力。农业科学技术成果的推广，是一项社会性的系统工程，涉及许多方面。因此，加大农业科学技术推广工作，必须采取多种措施。

1. 完善农业科学技术市场体系

随着社会主义市场管理机制的不断完善，应把农业科学技术推广工作纳入市场体系，按照市场规律的要求来开展技术推广。完善农业科学技术市场体系的措施具体如下：

一是要实现农业科技成果的市场化转让和交易。市场化转让可以增加科技成果转化的透明度和效率，激励科研机构和个人更积极地参与科技创新和转化。建立和发展科技成果转让交易平台，提供信息发布、交易撮合、技术评估等服务，可以促进供需双方的有效对接，加快科技成果的推广和应用。二是制定和完善农业技术推广的市场管理条例和规章制度。明确技术推广的标准和流程，规范技术交易行为，保障交易双方的权益，都是完善市场体系的重要举措。通过建立一套科学、合理、透明的市场管理体系，可以为技术推广提供良好的外部环境，促进农业技术的有效传播和广泛应用。三是加强农业技术推广合同管理和仲裁工作。通过加强对技术推广合同的管理，确保合同的合法性、公正性和可执行性，可以有效防止合同纠纷，保护合同双方的权益。同时，建立健全技术推广仲裁机制，为解决技术推广过程中的争议提供高效、公正的解决途径，有助于维护健康有序的技术推广环境。四是提高技术推广工作中的执法力度，打击假冒伪劣和侵权行为，制止不正当的竞争。通过加大监管和执法力度，可以保护技术开发者和用户的合法权益，鼓励正当竞争，促进技术推广市场的健康发展。这不仅有助于提高技术推广的质量和效果，还可以营造一个公平、透明、有序的市场环境，促进农业科技创新和应用。

2. 提高农民采用新技术的积极性

首先，需要通过宣传、教育和培训来加深农民对新技术的了解和认识。通过实地演示、现场培训、成功案例分享等方式，直观展示新技术的应用效果和经济效益，使农民亲身体验到新技术带来的改变和益处。加强行政领导和支持，通过政府官员和技术推广人员的积极介入，克服农民中存在的保守观念和疑虑，引导和鼓励他们积极尝试和采用新技术。通过建立健全的农业技术推广服务系统，提供及时有效的技术咨询和支持，可以进一步提升农民采用新技术的意愿和信心。

其次，制定和实施相关政策来鼓励农民采用新技术是促进技术推广的关键。政策激励可以采取多种形式，包括财政补贴、税收减免、信贷支持等，减轻农民尝试新技术的经济负担，降低其采用新技术的风险。通过建立奖励机制，对于采用新技术取得显著成效的农户给予物质和精神上的奖励，可以有效激发他们的积极性。此外，还应完善农业保险制度，为采用新技术的农户提供风险保障。

3. 健全农业科学技术推广体系

（1）加强管理，保障经费，确保农业科学技术推广体系的有效运行。这要求调整和优化管理体制，确保基层农业科学技术推广机构能够有效发挥作用，同时合理划分县级农业主管部门与乡镇政府的管理权限，促进各级政府和机构之间的协同合作。各级政府要保证农业技术推广工作的经费以及推广工作条件。主要保证四个方面的支出：①农技推广人员的工资、津贴、公积金、医疗保险、养老保险、失业保险等，不应低于同级公务员的待遇水平；②配备必需的工作条件和设施；③农技推广人员在职教育和农民培训；④重大推广项目的专项经费。

（2）完善激励机制，改进推广方法。通过制度建设，保障推广机构能够充分履行职责并富有活力，同时采用更有效的推广方法，如示范引导、现场教学等，激发农户采用新技术的积极性。提高农民在推广过程中的参与度，不仅可以增强推广活动的效果，还能提高农民对新技术的接受度和应用能力，从而促进技术的广泛传播和应用。

（3）建立和完善农业科学技术推广的法规和政策。将农业科学技术推广工作的运行和保障纳入法治轨道，可以提高推广活动的规范性和权威性，为农业科技推广提供更坚实的法律保障。建立农业科学技术推广的法规和政策，既要符合国内实际情况，也要满足国际规则的要求，确保推广工作有法可依。

（4）完善农业科学技术推广责任制。完善农业科学技术推广责任制的目的是使推广工作的责、权、利相结合，充分调动各方面，尤其是科技人员的积极性。改革以来，我国各地群众创造了很多责任制的形式，取得了较好的成效。其形式主要有以下三种：

①联产技术承包责任制。这种责任制通过将技术人员的收益与技术的应用效果直接挂钩，有效激发了技术推广人员的积极性和创造性。在这种责任制下，技术人员不仅承担技术推广的责任，而且他们的经济利益与技术推广的效果紧密相关，从而促使他们更加专注于提高技术的应用效果。各种形式的联产技术承包责任制，如联合承包、单独承包或单项技术承包，都是确保技术转让者与技术增产效果紧密结合的有效方式，通过这样的机制可以大幅提升技术推广的积极性和效率。

②不联产的技术责任制。在这类制度下，技术推广的责任与技术效果、经济利益没有直接联系，导致各方面的责任和利益不明确，技术推广人员缺乏足够的动力去追求更好的技术应用效果。因此，为了提高推广效果，必须逐步减少或改革不联产的技术责任制，转向更能激励人员、有明确目标和收益预期的责任制形式。

③技术岗位责任制。这种责任制有利于明确推广人员的工作目标和责

任范围，通过有效的考核和评比体系，既能够激发技术推广人员的工作积极性，又能确保推广工作的质量和效率。此外，合理的奖惩机制可以进一步增强技术人员实现推广目标的动力，提高他们在技术推广过程中的积极参与度和创造性。

（三）建立合理的农业科学技术管理结构

农业科学技术管理结构，主要指农业科学技术由潜在的生产力转化为现实的生产力的过程中，农业科学研究的各环节与农业技术应用各方面的构成状况。要从我国农业发展和农业科技现状出发，建立合理的农业科学技术管理结构。

1. 传统技术和现代技术相结合

传统技术，如农作物轮作、生物有机肥料的使用等，积累了丰富的经验和地方特色，具有不可替代的价值。而现代技术，如基因编辑、信息技术在农业中的应用等，代表了科技前沿，能够显著提高农业生产效率和质量。将传统技术与现代技术有机结合，不仅可以保留并发扬传统农业的优势，还能够充分利用现代科技提高农业竞争力。传统技术和现代技术的结合应注重实用性和适地性，确保技术的融合能够真正适应并服务于当地农业发展的实际需求，从而促进农业的可持续发展。

2. 生物技术与机械技术相结合

生物技术在种质改良、病虫害防治、农作物品质提升等方面发挥着关键作用，而机械技术则在农业种植、收割、加工等环节提高了作业效率和准确性。两者的结合能够实现生物学和机械学的优势互补，如通过精准农业技术实现生物技术成果的精确应用，或利用生物技术提升机械化农业的可持续性和环境友好度。这种结合要求农业科技管理不仅要关注各自技术的发展，还需要促进不同技术领域间的协调与整合，以推动农业科技的整体进步和农业生产方式的创新。通过这种结合，可以在提高农业生产效率的同时，保护农业生态环境，实现农业生产的高效与可持续发展。

3. 农业科学研究与技术推广相结合

科学研究的成果需要通过有效的技术推广机制传递给实际的农业生产者，以确保这些成果能够被广泛应用，转化为实际的生产力。农业科学研究应密切关注农业生产的现实需求，确保研究方向与农业发展目标一致，同时，技术推广活动应建立在科学研究的基础上，通过合理的推广策略和方法，确保科研成果能够快速、准确地传递给农民。此外，加强科研人员与推广人员之间的交流合作，能够促进科研成果的迭代更新和推广效率的提升，实现科研与推广的有机结合，共同推动农业科技进步和农业产业升级。

4. 物质装备与知识装备相结合

物质装备主要指农业生产中所需的各种机械、设备和工具，这些物质资源的现代化是提高农业生产效率和产品质量的关键。知识装备则涵盖了农业科技人才的知识、技能和创新能力，是实现农业科技创新和推广的基础。物质装备的高效应用需要依托于人才的知识和技能，而知识装备的提升又能够促进物质装备的更新迭代和合理应用。通过将物质装备和知识装备相结合，既能提升农业科技的应用效率，又能促进农业人才的成长和发展，共同推进农业科学技术管理体系的完善和农业生产的现代化进程。

第四章　农产品市场与物流管理

第一节　农产品市场供给与需求

一、农产品市场供给

（一）农产品市场供给的概念

农产品市场供给，简称农产品供给，指的是农产品生产经营者在特定价格和时间条件下，愿意并能够销售的农产品数量。由此可见，农产品供给的形成必须同时具备两个条件：供应意愿和供应能力。供应意愿反映了农产品生产者出售产品的动机，这通常受到市场价格、生产成本、市场预期等多重因素的影响。当农产品的市场价格上升时，生产者出售产品的意愿通常会增强；反之，如果市场价格过低，可能会削弱他们的出售意愿。但仅有出售意愿并不足以构成有效的市场供给，生产者还必须具备相应的供应能力。供应能力是指生产经营者实际可供出售的农产品数量，这不仅受到生产技术、自然条件、资本和劳动力等生产要素的影响，还受到储存条件和物流能力的约束。例如，一个农业生产者可能有大量的农产品出售意愿，但如果遭遇自然灾害或缺乏必要的储存设施，其供应能力就会受到影响。

（二）农产品市场供给的特殊性

1. 农产品供给总量的有限性

尽管现代农业技术的发展可以提高单位土地面积的产出，但土地资源的有限性决定了农产品供给总量存在一个天然的上限。在一定地域和一定技术条件下，农产品的供给总量是有限的，不会随价格的提高呈现无限增长趋势。价格的提高只能在一定范围内促进农产品供给量的增加，而这个范围又是十分有限的。

2. 农产品生产的周期性较长

农产品生产周期通常较长，且受到自然规律的制约。从播种到收获，每种农作物都需要经历一个完整的生长周期，这个过程无法通过人为干预大幅缩短。长生产周期意味着农产品从生产到市场供应需要较长时间，导致农业生产对市场需求变化的响应速度较慢。此外，一旦发生自然灾害或疫病侵袭，农产品的生产周期将会面临进一步延长的风险，这对于保障市场稳定供应构成挑战。因此，农产品生产周期的长短直接影响着农业的生产计划和市场供应能力，是农产品供给特殊性的又一重要体现。

3. 农产品供给在很大程度上受自然环境的影响

由于农产品生产依赖于有生命的动植物，其生长条件如土地质量、温度、光照、降水等自然要素对农产品的生产至关重要。自然条件的波动，如不规律的气候变化、极端天气事件等，会增加农业生产的不确定性和风险。例如，干旱或洪水可能导致农作物减产甚至绝收，从而影响农产品的总供给量。

4. 农产品供给的政府调控程度较大

由于农产品直接关系到国民经济和人民生活，保障农产品的稳定供应对于维护社会稳定、保障食品安全至关重要。因此，政府通常会对农产品的生产、价格、进出口等方面进行干预和调控，以防止市场极端波动和确保国家粮食安全。这种调控可以通过补贴、设定最低购买价格、限制出口、储备粮食等多种方式实现。这样的政府干预不仅反映了农产品供给的特殊性，也显示了农业政策在维护农产品供给稳定性中的重要作用。

（三）影响农产品市场供给的因素

1. 农产品价格

理论上，农产品价格上升会促使农民增加产量，因为高价格意味着销售同样数量的产品可以获得更多的收入，从而提高了农民种植的积极性。这种价格信号可以促使农民扩大种植面积、采用更高效的生产技术或增加投入以提高产量。然而，农产品的供给增加并非立即发生，因为农业生产具有一定的周期性，从种植到收获需要一定的时间。此外，如果价格上涨是短期现象，长期内供给可能不会显著增加，因为农民可能对短期价格波动持谨慎态度。

2. 农产品生产要素的价格

农产品生产要素的价格，如土地、劳动力、水资源、种子、化肥等，同样对农产品的供给具有重要影响。生产要素价格上升会增加农业生产的成本，可能导致农民减少对某些生产要素的使用，进而影响产量和供给。例如，如果化肥价格显著上涨，农民可能会减少化肥的使用，这可能导致单位面积产量下降。此外，劳动力成本的上升会影响到农业劳动力的供应，尤其在那些劳动密集型的农业生产领域，进而影响农产品产量。因此，降低生产成本是增加农产品供给的一个重要措施。

3. 农业资源及其开发利用的技术水平

农业资源包括土地、水源、气候等自然资源，这些资源的质量和可用性直接决定了农业生产的潜力。例如，土地的肥沃程度、水资源的可靠性和适宜的气候条件都是农作物良好生长的关键因素。技术水平的提高能有效促进这些资源的开发和利用，增加农产品的供给。现代农业技术，如精准农业、水肥一体化技术、改良种子和生物技术等，能够提高资源使用效率，减少资源浪费，增加单位面积的产出。技术进步还可以帮助农业生产适应不利的自然条件，如通过抗旱、抗盐碱的作物品种改良，提高农业生产的稳定性和可持续性。因此，农业资源的质量以及开发和利用这些资源的技术水平是影响农产品供给的关键因素。

4. 农产品的商品化程度

农产品的商品化程度是指农产品从生产到最终消费过程中经历的商业化处理和流通的程度，这对农产品供给具有重要影响。商品化程度高的农产品能更快更有效地到达消费者手中，减少生产和消费之间的时间和空间距离。随着农业的商业化和市场化水平提升，农产品的生产、加工、包装、储运、销售等环节变得更加专业和高效，这不仅提升了农产品的总供给能力，还改善了供给的稳定性和多样性。此外，商品化程度的提高促进了农业与其他经济部门的链接，有助于农产品生产者根据市场需求调整生产结构和产量，增加市场驱动的生产动力。

5. 政府政策和市场预期

政府通过制定农业政策，如补贴、税收优惠、技术支持、市场准入控制等，可以直接或间接影响农产品的生产成本、价格、利润率等关键因素，进而影响生产者的生产意愿和能力。例如，政府对某些农产品提供补贴可能鼓励农民增加这些产品的生产；相反，若政府对农业投入品如化肥、农药征收较高税费，可能抑制农民使用这些投入品，影响产量。同时，农民对未来市场价格和需求的预期会影响他们的种植决策和生产行为。如果预期未来某种农产品的价格上涨或需求增加，农民可能会增加这种产品的种植面积或投入，反之亦然。因此，政府政策的稳定性和市场趋势可预见性对于保障农产品供给的稳定至关重要。

二、农产品市场需求

（一）农产品市场需求的概念

农产品市场需求简称农产品需求，是指在某一特定时期内，在一定价格水平上消费者对某种农产品愿意并且能够购买的某种农产品的数量。需求是"购买愿望"和"购买能力"的统一，缺少任何一个条件都不是有效需求。

（二）影响农产品市场需求的因素

1. 消费者的收入水平

随着收入的增加，人们的购买力提升，对农产品的总需求随之增长。这种增长不仅体现在数量上，更体现在对产品多样性和质量的追求上。较高的收入使消费者更倾向于购买品质更好、营养价值更高、生产方式更符合环保和社会责任标准的农产品。例如，有机产品、地理标志产品和非转基因产品往往价格更高，但随着收入的提升，这些产品的市场需求也相应增加。此外，收入水平的提高还促使消费者对食品的加工程度和便利性有更高的要求，从而推动对加工农产品和预包装食品的需求增长。因此，消费者收入的增长不仅扩大了农产品市场的规模，也促使农产品市场向更高质量和多样性方向发展。

2. 人口规模与结构

总体而言，人口的增长直接扩大了对农产品的需求量，因为更多的人口意味着需要更多的食物。此外，人口结构的变化对需求类型和需求量也有显著影响。年轻人口的增加往往带来对新鲜、健康、时尚和便捷农产品的需求增长，因为年轻消费者更加注重食品的品质、健康和消费体验。同时，城市化进程的加快导致城市人口增多，这通常会增加对加工和半加工农产品的需求，这是因为城市居民可能更偏好便捷、易保存和易食用的食品。此外，家庭结构的变化，如小家庭的增多，也可能影响农产品的需求模式，推动对小包装和高品质农产品的需求。因此，人口的增长和结构变化不仅影响农产品需求的规模，还对农产品市场的结构和发展趋势产生影响。

3. 农产品的价格

按照需求法则，一般情况下，农产品价格上升会导致其需求量下降，价格下降则需求量上升。这是因为在价格上升时，消费者倾向于减少购买量或寻找替代品，反之则增加购买量。然而，不同农产品的价格弹性各异。对于基本粮食和生活必需的农产品，由于消费者对这些商品的需求相对刚性，价格上升可能不会显著减少需求量；而对于非必需的或奢侈性农产品，价格上升可能导致需求量显著下降。此外，农产品价格还受季节性因素影响，如时令果蔬在丰收季节价格下降，其需求量则会增加。

4. 替代品与互补品的价格

农产品的替代品价格上升可能会导致原产品需求增加，因为消费者倾向用价格较低的产品替换成本上升的产品。例如，若牛肉价格上涨而猪肉价格相对稳定，消费者可能增加猪肉的购买量，减少牛肉的消费。反之，如果替代品价格下降，可能会减少原产品的需求。互补品的价格变化同样影响农产品的需求。例如，面包和黄油是互补关系，如果黄油价格显著上升，可能不仅减少黄油的需求，还可能影响到面包的需求。因此，了解农产品及其替代品和互补品的价格变化对于预测市场需求、制定生产和营销策略具有重要意义。

5. 消费者的未来预期

如果消费者预期未来农产品价格将上涨，他们可能会提前购买，以避免高价时的购买，从而在短期内增加当前的需求。如果预期价格将下降，消费者可能会推迟购买，减少当前需求。消费者对自己未来收入的预期同样影响着其购买行为。如果预期未来收入增加，消费者可能会更愿意购买价格较高或质量较好的农产品。

三、农产品供求平衡

（一）农产品供求平衡的含义

农产品供求平衡是指在一定时间内，农产品市场上供给量与需求量达到相等状态的经济现象，反映了市场上农产品的供应能力与消费者的购买需求之间的协调。在理想的市场经济条件下，农产品的供求平衡主要是价格机制作用的结果。当市场上农产品"供大于求"时，即供给量超过需求量，价格通常会下降，这促使消费者增加购买量，同时激励生产者减少生产，从而使市场向供求平衡点移动。相反，当农产品"需大于供"，即需求量超过供给量时，价格上升会刺激生产者增加供给，并促使消费者减少购买量，市场同样会向平衡点调整。

（二）促进农产品供求平衡的措施

1. 市场信息的收集与分析

有效的市场信息收集和分析是有计划调节供求关系、促进农产品供求平衡的基础。政府和相关机构需要定期收集和发布农产品的生产、库存、价格、进出口等数据，为生产者、消费者和政策制定者提供准确的市场信息。通过对这些信息的深入分析，可以预测市场趋势，识别供需矛盾，及时发现潜在的供需不平衡问题。基于这些分析结果，政策制定者可以制定出更为有针对性的政策，帮助调控市场，促进供求平衡。

2. 政府政策与市场干预

政府可以通过一系列政策工具和市场干预措施来调节农产品的供求，促进市场平衡。这些政策和措施包括设置最低收购价、提供生产补贴、实施储备政策、调整进出口关税等。例如，当农产品供过于求时，政府可以采购部分过剩产品作为国家储备，或者提高出口以减少国内供应；反之，若农产品供不应求，政府可以释放国家储备或降低进口关税，增加市场供应。通过这些措施，政府能有效地对冲市场的过度波动，稳定农产品价格，保障农民收入和消费者利益。

3. 优化农业产业结构

通过调整和升级农业产业结构，可以增强农业的整体竞争力和可持续性，从而实现供求之间的有效对接。一是注重区域特色和比较优势的发挥。不同地区由于自然条件和资源禀赋的差异，适合发展的农业类型也不同。通过科学规划和引导，使各地区根据自身条件发展特色农业，不仅可以提高资源的利用效率，还可以丰富市场供应，避免不同地区之间的无谓竞争。二是加强农业科技创新。科技进步可以提高农业生产效率和产品质量，有助于培育新的增长点和竞争力。通过引入先进的农业技术和设备，加强对农民的技术培训，可以促进传统农业向现代农业转型，提升整个农业产业链的价值。三是加强政策引导和支持。政府可以通过制定优惠政策和提供财政支持，鼓励农业向高附加值、可持续发展的方向转变。同时，加强农产品市场的监管，建立健全的市场体系，促进农业产业结构优化。

第二节　农产品市场体系

一、农产品市场概述

（一）农产品市场的概念

狭义上的农产品市场主要指的是农产品交易发生的具体场所，如各类批发市场、农贸市场等。这些场所是农产品从生产者转移到消费者手中的重要节点，是价值实现的直接空间。而从广义上讲，农产品市场不仅包括了这些交易场所，还涵盖了农产品从生产、加工到销售过程中形成的一系列交换关系，包含市场主体、市场结构、市场机制以及市场网络等多个方面，反映了农产品在整个社会经济系统中的流通和分配机制。

（二）农产品市场的特点

1. 季节性与周期性

由于农业生产受季节变化和气候条件的影响，不同时间段内农产品的供应量会有明显变化，这种供应量的波动直接影响市场价格和交易量。此外，某些农产品还存在生产周期长、收获季节集中等特点，这些都给市场供求关系带来周期性的变化。

2. 价格弹性小

农产品，尤其是粮食和主要副食品，属于生活必需品，其需求具有较低的价格弹性。这意味着，即使价格发生变化，消费者的购买量也不会有太大的波动。相对的，农产品生产受到自然条件限制，短期内供给弹性同样较小，这些因素共同导致农产品市场价格易受外部冲击影响而波动。

3. 信息不对称

农产品市场常常存在信息不对称的问题。农民可能对市场需求、价格趋势缺乏准确了解，而消费者对农产品的生产、品质信息不足，这种信息差距影响了市场的有效运作，增加了交易成本和风险。

4. 多样性与区域性

农产品市场的多样性体现在农产品种类繁多、品质规格各异，同时市场主体多元化，包括农民、中间商、加工企业等。而区域性则是指农产品的生产和消费受到地理环境、气候条件、经济发展水平等因素的影响，具有明显的地域特征，不同区域的农产品市场在供需结构、价格水平、交易习惯等方面都存在差异。

二、农产品市场组织体系

农产品市场组织体系主要由农产品集贸市场、农产品零售市场、批发市场与农产品期货市场构成。

（一）农产品集贸市场

1. 农产品集贸市场的概念

农产品集贸市场是指农产品生产者直接或间接将其生产的农产品带到市场上，与消费者或中间商进行面对面交易的场所。这类市场通常不涉及复杂的加工或包装过程，主要以零售或批发的形式出售生鲜农产品。它是农村经济和城乡交流的重要环节，具有组织结构相对简单、交易方式直接、覆盖范围广泛等特点。

2. 农产品集贸市场的作用

（1）扩大了农副产品流通渠道。在农产品集贸市场中，农民可以直接将自己生产的农副产品销售给消费者或中间商，这种直接的销售方式大幅减少了流通环节，降低了交易成本。同时，农产品集贸市场的存在，使得农产品可以迅速进入市场，满足消费者对于新鲜农产品的需求。此外，农产品集贸市场还为农产品的区域外销提供了便利，帮助农产品打开更大的市场，提升了农产品的流通效率和覆盖范围。

（2）带动了第三产业的发展。市场的运营需要一系列服务支持，包括物流、包装、加工、贮藏、金融、信息服务等，这些服务的发展构成了第三产业的重要部分。随着农产品集贸市场的繁荣，相关服务业也会随之兴起，进一步推动当地经济的多元化发展。

（3）增强农民的商品经济观念。通过参与集贸市场的运作，农民直接面对市场和消费者，能够更直观地感受到市场供需的变化，学习市场规则，提高自身的市场敏感度和应对能力。这种参与过程有助于农民逐步转变传统的自给自足思维，树立市场导向的生产观念，将农业生产与市场需求紧密结合起来。随着时间的推移，农民可以通过市场实践不断积累经验，提升自己的市场竞争力和风险抵御能力，逐步发展成为具有现代市场意识的新型农业经营者，为农业现代化和农村经济的持续健康发展奠定基础。

3.农产品集贸市场的发展趋势

农产品集贸市场作为连接农业生产与消费的重要平台，在经济社会发展中扮演着关键角色。其发展趋势主要体现在以下几方面：

（1）信息化水平提升。随着信息技术的快速发展，农产品集贸市场正逐渐向信息化转型。信息化转型不仅扩大了市场的覆盖范围，还促进了农产品的精准匹配和高效流通，同时为市场参与者提供了更加全面的市场信息和数据分析服务。

（2）供应链的优化和升级。随着消费者对农产品品质和安全的要求不断提高，农产品集贸市场的供应链管理也将趋向优化和升级。从源头保障农产品的品质，加强对农产品生产过程的监控，同时改善物流配送系统，减少农产品在流通过程中的损耗和品质下降。通过供应链的整体优化，可以提高农产品的市场竞争力，更好地满足市场需求。

（3）品牌化和标准化的发展。为了提升市场竞争力和消费者信任度，农产品集贸市场将越来越重视品牌化和标准化的建设。通过建立和推广具有区域特色的农产品品牌，以及实施严格的质量标准和认证体系，可以增加农产品的市场附加值，提高消费者对产品的认可度和忠诚度。这种发展趋势有助于提升整个市场的形象和竞争力，同时为农民带来更高的经济效益。

（二）农产品零售市场

1. 农产品零售市场的含义和特点

农产品零售市场，亦称农产品消费市场，是农产品完成价值实现的最终环节，它通常设立在城市、工矿区等人口密集的区域，直接面向消费者，旨在满足当地居民的日常需求。

农产品零售市场具有以下特点：

（1）市场辐射范围相对较小。农产品零售市场通常服务于附近的居民或特定区域，其市场辐射范围较小，多与中心集散市场相邻或相结合。由于其主要面向周边消费者，市场的商品组织和营销活动更注重满足本地区居民的具体需求和偏好。

（2）交易方式以现货交易为主。农产品零售市场的交易主要是现货交易，顾客可直接购买到所需的农产品，这种即时的交易方式有利于保证农产品的新鲜度和质量，但交易的数量通常较小。

（3）供应主体多样化。在农产品零售市场中，既有小批发商也有小零售商，他们是市场的主要供应者。部分生产者也会直接将产品带到市场进行销售，特别是那些鲜活农产品。这种多元化的供应主体结构使市场能够提供各式各样的农产品，以满足不同消费者的需求。

（4）农产品价格相对较高。由于零售市场的交易环节更多、物流成本和运营成本较高，农产品在这类市场的价格通常高于初级市场和中心集散市场。这种价格结构反映了从生产到最终消费各环节的价值增加。

2. 农产品零售市场的发展与完善

（1）加强市场基础设施建设。加强农产品零售市场的基础设施建设，不仅能促进农产品的有效流通，还能提升农产品的市场竞争力，同时对于增加农民收入、改善农村经济具有重要意义。

一是改善农村道路是基础设施建设的首要任务。良好的道路条件可以减少农产品从田间到市场的运输时间和损耗，降低物流成本。这对于保证农产品的新鲜度和质量，提高农产品的市场价值具有直接影响。因此，投资升级农村道路，特别是那些通往主要市场或连接不同生产区的道路，对于促进农产品流通非常关键。二是改善农产品存储设施。在许多农村零售市场，由于缺乏合适的存储条件，大量农产品在收获后容易发生损坏，造成严重浪费。通过建立基本的粮食仓库、蔬菜和水果冷藏设施，可以有效减少这些损失。即便是简易的覆盖物或通风良好的仓储空间，也能在一定程度上改善存储条件，延长农产品的保质期。三是完善农产品的直销渠道建设。鼓励和支持建立农民市场、路边摊点，以及其他直销平台，不仅可以为农民提供更多的销售选择，减少中间环节，提高其收入，同时也能为消费者提供更加健康、新鲜的农产品选择。这些直销渠道相对低成本，且能更好地适应农村地区的经济环境和市场需求。四是促进基于社区的销售和配送体系的建设。通过组织农民共同参与产品的包装、运输和销售，不仅可以共享资源，降低成本，还能通过集体行动提高议价能力和市场影响力。例如，建立农民合作社，对农产品进行统一包装、品牌推广以及共同营销。

（2）完善市场准入和市场监管机制。完善市场准入和市场监管机制对于保障农产品质量安全、维护市场秩序、保护消费者权益及促进农业健康发展具有至关重要的作用。一要建立健全农产品质量标准体系。所有进入农产品零售市场的农产品必须达到明确规定的质量标准，确保消费者能购买到安全、卫生、营养价值符合预期的农产品。为此，需要相关部门制定一套科学、合理的标准体系，并对农产品进行严格的检测，以确保其符合市场准入条件。二是加强对农产品生产和加工过程的监管。这包括对农产品生产过程中使用的农药、肥料等投入品的管理，确保这些物质的使用符合安全标准，不会对产品质量造成负面影响。通过对生产全过程的严格监控，可以从源头保障农产品的质量安全，减少不合格产品进入市场的风险。三是加强对市场交易的监督。这要求相关部门建立一套高效的市场监管体系，对市场交易行为进行实时监控，及时发现并处理违法违规行为。监管部门应具备快速反应的能力，对市场上的不公平交易、欺诈行为、假冒伪劣产品等进行查处，维护市场的正常运作。四是加强消费者权益保护。需要通过法律法规为消费者提供充分的信息权和选择权，建立健全消费者投诉和纠纷解决机制。当消费者面对质量问题时，应能通过便捷的途径获得救济，这不仅保护了消费者自身利益，也促使生产者和零售商更加注重产品质量，从而提升整个农产品零售市场的质量水平。

（3）完善农产品的追溯体系建设。建立健全农产品追溯体系对于提高农产品质量安全水平、增强消费者信心以及促进农产品市场的透明度具有重要意义。通过实施追溯体系，可以实现农产品从生产、加工、运输到销售各环节的信息可追溯，帮助消费者了解产品来源和质量信息，同时当出现食品安全问题时，能够迅速定位问题源头，有效控制和消除风险。为此，应鼓励利用现代信息技术，如区块链、物联网等，构建高效、透明的追溯平台，确保农产品信息的真实性和准确性。

（4）促进农产品多元化销售渠道建设。随着消费市场的多样化和消费者需求的个性化，发展多元化的销售渠道对于扩大农产品的市场份额、提高农民收益具有显著作用。除了传统的批发市场和零售店外，可以积极发展电子商务、社区支持农业（CSA）、农产品订阅盒等新型销售模式。这些新型渠道能够直接连接生产者和消费者，减少中间环节，提高交易效率，同时也为消费者提供更为便捷、多样的购物选择。此外，通过举办农产品展销活动、建立品牌专卖店等方式，也可以有效提升农产品的品牌影响力，吸引更多消费者关注和购买，进而推动农产品零售市场的发展与完善。

（三）农产品批发市场

1. 农产品批发市场的概念

农产品批发市场，又称中心集散市场，是指将来自各产地市场的农产品进一步集中起来，经过加工、储藏与包装，通过销售商分散销往各地。它是"有形市场"的一种较高级的市场形式。该类市场多设在交通便利的地方，如公路、铁路交汇处。一般规模比较大，具有较大的交易场所和仓储设施等配套服务设施。

农产品批发市场是农产品市场体系的中心环节和枢纽，它不仅在"交易场所"的意义上是产品的集散地，而且在"交换关系"意义上能够较为公平公开体现供给者与供给者、供给者与消费者、消费者与消费者之间的关系，能够较为合理地发现价格、形成价格，更重要的是其可以充当政府的调节手段。

2. 农产品批发市场的类型

（1）按照农产品批发市场的规范化程度划分。按照农产品批发市场的规范化程度，可以将农产品批发市场分为以下三种：

①中央批发市场。也被称为国家级批发市场，是规模最大、功能最全、管理最规范的农产品批发市场。这种市场通常位于国家或地区的经济中心，承担着大量农产品集散和分配的任务，服务范围广泛，可能覆盖全国乃至国际。中央批发市场具有高度组织化和规范化的交易系统，包括先进的物流设施、信息服务系统和质量检测中心。在这里，农产品的交易遵循严格的市场规则和标准，价格的形成更加透明且合理，能够更好地反映供需关系。此外，中央批发市场还常常是政策制定和市场监管的重点，政府通过这些市场进行市场调控和信息发布，以维护市场秩序和稳定农产品供应。

②地方批发市场。又称区域性批发市场，相较于中央批发市场而言，规模较小，服务范围通常限于特定地区或省份。这类市场紧密联系当地农业生产，对于促进区域内农产品的流通和销售发挥着关键作用。地方批发市场在功能和设施上可能不如中央批发市场完备，但它们更加注重满足地区内的特定需求，对当地农产品的特色和多样性有更深的理解和更多的支持。在地方批发市场中，农产品交易虽然较为规范，但可能不具备中央市场的高度集约化和信息化水平，不过它们在促进区域经济发展和提升农民收入方面发挥着不可替代的作用。

③自由批发市场。相对于前两者而言，这类市场的规范化程度较低，管理体制更为宽松。自由批发市场通常没有固定的场地和标准化的设施，交易方式多样，更侧重于满足小规模农民和商贩的需求。在这种市场中，虽然商品的质量和交易的透明度可能不如规范化市场，但它提供了更多的灵活性和便利性，特别适合那些小批量、多样化的农产品交易。自由批发市场的存在，在一定程度上可以减少交易成本、提高交易效率，特别是在偏远地区，它们对于连接农民和市场、促进农产品流通具有重要意义。

（2）按照农产品批发市场的交易范围大小划分。按照农产品批发市场的交易范围大小划分，可以将农产品批发市场分为以下两种：

　　①综合性批发市场。综合性批发市场经营范围广泛，能够提供多类或多种农产品。这类市场通常具有较大的规模和较高的流通效率，能够满足不同消费者和商家的需求。在综合性批发市场中，消费者和商家可以找到从蔬菜、水果到肉类、禽蛋等各式各样的农产品，这不仅为购买者提供了便利，同时也增加了市场的吸引力。由于商品种类多样，综合性批发市场在价格形成、市场监管和质量控制等方面需要更为复杂和严格的管理机制。综合性批发市场通常设立在交通便利、人口密集的地区，以便更好地服务于广大的消费者和商家，对于促进地区经济发展和保障食品供应安全具有重要作用。

　　②专业性批发市场。专业性批发市场是专注于一类或一种农产品及其相关连带产品的市场。这种市场的特点是高度专业化，能够提供深度的市场信息和专业的服务。例如，一个专门经营水果的批发市场可能会提供各种不同品种和等级的水果，甚至包括进口水果，而且相关的包装、储运、加工服务也会更加专业化。专业性批发市场对于推动某一农产品行业的发展具有显著作用，它可以集中行业资源，促进技术交流和创新，提高整个行业的竞争力。

　　（3）按照农产品批发市场的地域特点划分。按照农产品批发市场的地域特点划分，可以将农产品批发市场分为以下三种：

　　①产地批发市场。产地批发市场通常设立在农产品的主要生产区域内，直接服务于那些区域的农民和农业生产者。这类市场的主要功能是集中当地生产的农产品，进行初步的分级、包装和加工，然后将它们销售给更广泛地区的批发商和贩运者。产地批发市场的存在对于提高农产品的初级加工和集散效率至关重要，它可以减少运输途中的损耗，提高产品的市场竞争力。产地批发市场还为农民提供了一个更为直接的销售渠道，帮助他们获取更为公平的收益，从而激励农民增产提质。

　　②中转地批发市场。中转地批发市场位于重要的交通枢纽或历史上的贸易集散中心，如大城市附近或交通便利的区域。这类市场的主要作用是作为产地市场和销地市场之间的连接纽带，实现农产品从产地到消费地的高效流通。在中转地批发市场中，商品经常需要进行再次分拣、包装甚至加工，以适应不同销售区域的需求。由于中转地批发市场具有较好的物流条件和较广

的业务联系，它能够吸引来自各地的贩运者和批发商，在促进不同地区农产品交换、平衡供需关系方面发挥关键作用。此外，中转地批发市场还可以为农产品提供更多的交易机会和更广阔的市场空间，增强农产品的流通能力和市场适应性。

③销地批发市场。销地批发市场主要建立在大城市或消费集中地区，与终端消费者的距离最近，直接面向城市的零售商和消费者。销地批发市场通常会根据消费者的需求和偏好进行更为精细的产品分级和包装，以满足城市市场的高标准和多样化需求。这类市场在促进农产品流通、提高城市供应效率以及满足城市居民消费需求方面具有重要作用。通过销地批发市场，消费者能够获得更多样化、更高质量的农产品，而农产品生产者和贩运者也能够更直接地响应市场变化，调整供应策略，实现产品的快速销售和资金回笼。同时，销地批发市场还能够促进城市与农村的经济联系，为城市提供新鲜的农产品，同时为农民打开更大的市场。

（4）按照农产品批发市场的交易时间划分。按照农产品批发市场的交易时间划分，可以将农产品批发市场分为以下两种：

①常年性批发市场。常年性批发市场是指全年无休、持续运营的农产品批发市场。这类市场通常具有较强的综合性，能够提供多种多样的农产品，以满足不同消费者和商家的需求。由于其常年开放的特点，常年性批发市场在农产品供应链中起着枢纽的作用，保证了农产品供应的连续性和稳定性，对于平衡市场供需、调节产品价格具有重要影响。此外，这类市场由于交易活动频繁，能够积累丰富的市场信息和交易数据，为市场参与者提供价值参考，同时也为政府监管和市场研究提供有力的信息支持。

②季节性批发市场。季节性批发市场是根据农产品的生产和上市特点而设立的，通常只在某些农产品收获季节开放。这种市场的出现主要是为了应对某些农产品明显的季节供应特征，如特定时期大量上市的水果或蔬菜。季节性批发市场为生产者提供了及时销售季节性农产品的渠道，同时也使消费者能够在适当的季节享受到新鲜的农产品。尽管这类市场的运营时间有限，但在其活跃期内，它能够极大地促进当地经济的活跃，加快产品流通，提高

农民的收益。此外，季节性批发市场还能够促使相关产业链的发展，如运输、包装、储藏等，进而对整个区域经济产生积极的促进作用。

（5）按照农产品批发市场在形成方式上的不同划分。按照农产品批发市场在形成方式上的不同划分，可以将农产品批发市场分为以下两种：

①自发形成的批发市场。自发形成的批发市场源于传统的城乡集市贸易，随着时间的推移和市场需求的增长，逐渐演变成为更为集中和规模化的批发市场。这类市场通常是在地方政府和相关部门的指导和规划下逐步形成和扩展的，它们紧密结合当地的经济环境和农产品特点进行发展。自发形成的批发市场深深植根于当地社会和经济结构中，具有鲜明的地方特色，服务于周边区域的农民和商家，对促进地方农产品的流通、提升农民收入以及推动地方经济发展具有重要作用。

②规范化的批发市场。规范化的批发市场是在政府有关部门的积极介入和规划下建立和发展起来的，其设计和运营参照了国内外成功的经验和标准。这类市场一般设立在关键的地理位置，如农产品的大量产区、主要消费区或重要的交通运输节点，以确保其在农产品供应链中的核心作用。规范化批发市场的建设注重市场功能的完善和服务质量的提升，通常配备有先进的设施和技术，采用标准化的管理和运营模式，以提高市场的效率和透明度，在促进农产品贸易、提高交易效率、引导农业产业升级以及保障食品安全等方面发挥着关键作用，是现代农产品市场体系的重要组成部分。

3. 农产品批发市场发展与完善的措施

农产品批发市场发展与完善的措施如图 4-1 所示。

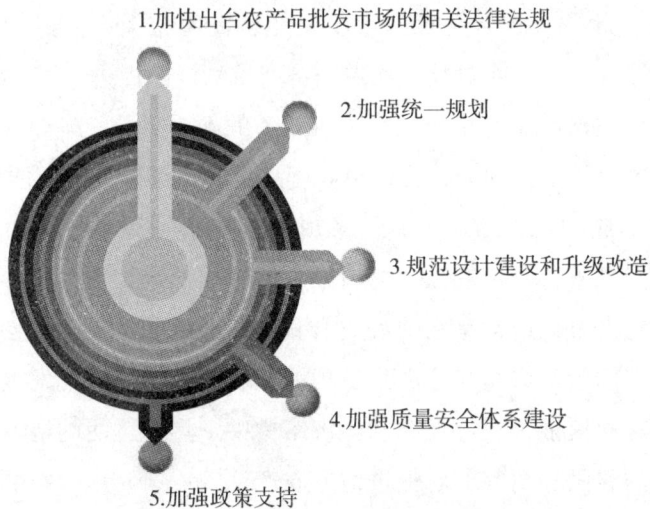

图 4-1　农产品批发市场发展与完善的措施

（1）加快出台农产品批发市场的相关法律法规。应借鉴国外经验，尽快出台农产品批发市场法及其配套法规，在法律上明确农产品批发市场的公益属性，明确政府在农产品批发市场规划、建设、运营过程中的职责，明确相应主管部门，并在开设审批、市场准入、交易行为、交易规范等方面做出严格规定，改变农产品批发市场建设运营的无序状态。

（2）加强统一规划。政府部门要将全国或区域性中心批发市场及中型批发市场纳入发展规划之中，明确各级市场在国家和地区农产品流通体系中的地位和作用，构建一个层次分明、功能互补的市场体系。全国性批发市场作为核心，区域性批发市场作为支撑，大城市批发市场则作为网络的关键节点，形成有效的市场网络和流通体系。这种体系化的规划有利于促进市场间的有序竞争，避免市场垄断和无序竞争，维护市场的稳定性和公平性。对于不符合规划的市场，应制定具体的调整或搬迁计划，确保过渡过程平稳有序，同时考虑到冷链物流、产品加工等功能的合理布局，以降低搬迁对市场运作和城市供应的影响。整个过程中，政府应与市场运营商、商户以及消费者充分沟通，以减少搬迁给各方带来的不便，确保新市场建立后能够快速高效地投入运营，维持市场供应稳定，防止对城市食品价格造成负面影响。

（3）规范设计建设和升级改造。国家层面应制定明确的强制性标准，确保市场设计和建设满足高效、安全、环保的要求。通风、冷藏设施的设计应符合特定标准，确保产品的新鲜度和安全性。同时，必须建立完善的废弃物和污水处理设施、安全监控系统、配送和信息处理中心等，以增强市场的运营效率和服务能力。农产品批发市场的升级改造不应只是简单的规模扩张或硬件更新，更应关注功能的完善和服务质量的提升，例如改进物流服务、增加产品初加工能力、加强检测检疫功能，并优化交易流程。此外，对不同类别的农产品实施区域划分和物理隔离，既可以提供专业化服务，也有助于减少病虫害传播风险，从而提升市场整体的竞争力和可持续发展能力。

（4）加强质量安全体系建设。批发市场应引入现代化的检测设备，设立专门的检测检疫中心，对农产品进行严格的质量和安全检测，确保不合格的产品无法流入市场。同时，加强对市场经营者的培训，提升他们的质量安全意识和能力，建立健全的内部管理规章制度，形成一套覆盖生产、加工、包装、储存、运输、销售等各环节的质量安全控制体系，以保障消费者权益和市场信誉。

（5）加强政策支持。政府应在土地使用政策上为农产品批发市场提供便利，例如为市场提供适宜的选址、合理的土地使用权安排，确保市场有足够的发展空间。在金融方面，政府可以通过低息贷款、贴息贷款等方式，支持市场的建设和升级改造，鼓励金融机构为农产品批发市场提供更多的金融产品和服务。税收优惠政策也是鼓励市场发展的有效手段，通过减免相关税费，降低市场经营成本，提高市场的发展动力和竞争力。此外，政府的补贴政策也应覆盖市场建设、技术升级、质量控制等多个方面，帮助市场在提高设施水平、引进先进技术、加强管理等方面减轻负担，促进市场的快速健康发展。

（四）农产品期货市场

农产品期货市场是指进行农产品期货交易的场所，通常特指农产品期货交易所。在这里，交易双方通过法定的交易所达成合约，同意在未来某一特定时间以事先约定的价格买卖一定数量的农产品。

1.农产品期货市场的功能

农产品期货市场的功能如图 4-2 所示。

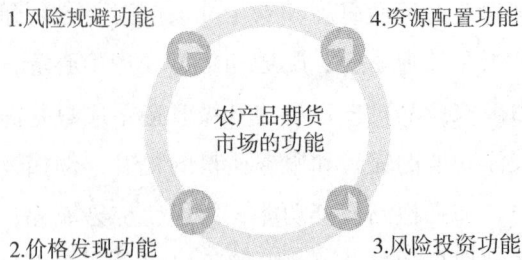

1.风险规避功能　　　　4.资源配置功能

农产品期货
市场的功能

2.价格发现功能　　　　3.风险投资功能

图 4-2　农产品期货市场的功能

（1）风险规避功能。由于农产品价格受多种因素如气候变化、政策调整、市场供需关系变动等因素的影响，价格波动幅度较大。在这种情况下，农产品的生产者和经销商可以通过在期货市场上购买或出售期货合约来锁定未来某一时间点的产品价格，从而转移价格波动的风险。这种通过期货合约固定价格的行为可以帮助农产品的相关企业和个体规避因市场价格波动而带来的经济损失，使他们能更专注于生产和经营活动，降低因价格不确定性带来的风险，增强市场竞争力。

（2）价格发现功能。农产品期货市场的价格发现功能指的是通过市场上的交易活动，反映农产品未来供求关系和价格走势的能力。在期货市场上，不同的市场参与者基于对未来市场信息的预期进行买卖，市场价格就在这样的供求机制中形成，从而反映了市场对未来农产品价格的共同预期。这种价格信息对于农产品生产者、加工企业以及相关政策制定者来说都具有重要的参考价值。生产者可以根据期货市场上的价格信息做出种植或养殖的计划，加工企业可以据此安排原料的购买和产品的生产，而政府部门也可以依据这些信息制定相关的农业政策。因此，期货市场的价格发现功能有助于整个农产品供应链的高效运作，对促进农业产业的稳定发展发挥着关键作用。

（3）风险投资功能。在农产品期货市场，除了农产品的生产者和消费者外，还有大量的投机者参与交易，他们通过对未来市场价格走势的判断进行买卖，以期获得价格差异带来的收益。这类投资者愿意承担价格变动的风险，提高市场流动性，从而使得农产品的生产者和消费者可以更容易地找到交易对手，完成风险转移或者价格锁定。投资活动，虽然存在风险，但通过合理规范可以促进市场的有效运行，使价格更加真实反映市场供需关系。通过风险投资功能，期货市场将不同风险偏好的参与者聚集在一起，有助于风险的分散和市场信息的充分反映，从而提高市场的稳定性和效率。

（4）资源配置功能。农产品期货市场资源配置功能的发挥是通过启用期货市场杠杆的作用，间接调配商品物资在期货市场体外流转，而不是通过直接实物交割来体现的。根据同品种异地期货市场的差价，结合运输、损耗等因素，调整该商品乃至上游产品或原材料和下游产品或副产品的异地流动。

2. 农产品期货市场的特点

（1）交易对象的特殊性。在农产品期货市场中，交易的对象是农产品期货合约。不同于现货市场直接交易实物商品，期货合约是一种标准化的合法协议，承诺在将来特定的时间以特定的价格买入或卖出一定数量的农产品。交易双方不需立即交换实物商品，而是交换合约本身，从而可以规避某些现货市场所固有的风险。同时，由于农产品的生产具有季节性，而期货市场则提供了全年无休的交易环境，使得生产者和消费者能在任何时候进行价格锁定或风险管理，提高了市场的灵活性和效率。

（2）交易商品的特殊性。农产品现货市场交易的商品包括所有进入流通领域的农产品，如谷物、油料作物、果蔬、畜产品等，这些商品都是人类日常生活中不可或缺的基础物资。农产品的这一特性决定了其市场需求的广泛性和稳定性。

（3）交易目的的特殊性。农产品期货市场交易的目的不是为了获得实物农产品，也不是为了实现农产品所有权的转移，而是通过农产品期货合约交易转嫁与这种所有权有关的农产品价格波动所带来的风险，或者获得风险投资利益。具体来说，进入农产品期货市场的交易者是为了利用农产品期货市场进行套期保值，以避免现货价格波动的风险，或是为了利用期货市场价格的上下波动来投机获利。

（4）交易机制的特殊性。农产品期货市场的交易机制的特殊性主要体现在双向交易和对冲机制上。双向交易意味着参与者可以通过买入（做多）或卖出（做空）期货合约来表达对未来价格走势的预测和立场，无论市场价格上涨还是下跌，交易者都有机会获利。对冲机制是期货市场的另一重要特征，它允许生产者、加工企业或其他市场参与者通过在期货市场上建立与现货市场相反的头寸来锁定价格，从而减少或避免现货市场价格波动带来的风险。例如，农产品生产者可以通过卖出期货合约来对冲其未来的产品销售，保护自己免受价格下跌的影响。

3. 农产品期货市场的规范与完善

（1）从外部环境规范农产品期货市场。

①加快期货市场的法规建设。法规的完善能够为市场参与者提供清晰的规则，为市场监管提供法律依据，从而营造公平、透明、有序的市场环境。首先，需要明确和细化农产品期货交易的各项法律责任和义务，包括交易规则、合约规范、违约处理等，确保所有市场参与者在知晓规则的基础上进行交易。其次，法规建设应注重与国际接轨，借鉴国际成熟市场的经验和做法，提高我国农产品期货市场的国际竞争力。同时，随着市场环境和经济条件的变化，法规也需要不断更新，以适应市场发展的新需求。

②完善期货市场监管体制。从提高监管效率和效果出发，构建多层次、全方位的农产品期货市场监管体系。一是明确监管机构的职责，加强对市场的日常监控和数据分析，及时发现并处理市场异常交易行为，预防和打击市场操纵、内幕交易等违法违规行为。二是加强与其他金融监管机构的协调合作，形成监管合力，共同维护金融市场的稳定。三是加强对市场参与者的监管和指导，促使其规范操作、诚信经营，提升整个市场的透明度和公信力。

③不断规范现货市场。现货商品的标准化直接影响标准期货合约的产生，主要是因为期货合约各项目的制定（如交易商品、交易单位、质量标准、交割日期与交割地点等）是以与期货商品相对应的现货的有关内容为依据的。同时，现货市场的规模与状况（如打破地区壁垒的程度，成熟度、资讯条件、基础设施等）决定了生产经营者能否进入期货市场，以及在期货市场中所处的地位。由此看来，现货商品的标准化和现货市场的规模直接影响期

货市场的进一步发展。因此，在规范现货市场时，主要加强现货商品的标准化工作和建立规模有序的统一大市场。

④加强市场教育与宣传。监管机构和交易所应组织开展市场教育和宣传活动，提高农产品生产者、加工企业和投资者对期货市场的认识，帮助他们理解市场规则、掌握交易技能、认识交易风险。通过提升市场参与者的整体素质，可以促进市场的健康发展，增强市场的抗风险能力。

（2）从内部完善农产品期货市场。

①实施大品种战略。大品种指的是那些市场需求大、产销量高、价格波动频繁的农产品，它们的期货交易可以提供足够的流动性，更有利于价格发现和风险管理。例如，玉米、大米、棉花等都是交易量大且市场化程度高的农产品，将这些大品种引入期货市场，不仅可以为生产者和消费者提供更多的风险管理工具，同时也有助于促进期货市场的深度和广度，加强市场功能的发挥。此外，大品种战略还有利于提升我国在国际农产品市场中的话语权，促进农业和金融的深度融合。

②精心设计合约。合约设计需考虑品种的市场特性、交易需求及国际惯例，确保其具有广泛的市场接受度和实用性。详尽的合约规定能够明确交易双方的权利义务，降低交易摩擦，提升市场效率。例如，在设计玉米、大米、棉花等期货合约时，需要综合考虑这些商品的产销特点、季节性波动、储存成本等因素以及市场环境，使得期货合约既符合国内市场的实际情况，又能适应国际市场的交易规则，从而有效服务国内外市场参与者，促进我国农产品期货市场的稳定与发展。

③加快农民进入期货市场的步伐。农民通过套期保值等方式参与期货市场，可以有效对冲价格波动的风险，提高自身的抗风险能力。因此，需要通过建立或完善农产品销售公司、种粮大户或农民协会等机制，引导和帮助农民理解和参与期货市场，利用市场工具来规避风险，提升其经济收益稳定性。

第三节　农产品物流管理

一、农产品物流的概念及分类

（一）农产品物流的概念

物流是指为满足顾客需求，在生产、流通和消费过程中，通过有效计划、实施和管理物料采购、运输、存储、配送以及信息等流动的过程，以降低成本、提高效率为目的的一系列活动。

农产品物流则是物流领域的一个分支，指农产品从产地到消费者的过程中所有物流活动，包括农产品的收集、分拣、包装、储存、运输、分销以及相关信息的处理等。农产品物流旨在确保农产品能够高效、安全地被运送并及时送达至消费者手中，同时保持其新鲜度和品质，满足市场和消费者的需求。

（二）农产品物流的特点

（1）农产品物流涉及面广、量大。我国居民生活消费农产品主要以鲜货鲜销形式为主，在分散的产销之间要满足消费者在不同时空上的需求，使得我国农产品物流面临着时间、空间、数量和质量的巨大挑战，加上轻工、纺织和化工所用原料农产品，我国农产品物流流量之大、流向之广在世界各国中名列前茅。

（2）农产品物流具有季节性和周期性。农产品的生产受自然条件影响显著，具有明显的季节性。这种季节性直接反映在物流活动上，导致农产品物流需求同样呈现出明显的季节性变化。例如，收获季节时，农产品物流需求激增，物流系统需要在短时间内处理大量的农产品运输和储存，而在非收获季节，物流需求则相对减少。

（3）农产品物流具有预期性。由于农产品生产受到自然条件的影响，这些因素的变化需要提前在物流计划中得到充分考虑。例如，农业生产者和物流企业需要预先安排在特定季节内的运输能力，以应对收获季节农产品大量上市的情况。同时，物流企业还需根据历年市场消费数据和趋势，预测不同时间段内各类农产品的市场需求，以优化运输和储存资源的配置。此外，节日、假期和其他社会活动也会对农产品的需求产生影响，物流规划需要提前预测这些因素，以保证农产品能够及时满足市场需求，减少损耗。

（4）农产品物流具有易耗性。农产品的易耗性是指其容易受到物理、化学或生物因素的影响而导致品质下降。易腐烂、易变质是农产品的典型特征，要求物流过程中必须快速高效，减少在途时间。同时，储存和运输环节需要适当的温湿度控制，避免直接日晒和雨淋，采取适宜的包装保护，以维持农产品的新鲜度和质量。因此，冷链物流在农产品物流中占据着重要地位，特别是对于易腐食品（如水果、蔬菜和肉类等），必须通过专门的冷链设施进行运输和储存，以延长其保质期，减少损耗。

（5）农产品物流具有专业性。农产品物流的专业性体现在对特定农产品运输和储存环境的专门要求上。不同的农产品对温度、湿度、通风等条件的要求各不相同，例如，水果和蔬菜需要在低温、通风的条件下运输，而谷物则需要干燥、密闭的环境。此外，农产品在运输和储存过程中还需要避免交叉污染，保持适当的分类和隔离。

（三）农产品物流的分类

根据农产品物流在农产品供应链中的作用不同，把农产品物流的全过程分成生产物流、销售物流、废弃物物流。

1. 农产品生产物流

农产品生产物流主要是指将农业生产原料如种子、肥料、农药等输送到农场，以及将农产品从田间运送到仓储或加工场所的过程。这个阶段的物流对于保障农业生产的连续性和效率至关重要。高效的生产物流可以缩短生产周期，降低生产成本，提高农业生产的响应速度和市场适应能力。此外，生产物流还包括农产品从收割、初步加工到打包的一系列过程，这些过程需要考虑到农产品的保鲜、防损等要求，确保农产品能够以较好的状态进入下一阶段。生产物流的效率和质量直接影响到农产品的最终产量和品质，因此对农产品供应链的稳定性和可靠性至关重要。

2. 农产品销售物流

农产品销售物流是指农产品从生产地或仓储向市场或消费者输送的过程。这一环节是连接生产与消费的关键桥梁，对于提高农产品市场竞争力、满足消费者需求、实现经济效益具有重要作用。销售物流不仅包括物理的运输和储存，还涉及订单处理、包装、配送、信息管理等环节，目的是确保农产品能够快速、安全、经济地到达消费者手中。此外，随着农产品市场的国际化和电子商务的发展，销售物流还需要处理跨境运输、电子支付、在线交易等更为复杂的环节，其效率和质量直接影响到企业的市场反应速度和客户满意度。

3. 农产品废弃物物流

农产品废弃物物流主要指农产品加工过程中产生的副产品和废弃物的回收、处理和再利用。这种物流的目的是最大限度地减少资源浪费和环境污染，提高农产品加工的整体资源利用率。农产品废弃物物流不仅涉及废弃物的收集和运输，还包括废弃物的分类、处理和转化，例如将农业废弃物转化为有机肥料或生物能源。这要求物流系统不仅要高效、经济，还要环保、可持续。

二、农产品运输与配送管理

（一）农产品运输管理

农产品的运输管理需要运用运输子系统，包括 GPS（全球定位系统）和 GIS（地理信息系统）等技术及时跟踪农产品的运输状况并得到反馈信息，通过对农产品运输成本和时间要求的分析比较，优化农产品运输路线以便控制运输成本和时间。农产品运输管理主要有运输计划、配载管理、运输结算、车辆信息维护四个方面的内容。

1. 运输计划

运输计划是农产品运输管理的核心环节，它要求根据农产品的种类、体积、重量及目的地等因素综合考虑，制定出最合理的运输调度方案。这一过程涉及货物的集结时间、运输路线的选择、运输方式的确定以及预计到达时间的计算等。在制定运输计划时，还需考虑各种突发情况，如恶劣天气、路况变化等，以保证运输计划的可靠性和灵活性。高效的运输计划可以最大限度地提升物流效率，缩短货物在途时间，降低运输成本，以确保农产品能够新鲜、安全地到达目的地。

2. 配载管理

配载管理关注如何有效地利用运输工具的载货空间和承载能力，以实现运输成本的最小化和运输效率的最大化。这包括对运输车辆的装载优化，确保不同种类、不同要求的农产品能合理分配在适宜的位置，同时考虑负重平衡、防止货物移动造成损害。配载管理还需跟踪记录实际装载的重量、体积，监控装载过程的效率，并基于实际数据不断优化配载方案。合理的配载管理有助于减少运输过程中的能源消耗和环境影响，实现绿色物流。

3. 运输结算

运输结算是对运输过程中产生的各项费用进行准确计算和合理分配的过程。它涉及运费的计算、发票的开具、费用的核算和支付，要求对运输过程中的每一笔费用都有详细的记录和凭证。有效的运输结算系统能确保费用的透明性和公正性，避免纠纷，同时也有助于企业监控运输成本、优化预算。在进行运输结算时，需考虑不同运输阶段和服务环节的费用差异，以及合同中约定的支付条款，确保结算的及时性和准确性。

4. 车辆信息维护

车辆信息维护是指对运输车辆进行定期检查、保养和维修，确保运输工具处于良好的运营状态，包括车辆的基本信息登记、使用年限记录、维修保养历史、油耗监控和驾驶员的绩效考核等。通过有效的车辆信息维护，可以提高运输安全性、延长车辆使用寿命、降低故障率和维修成本。此外，车辆信息维护还有助于企业优化车队管理，提升运输效率，确保按时完成运输任务。

（二）农产品仓储管理

农产品生产季节性较强，而且有地域性特点，所以仓储能力既要有伸缩性，又要避免资源的浪费，仓储管理系统不仅要满足现有的仓储能力，还要有"预见"能力，从而为即将到来的农产品仓储高峰做好准备。

农产品仓储管理包括以下内容：

（1）农产品入库信息管理。入库信息管理是对农产品从接收、检验到存储的全过程记录，包括农产品的种类、数量、质量状况、入库时间等。入库信息要准确、及时，这有助于确保仓储的透明度，便于后续的追溯和管理，同时为库存分析和决策提供基础数据。

（2）农产品出库信息管理。出库信息管理涉及农产品从仓储到发货的全过程记录，包括产品的目的地、数量、出库时间等。准确的出库信息有助于维护库存的准确性，保证供应链的连续性。

（3）库位资源管理。库位资源管理是指对仓库空间的有效规划和利用，确保每一种农产品都存放在适宜的位置，以提高空间利用率和仓储效率。良好的库位管理不仅优化存取路径，减少操作时间，还有助于延长农产品的保质期限和减少损耗。

（4）堆存费用及其他费用管理。堆存费用管理涉及对农产品存储过程中产生的直接或间接成本的记录和分析。此外，还需管理与仓储相关的其他费用，如维修、保险和安全等。通过精确的费用管理，仓库经营者可以监控和控制成本，提高仓储效率和盈利能力。

（5）流程监控管理。流程监控管理是指对农产品仓储全过程的实时监控和分析，以确保各个环节高效、规范地运作。

（6）报表管理。报表管理涉及定期收集、分析和呈现仓储数据，以支持决策制定和性能评估。报表内容包括库存水平、货物流转速度、仓储成本、服务质量等关键指标。

（7）档案维护。档案维护是确保仓储过程中所有文档和记录的完整性、准确性和可访问性，包括合同、运输文档、入库和出库记录、库存报表等所有相关文件的系统化管理。良好的档案维护不仅是遵守法规和行业标准的必要条件，也对处理客户查询、进行历史回顾和持续改进过程至关重要。

（三）农产品配送作业管理

农产品配送作业管理主要包括门店订货管理、物价管理、批发销售、退货管理、销售分析、应收账款管理等模块。订单管理是门店通过电话访问配送中心库存情况，并实时形成订货清单，经业务部门汇总形成内部调拨单；物价管理包括调拨商品在门店的售价（指导性）管理和配送中心对外批发价格的管理，分为新商品核价及一般商品的调价和折扣等；批发销售包括向社会客户批发销售或配送及向部门门店调拨形成销售，对门店销售从门店订货单内自动转入信息；退货管理是指门店配送或批发商品的退货；退货后形成销货退货单并进行结算，增减实际库存；销售分析包括销售排行、销售情况查询、成本毛利生成及其分析查询等；应收账款管理是向门店调拨销售的内部结算和对外批发引起的应收账款的管理。

下 篇

绿色农业发展篇

第五章　绿色农业理论基础

第一节　生态经济理论

一、生态经济理论概述

（一）生态经济理论的概念

生态经济理论研究的是生态系统和经济系统之间的关系，由生态学和经济学相互交叉渗透而成。生态学关注的是生物体与环境之间的相互作用和依存关系，研究范围从单个生物个体到整个生态系统。经济学则聚焦于人类生活中的物质基础，研究资源的分配、商品与服务的生产和消费等。生态经济理论将这两个领域的方法结合起来，分析经济活动对自然环境的影响，以及自然环境变化对经济活动的反馈。

（二）生态经济理论的产生与发展

生态经济理论的产生与发展经历了以下三个阶段：

1. 第一阶段

20世纪60年代到70年代，研究者们开始意识到经济活动与环境之间存在着复杂的相互依赖关系，试图从生态学和经济学的视角解释这两个系统如何相互作用，但尚未将它们视为一个统一的整体，因此生态经济学还未形成一个完整的理论体系。但是这一时期的研究为生态经济学后续的发展奠定了基础，反映了经济活动对环境的依赖性和影响，以及生态保护对经济可持续发展的重要性。

2. 第二阶段

20世纪70年代至80年代末，生态经济学进入了理论快速发展的阶段，并形成了三个比较有代表性的观点流派。悲观派强调资源的有限性和生态环境的脆弱性，认为未加限制的经济增长将导致环境与资源的严重危机。乐观派相信技术进步和市场机制能够解决环境和资源问题。中间派则认为通过科技进步和适当政策的结合，可以实现经济发展和环境保护的双赢。这个阶段的理论发展集中在探讨如何建立有效的协调机制，评估环境和资源的承载力，以及经济发展的环境成本，为生态经济学的成熟奠定了坚实的理论基础。

3. 生态经济理论的完善阶段

20世纪90年代至今，生态经济学理论日益完善，其概念体系、研究对象和问题得到明确。在这个阶段，能值价值理论和能值分析法标志着生态经济学理论向深度和广度发展，这些理论和方法帮助学者们更精确地评价和度量经济活动与生态系统之间的相互作用和交换价值。此外，生态服务价值评估体系开辟了生态经济学研究的新领域，这些研究加深了人们对自然资本价值的认识，促进了可持续发展策略的制定。这个时期的生态经济学不仅在理论上取得了重要进展，而且在应用层面对环境政策制定、资源管理和可持续发展规划等方面产生了深远影响。

（三）生态经济理论的内涵

生态经济理论的内涵可以从以下五个方面来进行阐述：

第一，生态经济理论研究生态系统与经济系统各自的基本特征及其组成的生态经济复合系统的一般特征，生态系统与经济系统之间的内在联系和规律问题，以及生态经济复合系统的分类及各类生态经济系统的一般特征。

第二，生态经济理论研究生态经济系统的区域性结构问题。区域性结构影响生态经济系统的功能和效率，合理的区域结构能够增强系统的稳定性和抵御外部冲击的能力。这包括对资源分布、产业布局、空间规划等方面的考量，以确保经济活动的地域分布与自然生态系统相协调，进而促进区域内生态和经济的和谐发展。

第三，生态经济理论研究生态经济系统的综合功能和整体运行问题。它包括生态和经济两个系统的平衡，及其内在规律性的问题等。

第四，生态经济理论研究人类对生态经济系统的科学管理问题。人类的各种经济行为都会作用于生态经济系统，因此，研究人类对生态经济系统的管理问题尤其重要。这包括制定有效的环境政策、资源管理策略和经济规划，以促进生态和经济的和谐发展。科学管理意味着要在确保经济增长的同时，保护生态环境，实现人与自然的和谐共存。

第五，生态经济理论研究生态经济学的发展历史及其实用问题。通过回顾和分析生态经济学的演变，可以提炼出有价值的经验和教训，为未来的理论发展和实践应用提供指导。这也涉及将生态经济理论应用于解决实际问题，如环境保护、资源管理和可持续发展策略的制定，以促进生态和经济的协调进步。

二、生态农业

（一）生态农业的概念与特点

1. 生态农业的概念

生态农业，是把生态系统和农业生产系统融为一体的更大复合系统，它不是各个要素的简单相加或机械堆积，而是相互联系、相互作用、相互制约、相互促进的有机整体。它以生态学理论为指导，依照农业生态系统中的物种互助、物质循环和能量分层利用等生态原则，高效且合理地使用农业的自然资源并维护健康的生态环境，应用农业高新技术，吸收传统农业的精华，采用现代管理手段，科学组织经营农业生产，实现生态自我维持和动态平衡、农业可持续发展，达到生态效益、经济效益和社会效益的高效统一。

2. 生态农业的特点

（1）综合性。生态农业不仅仅关注单一的农业生产活动，而是将农、林、牧、副、渔等不同领域以及农村的第一、二、三产业整合在一起，促进它们之间的互相支持和相互促进。通过这种综合发展，生态农业能够有效提升整个系统的生产力和效益。此外，生态农业的综合性还意味着在农业生产过程中，资源的使用和管理遵循生态循环和再生的原则，从而实现资源的高效利用和农业生态环境的持续改善。

（2）多样性。生态农业的多样性是指其能够适应不同地区的特定自然条件、资源状况以及社会经济背景，通过利用多样化的农业模式和技术来优化农业生产。生态农业通过整合现代科学技术与传统农业知识，创造出适应性强、具有地方特色的生产方式，不仅提升了农业系统的适应性和韧性，而且促进了地方特产的发展，满足了市场的多元化需求。

（3）高效性。高效性指的是通过优化资源循环和能量利用，提升农业生产的经济效益和资源使用效率。生态农业通过模拟自然生态系统的功能，如物质循环和能量流动，减少外部投入如化肥和农药，同时提高农业生产的自给自足能力。实现物质的循环利用和能量的有效转换，生态农业不仅能够减少对环境的负面影响，而且能够提高生产效率，降低成本。通过对农产品进行系列化深加工，生态农业还能实现产业链的延伸，增加农业增值，为农民创造更多收入来源，进而促进农业生产的可持续性和农村经济的全面发展。

（4）持续性。发展生态农业能够保护和改善生态环境，防治污染，维护生态平衡，提高农产品的安全性，变农业和农村经济的常规发展为持续发展，把环境建设同经济发展紧密结合起来，在最大限度地满足人们对农产品日益增长的需求的同时，提高生态系统的稳定性和持续性，增强农业发展后劲。

（二）生态农业的基本原理

生态农业的基本原理如图 5-1 所示。

1.生物间相互制约原理

2.生物与环境协同进化

3.能量多级利用与物质循环再生原理

4.结构稳定性与功能协调性原理

5.生态效益与经济效益统一原理

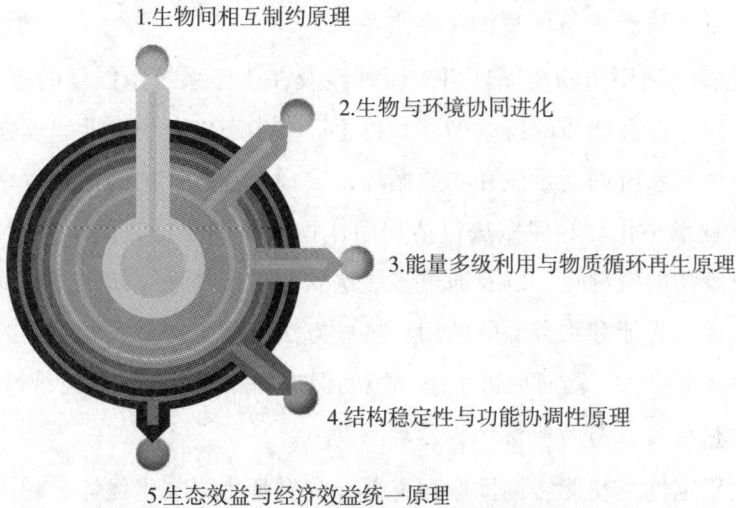

图 5-1　生态农业的基本原理

1. 生物间相互制约原理

生态农业中的生物间相互制约原理强调在农业生态系统中，各种生物种群通过食物链和食物网相互连接和制约，形成一个稳定的生态平衡。遵循这一原理，农业生产可以通过模拟自然生态系统中的相互作用和相互依赖，设计和组织多元化的农业生态结构。例如，通过合理的作物轮作和混作，引入天敌控制害虫，以及利用植物间的相互作用来增强抗病虫害能力，可以有效地提高资源的利用效率，减少对化学农药的依赖，增强农业生态系统的稳定性和抗干扰能力。此外，合理组织生产还可以发掘和利用生物多样性的潜力，通过生物间的相互制约和协作，提高农业系统的生产力和生态效益。

2. 生物与环境协同进化原理

生物与环境协同进化原理是指生物体和它们所处的环境之间相互作用和相互影响，在长期的演变过程中共同进化，相互适应，形成稳定的关系。在生态农业中，这一原理强调农业生产系统应与自然环境紧密结合，相互协调发展。具体而言，农业实践需要根据当地的生态条件和环境特征进行设计和管理，如选择适应当地环境条件的作物品种，实施与当地生态系统相协调的耕作和养殖方法。这种做法有助于提升农业系统的环境适应性和生态稳定性，确保长期的农业生产与环境保护同步进行。

3. 能量多级利用与物质循环再生原理

能量多级利用与物质循环再生原理涉及在生态系统中能量的有效捕获、转换和利用，以及物质的持续循环和再生。在生态农业中，此原理强调通过模拟自然生态系统的能量流和物质循环，实现农业生产中的资源效率最大化和环境影响最小化。具体做法包括利用作物残体和动物粪便作为有机肥料，实现农业废物的资源化，以及通过多层次农业生产体系（如立体农业、混合农业等）优化光能和水资源的使用。这些方法有助于提升农业生产的整体效率，减少外部投入，同时促进生态环境的保护和农业生产的可持续性。

4. 结构稳定性与功能协调性原理

结构稳定性与功能协调性原理强调充分发挥生物共生优势、利用生物相克趋利避害的原则和生物相互依存的原则，促使不同生物组分在农业生态系统中和谐共存，从而增强系统的整体稳定性和抵抗外界干扰的能力。农业生产中可以设计多样化的作物组合、引入有益的生物种群（如益虫和天敌）、实施合理的空间布局，这样的农业生态系统能够有效地利用生物间的相互作用，减少对外部投入的依赖，从而维持长期的生产力和生态平衡，提升农业系统对环境变化的适应性和恢复力。

5. 生态效益与经济效益统一的原理

生态效益与经济效益统一的原理强调在提高农业经济收益的同时，保护和增强生态系统的功能。这要求农业生产不仅要追求经济利益最大化，也要考虑到生产活动对生态环境的长期影响，实现二者的良性循环和相互促进。在实际操作中，这可以通过优化资源配置、提高劳动效率、调整农业结构和促进农业专业化及社会化服务来实现。

基于对生态农业的分析，可以发现，生态农业的基本原理是物种共生、物质循环、能量多层次利用，实现生态良性循环。经验表明，生态农业是一种综合平衡经济效益、生态益处和社会价值的有效模式，不仅有助于生态环境的保护和资源的培育与高效使用，而且为缓解我国农村人口和经济发展与资源、环境间的矛盾提供了可行性方案，成为农业及农村经济持续进步的关键路径。绿色农业的发展亦依赖于生态农业的基础原理，追求物质循环、能量有效利用和生态的良性循环。绿色农业发展同样离不开生态农业的发展原理，也要实现物质循环、能量多层次利用，生态良性循环。生态农业的发展模式与发展目标同样是绿色农业发展的重要模式和所追求的目标。为此，生态农业的基本原理与发展思路是绿色低碳循环农业发展的重要理论依据。

第二节　低碳经济理论

一、低碳经济的内涵

低碳经济是以"低能耗、低污染、低排放"为基础的新型经济发展模式，其实质是通过降低高碳能源消耗和减少二氧化碳排放，建立合理的能源消费结构，从而达到社会经济发展与生态环境保护双赢的一种经济发展形态。下面从三个方面进一步阐述低碳经济的概念。

第一，低碳层面。低碳经济强调在经济发展中改变能源消费结构，尤其是减少对高碳能源如煤炭和石油的依赖，并促进低碳和清洁能源技术的应用，如太阳能、风能和水能等。这不仅涉及提高能源使用效率，还包括改善工业、交通和建筑等部门的能源利用方式，以减少这些领域的二氧化碳排放，减轻对环境的压力，同时应对全球气候变化。

第二，经济层面。低碳经济要求在实现经济增长的同时，实现碳排放的降低。经济发展不能再以牺牲环境为代价，而应寻求一种可持续的发展路径，如开发和应用低碳技术，推广可再生能源，优化产业结构，以及提倡绿色发展等。

第三，目标层面。低碳经济的最终目标是实现经济发展和生态环境保护的高度统一。这要求政府制定和实施有力的政策措施，引导经济发展向低碳方向转变。

低碳经济发展方式如图5-2所示。

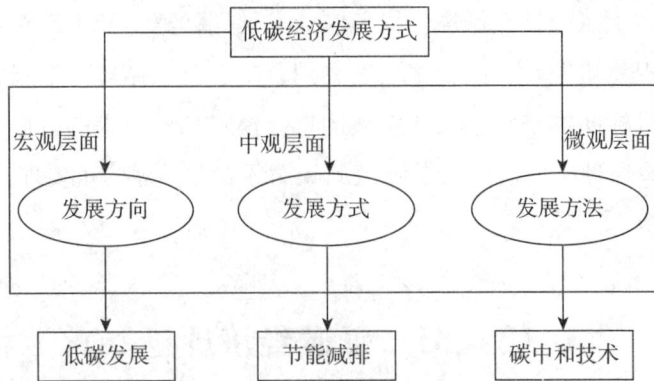

图 5-2　低碳经济发展方式

二、低碳农业的内涵

（一）低碳农业的概念

低碳农业是指在农业生产过程中采取措施大幅减少温室气体排放，特别是二氧化碳排放，建立一种低能耗、低污染、低排放的农业经济体系，同时保障农业产出和提升农业效益。

（二）低碳农业的特点

1. 节能减排

低碳农业强调在农业生产中减少化石能源的使用，降低能源消耗强度，通过改进农业机械、优化耕作制度、提升灌溉和施肥效率等措施减少能源使用和温室气体排放。

2. 资源循环利用

低碳农业鼓励在农业生产过程中实施物质的循环利用，如将农业废弃物如秸秆、畜禽粪便等转化为有机肥料或生物能源，减少化肥和农药的使用，从而降低农业生产对环境的影响。

3. 可再生能源利用

低碳农业倡导使用太阳能、风能、生物质能等可再生能源替代传统的化石能源，减少农业生产对化石能源的依赖。

4. 生态环境保护

低碳农业致力于维护和改善农业生态环境，通过实施生态农业、有机农业等生态友好型农业模式，促进生物多样性保护，维护农业生态平衡。

5. 经济社会效益并重

低碳农业不仅追求环境效益，还注重经济效益和社会效益的提升，通过实现农业生产的绿色转型，促进农民增收和农村经济的可持续发展。

低碳农业是低碳经济理论在农业经济与农业生产领域具体应用的结果。用系统观点看，低碳经济是一个大系统，低碳农业就是低碳经济系统的一个子系统。绿色农业其中一个重要内容就是低碳农业生产，它与低碳经济追求减少能耗，提高能效，降低二氧化碳排放量，保护生态环境，实现经济效益、生态效益、社会效益高效统一，可以说是如出一辙。因此，低碳经济理论为绿色农业发展提供了重要理论基础。

第三节　循环经济理论

一、循环经济的概念与特点

（一）循环经济的概念

循环经济本质上是一种生态经济，是物质闭环流动性经济、资源循环经济的简称，是把清洁生产和废弃物的综合利用融为一体，在自然生态系统中自觉遵守和应用生态规律，通过资源循环利用，实现污染的低排放甚至零排放，以实现社会经济系统和自然生态系统的高度和谐的经济模式。①

---

① 黄和平，陈胜东. 资源环境经济学基础教程 [M].上海：复旦大学出版社，2022：313.

（二）循环经济的特点

1. 物质流动的多重循环性

循环经济要求把经济活动按照自然生态系统的运行规律和模式，组织成一个"资源——产品——再生资源"的物质反复循环流动过程，使整个经济系统以及生产和消费的过程基本上不产生或者产生很少的废弃物，最大限度地追求废弃物的零排放。主要体现在自然资源的低投入、高利用和废弃物的低排放，进而从根本上消除长期以来存在的环境与发展之间的尖锐冲突。

2. 科技的先导性

科技进步作为经济发展的动力，在推动循环经济的实现中起到关键作用。科技的先导性在循环经济中体现为通过科技创新来促进资源效率的提高和环境污染的减少。通过采纳和推广使用无害或低害的新工艺、新技术和新方法，可以在源头上减少资源和能源的消耗，提高生产过程的效率，减少污染物的产生。科技创新还促使循环经济从传统的末端治理转向全过程的污染控制，从而在生产和消费的每一环节实现环境影响的最小化。通过整合和应用先进的科技成果，循环经济不仅能优化资源的使用和提高资源的再生利用率，还能引导产业升级和经济结构的优化，为经济可持续发展提供技术支撑和创新动力。

3. 综合利益的一致性

循环经济强调在获得必要的物质和能量效用的同时，尽可能减少对自然资源的索取，最大化社会和环境的效益。通过合理利用物质资源、优化能量使用、并将废弃物重新纳入生产循环中，循环经济旨在减少对环境的负面影响，同时提高经济系统的效率和生产力。生态效益、经济效益和社会效益实现协调统一，促进资源的可持续利用和社会的长期福祉，实现了从经济增长到质量增长、从量的扩张到质的提升的转变。

4. 全社会参与性

循环经济的实现依赖于全社会的共同参与，为了确保循环经济的有效运作，必须建立一套完善的规则和管理体系，确保各环节和利益相关者协调一致地行动。除了技术创新和企业的自我转型，政府的政策支持、财政投入以及法规制定同样至关重要，能够为循环经济的实施提供必要的外部条件和动力。同时，公众的参与和消费者的支持也是推动循环经济发展的关键因素，通过教育和宣传增强社会各界对循环经济价值和重要性的认识，鼓励和引导更多的社会成员积极参与循环经济的实践。这样，通过各方面的共同努力，循环经济可以实现全社会利益的最大化，为构建可持续发展的社会奠定坚实的基础。

二、循环经济发展的基本原则

循环经济的实现主要有三大基本原则，即减量化（Reduce）、再利用（Reuse）、资源化（Resources）原则，简称"3R"原则，每一原则对循环经济的成功实现是必不可少的。

（一）减量化原则

减量化原则是指在生产和消费过程中尽可能减少资源的使用和废弃物的生成。这一原则鼓励在设计和实施经济活动时，采取有效措施减少原材料和能源的消耗，提高资源利用效率。在生产层面，减量化可以通过优化生产流程、改进工艺技术、采用节能材料和技术以及提高产品设计的环保性和经济性来实现。在消费层面，它鼓励消费者选择更加环保、耐用和可维修的产品，推动消费模式向节约资源和环境友好的方向转变。减量化原则的实施，可以有效降低对自然资源的依赖，减缓资源枯竭的速度，同时也有助于减少环境污染和生态破坏，为经济的可持续发展创造条件。

（二）再利用原则

再利用原则强调对产品和材料的再次使用，延长其使用寿命，减少废物的产生。这一原则不仅适用于消费品的重复使用，还包括在生产过程中对副产品和废弃物的再利用。通过再利用，不仅可以减少新资源的开采和消耗，降低生产成本，还能减少废弃物的处理量和处理成本，从而降低环境污染。再利用还能激发新的商业模式和市场机会，如二手市场、租赁服务和产品返修等，这些都有助于促进经济体系内物资的循环流动和效率提升。实施再利用原则不仅需要企业创新设计和优化生产，还需要消费者和社会大众改变消费习惯，支持和参与再利用实践。

（三）资源化原则

资源化原则强调将废弃物回收并转化为有价值的资源。资源化不仅限于传统的物理回收，如废纸、金属和塑料的回收再加工，也包括有机物的生物转化、能源回收等多种形式。通过资源化，废弃物被赋予了新的生命和价值，减少了资源的浪费，减轻了废物处理的环境负担。同时，资源化还有助于构建闭环的生产和消费模式，减少对原生资源的需求，推动产业升级和绿色低碳经济的发展。为实现资源化原则，需要建立高效的废弃物收集和处理系统，发展回收技术，提高资源回收率和质量，同时也需要法律政策的支持和市场机制的引导。

三、农业循环经济

（一）农业循环经济的概念

农业循环经济是在循环经济原理指导下形成的农业发展模式，旨在构建一个资源利用高效、环境友好、经济可持续的农业系统。农业循环经济要求在农业生产全过程中最大限度地减少对自然资源的依赖和对环境的影响，通过提高资源的使用效率和促进农业废物的循环利用，降低生产过程中的资源消耗和废弃物排放。具体包括改进农业生产方式、优化作物轮作、推广有机农业、实施秸秆和畜禽粪便资源化利用等措施，从而在源头上减少污染，提高农业系统的物质循环能力。

（二）农业循环经济的层次

1. 以农业清洁生产为核心的农产品生产层次

这一层次着重于实现农业生产全过程中的环境友好和资源高效利用，通过采用清洁技术和方法减少农业生产中的污染物排放，实现农业生产的可持续性。具体而言，农业清洁生产要求使用无害或低害的投入品，如生物农药、有机肥料等，以替代传统的化学投入品，减少对环境和人体健康的负面影响。同时，通过改进种植和养殖技术，提高资源利用效率，减少能源和水资源的消耗。此外，农业清洁生产还强调提高农产品的质量，生产安全、健康、符合环保标准的农产品，以满足市场对绿色食品的需求。通过这种生产方式，不仅可以保护和改善农业生态环境，促进农村经济的绿色发展，还能为消费者提供更加健康安全的农产品，实现经济效益、社会效益和环境效益的和谐统一。

2. 以物能互换为核心的农业产业内部循环层次

农业产业内部循环强调在农业系统内部实现物质和能量的互换与再利用，从而形成一个低废物、高效率的生产模式。这一层次主要涉及农业各子系统间的有效链接和资源共享，例如种植业与养殖业的结合、作物残余物的循环利用等。通过立体种植或养殖，如同一块土地同时进行多种作物种植或结合林果业与畜牧业，可以充分利用空间和资源，增加单位面积的产出，并降低环境压力。这种模式优化了资源的配置，提升了生产系统的整体效率和经济回报，同时有助于减少化肥和农药的使用，保护和改善农业生态环境。此外，农业内部物不仅能交换，还有助于增强农业系统的抵抗力和适应力，促进农业可持续发展。

3. 以互利共生为核心的农业产业循环层次

农业产业之间的循环是最常见的，是指在一定空间里将植物栽培和动物养殖按一定方式配置，实现资源共享、功能互补，促进生态平衡和资源的高效利用。例如，稻田养鱼模式不仅能改善水稻的生长条件，提高稻田的产出，还能通过鱼类的活动控制害虫和杂草，而鱼粪也能为稻田提供有机肥料。这种模式不仅增加了农业生产的经济效益，还有助于减少农药和化肥的使用，减轻农业对环境的影响，实现农业生产的环境友好型转变。通过推广这种互利共生的农业模式，可以实现生态与经济效益的双赢，促进农业生态系统的可持续发展。

4. 以能量循环为核心的农产品消费层次

农产品消费层次的能量循环不仅关注农业生产内部的循环，而且扩展到整个社会经济系统，特别是将农产品消费和城乡关系纳入考量。在这一层次上，重点是将农产品消费后产生的有机废弃物如厨余垃圾、农产品加工剩余物等有效回收并利用，再次转化为农业生产的资源，例如，将有机废弃物转化为肥料回用于土地，形成农业生产与消费之间的闭环循环。现代化进程中，由于工业化和城市化加速，城乡间的物质循环链条往往被打断，导致资源利用不充分和环境污染问题加剧。因此，重建城乡间的物质循环通道，实现农产品消费废弃物的资源化和再利用，对于维护生态平衡、推动循环经济发展具有重要意义。

5. 以农业生态产业链网为核心的社会循环层次

农业生态产业链网是指在农业生产及其相关产业之间通过废弃物交换和资源共享建立起来的一种生态循环系统。这一体系覆盖了从原料生产、加工、到最终产品销售和消费的全过程，各环节之间通过资源和信息的流动形成了紧密的相互依赖和协同作用。例如，农业废弃物可以作为加工业或能源生产的原料，而加工副产品又可以回流至农业生产或其他产业领域。通过这种方式，农业生态产业链网不仅能实现资源的高效利用和环境负荷的降低，还能促进农业与其他产业的融合发展，增强经济系统的抗风险能力，实现经济、社会和环境效益的综合提升。在实践中，构建农业生态产业链网需要跨领域的合作、创新的商业模式和政策支持，以促进资源循环和产业协同，形成可持续的发展格局。

上述循环经济理论和农业循环经济的重要内涵是资源的循环利用，实现资源利用最大化，废弃物排放最小化；而绿色农业的一个重要内容也是资源循环利用最大化，废弃物排放最小化。因此，不论从理论还是内容上，循环经济理论均为绿色农业发展提供了重要理论基础。

第四节　可持续发展经济理论

一、可持续发展理论的产生背景

18 世纪中叶，英国引领的第一次工业革命促进了社会生产力的巨大进步。生产力的发展不仅促进了社会生产力方式和经济结构的深刻变革，而且对人与自然关系的变化产生了重大影响。这种影响主要体现在三个方面。一是随着生产力的快速发展和人口的激增，人类对自然资源的需求剧增。二是科技进步提高了人类改造自然、利用自然资源的能力，也加剧了人类活动对自然环境的干预强度。三是工业化过程中未经处理的副产品和废物直接排放到环境中，对土地、水和空气造成了沉重负担，超出了生态系统自我调节的能力，并引发了一系列社会经济问题，进一步威胁到人类社会的发展。全球环境问题的严重性促使国际社会认识到需要新的发展理念。1972 年在斯德哥尔摩举行的联合国人类环境研讨会上，可持续发展的概念被正式讨论。自此以后，各国致力于界定可持续发展的含义，目前被广泛接纳的是：可持续发展是既满足当代人的需求，又不对后代人满足其需求的能力构成危害的发展[①]。

二、可持续发展理论的主要内容

（一）可持续发展理论的基本内容

可持续发展理论主张从侧重经济增长而忽略环境保护的旧模式向综合性发展转变，强调在发展过程中平衡社会、经济、资源和环境的各方面效益；提倡从依赖自然资源的经济模式向依靠技术创新的经济结构转换，通过优化

---

① 许光清. 处于不同发展阶段的城市可持续发展系统分析 [M]. 北京：经济日报出版社，2007：56.

产业结构和空间布局，促进高新技术的应用，推广清洁生产和负责任的消费方式。同时，理论强调提升资源利用效率和减少污染排放，以实现环境与经济发展的和谐。其核心目标是确保今天的发展行为能够满足现代人的需求，而不会损害未来代际满足自身需求的能力，从而保证社会、经济、资源和环境各领域的长期稳健发展。

（二）可持续发展的内涵

可持续发展的内涵主要包括如下几个方面：

第一，可持续发展的核心是可持续，落脚点是发展。与传统的社会发展相比，虽然落脚点都是发展，但可持续发展所强调的发展是指摒弃高能耗、高污染的发展，社会发展应该与生态保护有机结合起来，实现经济的绿色增长。

第二，可持续发展关注资源环境的承载能力。资源环境的承载能力是有限的，如果超出了资源环境的承载能力，可能会造成不可逆的损害，所以应降低社会发展对自然资源的耗竭速率（低于可再生资源的再生速率），推广清洁工艺和可持续的消费方式。

第三，可持续发展问题的根源在于资源配置的方式是否具有可持续性。它既包括代际内的区域间的资源分配，又包括代际时间序列上的资源分配。从全球范围看，不同国家的经济发展阶段是有区别的，国家内部也存在发达地区和落后地区的差别。在资源配置时，需要特别考虑后进地区的基本需求。

第四，实现人类与自然的和谐发展是可持续发展的目标之一。自然环境是人类发展的基础和保障，如果自然环境遭到破坏，那人类也便失去了发展的基础和保障，所以人类在追求发展的同时，也要做到与自然和谐相处。

第五，可持续发展的实现需要公众的参与。要想实现可持续发展，不能只依靠某个人或某些人，而是要依靠公众，即用可持续发展的思想改变人们传统的不可持续发展的思维方式，并用可持续发展思想指导人们的生产生活，构建普遍参与的物质文明、生态文明和精神文明的社会秩序与社会风尚，最终在公众的参与中实现可持续发展。

三、与可持续发展有关的主要因素

（一）人口因素

人口指居住在一定地区的人的总和。就社会发展而言，人口体现出了明显的双重作用：一定数量和质量的人口可促进社会的发展，但人口增长过快、人口结构不合理、人口素质低却会在一定程度上阻碍社会的发展。因此，要实现可持续的发展，人口因素是一个不可忽视的因素。

1. 调控人口数量

对于一个地区而言，都存在有限人口总量，即一个地区在不降低未来发展能力的基础上，可以承载的最大人口总量。超过人口总量，地区的可持续发展便会受到影响。人口总量过少，也会影响该地区的可持续发展，因为在地区发展中，人才是核心，如果缺乏足够的人才支撑，可持续发展同样难以实现。因此，需要对一个地区的人口数量进行调控，使该地区的人口数量不超过有限人口总量，同时又可以支撑地区发展对人才的需求。

2. 调整人口结构

人口结构指人口的各种比例关系和组合状况。人口结构的合理与否也在很大程度上影响着地区的可持续发展，因此人口结构的调整也非常有必要。人口结构调整包括人口年龄结构调整、人口地区结构调整和人口城乡结构调整。人口年龄结构指各年龄段人口在全部人口中所占的比例，如果人口结构偏向老龄化，容易引起劳动力供给、社会保险等一系列的问题，所以在控制人口数量的过程中，要具有长远的眼光，最大限度避免人口老龄化。人口地区结构指一定时期内人口的空间集聚情况。如果人口分布不均衡，容易导致经济发展的不平衡，这不符合可持续发展理念，因此应采取一系列调整措施，使人口地区结构趋于合理。人口城乡结构指人口在城市和乡村的分布情况。从世界范围来看，随着现代工业的发展，人口从乡村到城市流动的速度越来越快，这虽然促进了城市的繁荣，但拉大了城乡的差距，进而导致了一系列的问题。不可否认，城镇化是国家发展过程中的一条必经之路，但当城镇化发展到一定程度时，应改变路线，走城乡统筹发展之路，对于一些城乡人口结构不合理的地区，也应采取必要的调整措施。

3. 提高人口素质

人口素质也是影响城市可持续发展的一个重要因素。影响人口素质的因素有很多，包括教育、社会宣传、社会引导等。其中，教育的影响因素最为突出，因此，要提高人口素质，首先需要做的就是增加教育投入，使教育得以进一步普及。需要注意的是，这里所指的教育不只限于学校教育，还包括成人教育、远程教育、在职人员的再教育等。

（二）环境因素

环境是相对于中心事物而言的，所以中心事物的不同，会导致环境的不同。此处所说的环境指以人类为中心的外部环境，包括自然环境和社会环境，它是人类赖以生存和发展的物质条件的综合体，在人类的可持续发展中发挥着重要的作用。

1. 环境容量

环境容量是指在人类生存和自然生态不遭受损害的前提下，某一环境所能容纳的污染物的最大负荷量。通常情况下，环境容量越大，可容纳的污染物越多，反之，则越少。一般来说，一个特定的环境（如一个城市）对污染物的容量是有限的，当超出限度之后，环境便会遭到损害，甚至可能会对环境造成不可逆的影响，这不符合可持续发展的理念。因此，污染物的排放必须考虑环境容量，如果超出环境容量，便需要立即采取措施，如减少污染物排放量、降低排放浓度、增加污染物处理措施等。

2. 正确处理发展与环境的关系

从唯物辩证法的角度去看，发展与环境二者之间既是相互对立、相互矛盾，也是相互依存、相互统一、相互促进的。一方面，在一定的条件下，经济发展会导致环境问题，而当环境问题积累到一定程度之后，便会反过来阻碍经济的发展。对于发展与环境的对立关系，人们早期的认识更多指向的是发展对环境所造成的负面作用，现在，我们同样要关注环境问题对发展所产生的消极作用。另一方面，发展与环境又是可以有机统一的。环境是社会发展的基础，没有环境的支持，社会发展便无从谈起。与此同时，社会发展有时不可避免地会带来环境问题，但随着社会的发展，人类解决环境问题的能力也得到了提升，而环境问题的解决使得环境能够继续支撑社会的发展。因此，我们应辩证地看待发展与环境的关系，既要看到二者的矛盾点，也要看到二者的统一点，并从中采取适当的政策，从而在发展与环境的对立中谋求二者的协调统一。

在正确认识发展与环境辩证关系的基础上，还需要将其落实在实际的行动中，真正做到发展与环境相协调，最终实现社会效益、环境效益和经济效益的统一。第一，环境保护的要求和标准不仅要考虑到人体健康和生态条件的基本需要，还要适应国家在一定时期内财力、物力和技术支持的能力。环境保护的要求只能随着国家经济、社会的发展而不断地提高。环境保护的要求和标准应该是促进经济、社会健全发展的保证，而不是束缚和阻止发展的桎梏。第二，经济、社会发展必须兼顾环境保护的要求，在发展的同时采取相应措施，使一切经济、社会发展都符合环境保护的要求。不能以牺牲环境为代价去实现发展的目标，要正确地把局部利益与整体利益结合起来，把眼前利益与长远利益结合起来。第三，要实现环境效益、经济效益、社会效益的统一，关键在于把环境保护真正纳入国民经济和社会发展规划中去。[1]

（三）资源因素

资源是社会发展的基本要素，主要包括自然资源、人力资源和技术资源三大资源。本书中只针对自然资源进行论述。

由于人口的迅速增长，人类消费方式的改变，对自然资源的需求不断增长，这种需求不仅体现在数量上，还体现在种类上。但地球能够为人类提供的自然资源并不是无穷无尽的，所以如何可持续性地利用自然资源是人类必须思考的一个问题。什么是自然资源的可持续利用？笔者认为是指在人类现有认识水平可预知的时期内，在保证经济发展对自然资源需求满足的基础

---

① 曲格平.我们需要一场变革 [M].长春：吉林人民出版社，1997：37.

上，能够保持或延长自然资源生产使用性和自然资源基础完整性的利用方式。具体而言，主要体现在如下几个方面：

第一，自然资源的可持续利用不单单指自然资源的使用，还包括自然资源的开发、管理和保护。

第二，虽然自然资源的可持续利用应以满足经济发展对自然资源的需求为前提，但这个前提并不是必要条件，如果二者之间产生较大的矛盾，经济发展应为自然资源保护让步，以满足后代人生产和生活的需要。

第三，自然资源可持续利用的一个重要体现是自然资源生态质量得到保持，甚至得到提高。

第四，不能将自然资源的可持续利用简单地看成一个经济问题，它是一个经济、社会、文化、技术的综合概念，所以需要从经济、社会、文化、技术等诸多方面进行综合性分析评价。对于有利于自然资源可持续利用的部分，要继续保持，对于不利于自然资源可持续利用的部分，则需要进行变革，以使其有利于自然资源的可持续利用。

（四）技术因素

技术在可持续发展中也起着关键性的影响作用，很多在当时看似无法解决的发展问题，随着技术的发展，都得到了一定程度上的解决。当然，技术是一把双刃剑，怎样利用好这把双刃剑，是人类需要思考的一个问题。

1.技术的双重作用

技术是指人类为了满足一定的社会需要，在总结实践经验和运用科学原理的基础上，创造性地用以控制、改造、利用自然的系统知识和手段，如污染物处理技术、发电技术、医疗技术等。技术是社会生产力的重要组成部分，在很大程度上体现着一个地区或国家的发展水平。在很长一段时间内，人类对技术的认知更多集中在技术对社会发展的促进作用。比如，技术的发展提高了资源开采的效率，提高了产品生产的效率。而随着人类对技术认识的不断加深，随着人类对环境问题的不断关注，人类也逐渐认识到了技术所产生的负面影响，如加速了资源的耗竭，加重了环境的破坏和污染。但是，有一点是不可忽视的，那就是技术的发展也有助于包括环境问题在内的诸多问题的解决。此外，在正确认识技术双重作用的基础上，还需要大力发展绿色技术，这对于人类的可持续发展也具有非常重要的意义。

2. 绿色技术助力可持续发展

绿色技术是指能降低消耗、减少污染和改善生态的技术体系。非绿色科学技术往往以效率为第一要义，而过分地追求效率，便容易导致一些环境问题。与非绿色科学技术相比，绿色技术以追求人与自然的和谐发展为目的。比如，在资源开发方面，绿色技术不仅关注资源开发的效率，同时还关注对资源周围环境的保护，以实现资源的可持续利用。再如，在生产方面，绿色科技指向的是清洁生产技术、生态农业技术等有利于环境保护的生产技术。绿色技术的发展不仅有助于解决人与自然的矛盾，促进人与自然的和谐发展，而且还有助于解决技术自身发展的矛盾，形成新的技术进步机制，优化技术发展方向。目前，人类在绿色技术方面已经取得了一定的成果，绿色技术的生态化作用也日益凸显。未来，随着绿色技术的进一步发展，其将会在人类的可持续发展中发挥更大的作用。

四、农业可持续发展

（一）农业可持续发展的特征

农业可持续发展的特征如图 5-3 所示。

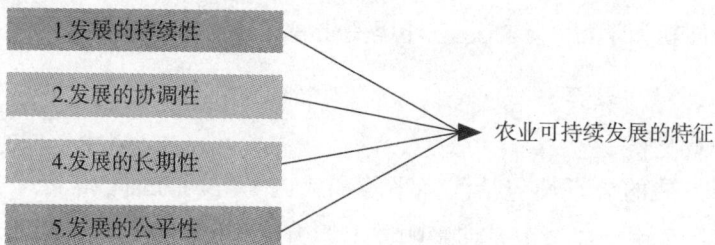

图 5-3　农业可持续发展的特征

1. 发展的持续性

农业发展要有持久永续性，不能超过资源环境的承载能力，这种发展既要满足当代人的需要，又不要对后代人的需要构成危害，不能单纯为了维护农业生态环境和自然资源，而牺牲农业经济的增长和农业生产力的提高。

2. 发展的协调性

农业是一个开放系统，与自然环境、社会经济及文化等多个系统紧密相连，其可持续发展必须在这些系统间实现协调。农业发展不仅要考虑经济效益，还需要考量生态环境保护和社会发展的需要，确保这三者之间达到平衡。具体而言，农业生产应采用环境友好型技术，减少对自然资源的过度开采和污染，同时也应考虑到农业发展对社会结构和文化传统的影响。此外，农业的发展还应与其他行业相协调，促进经济结构的优化升级。在全球化的背景下，农业发展还需要在国际层面上实现协调，通过国际合作和贸易公平，共同促进全球农业的可持续发展。

3. 发展的长期性

可持续农业不是短期内可以实现的目标，而是一个漫长并且复杂的过程。这个过程要求在社会、经济和生态三个层面上达成长期的和谐与统一，这在实践中面临众多挑战。例如，为了实现长期的生态平衡，可能需要牺牲短期的经济利益；反之，追求短期的经济增长也可能会对环境造成不可逆的损害。因此，实现农业的可持续发展需要科学规划和长期坚持，同时也需要政策、技术和社会观念的适时调整和协同进步。此外，农业可持续发展还需要持续的创新和学习，不断适应环境变化和社会需求，确保长期发展的动力和活力。

4. 发展的公平性

农业发展的公平性包括代际平等和代内平等两方面。代际平等强调在农业发展过程中，应考虑长期影响，不能为了当代的利益牺牲未来代际的福祉，确保未来代际也能享受同等的自然资源和环境质量。这要求农业发展策略不能仅仅基于短期经济收益，而应注重长期的生态可持续性和资源的可再生性。代内平等则要求农业发展成果在空间和社会各个层面上公平分配，无论是国内还是国际层面，都应促进公平合理的资源分配和利益共享。这意味着，农业政策应兼顾不同地区、不同群体的利益，防止因发展不平衡导致的社会问题，同时在国际交流与合作中，推动公正的贸易和技术交流，以实现全球范围内的农业可持续发展。

（二）农业可持续发展的目标

1. 经济可持续性

农业的经济可持续性目标强调在保证长期稳定的经济增长的同时，实现农业生产效率的最优化和农业经济结构的合理化。经济可持续性不单纯追求短期内的产出和利益最大化，而是注重农业增产增效与资源环境保护之间的平衡，确保农业经济的稳健发展能够跨代传承。这意味着提升农业生产的技术水平，提高资源利用效率，减少生产过程中的浪费，并且通过加工和市场等环节增加附加值，从而提高农民的收入和生活水平。此外，经济可持续性还涉及提高农业产品的市场竞争力，农业经济体的抗风险能力，促进农业发展与其他经济部门之间协调，共同构建一个稳定、高效、公正的农业经济体系。

2. 生态可持续性

生态可持续性主要关注农业活动对生态系统的影响，旨在实现农业生产与自然环境之间的和谐共生。这要求农业生产过程中要最大限度地减少对生态环境的破坏，如减少化肥和农药的使用，防止土地退化和水资源过度开采，保护生物多样性等。通过实施生态农业、有机农业等可持续农业模式，促进农业生态系统的健康与稳定，从而保障自然资源的持续供给和生态服务的功能。生态可持续性不仅有助于改善农业生产环境，提高农业生产的质量和安全性，还对维护全球生态平衡、应对气候变化等具有重要意义。

3. 社会可持续性

社会可持续性是指社会公平、社会凝聚、社会参与。农业发展过程中要保障农民的权益，提高其参与农业决策的能力，使得他们从农业发展中获得公正的回报。同时，社会可持续性还涉及保护传统农业文化、知识和技术，鼓励地方特色和多样性的保持，为农业发展提供独特的社会和文化基础。通过实现社会可持续性，农业不仅能促进社会经济的全面发展，还能增强社会的凝聚力和文化认同感。

基于对农业可持续发展理论的分析，可以发现，绿色农业与可持续农业一样追求农业的可持续发展，追求农业资源的可持续利用，满足人类生活对农产品的持续需求和安全需要，建设和谐社会。因此，农业可持续发展理论是绿色农业的重要理论依据。

第六章 绿色农业发展的实践路径

第一节 构建绿色农业政策体系

一、农业政策的概念及特点

（一）农业政策的概念

农业政策指的是政府为指导、调控和支持农业发展，确保粮食安全，提高农业竞争力，促进农村经济社会发展而制定和实施的法律法规、规章和具体措施。一般而言，农业政策从属于经济政策，是国民经济政策的重要组成部分，可以说是部门经济政策。由于农业与农民和农村的密切关系，农业政策一般也涉及农业和农村的其他领域，如农业环境政策和农业社会政策已远超农业本身的范畴。

（二）农业政策的特点

1. 多元性

农业政策的多元性表现在政策内容的广泛性和涉及领域的多样性。农业政策不仅关注农业生产本身，如种植、养殖、渔业等，还涵盖了农产品加工、市场流通、出口贸易、农业科技支持等多个环节。此外，农业政策还需要考虑农业与环境保护、资源管理、农村社会发展等方面的关联，实现农业多功能性的有效发挥。因此，制定和实施农业政策需要跨部门合作，协调各种利益关系，确保政策的全面性和协调性。

2. 动态性

农业是一个受自然条件、市场需求、科技进步等多重因素影响的复杂系统，这些因素随时间变化而变化，农业政策也需要随之调整以适应新的发展要求。例如，随着市场经济的发展、全球化的深入以及气候变化的影响，农业政策需不断更新以应对这些变化，促进农业的可持续发展。

3. 目标导向性

农业政策通常具有明确的目标导向性，旨在实现农业发展的特定目标，如增加农民收入、保障粮食安全、促进农业可持续发展、保护农业生态环境等。为达到这些目标，农业政策会设定具体的政策措施和支持手段，如提供财政补贴、技术推广、市场调控、教育培训等。同时，这些目标也需要与国家的经济社会发展目标相协调，确保农业政策既符合国家宏观政策的指导，又能有效解决农业和农村发展中的实际问题。

4. 相对独立性

农业的特点决定了农业政策本身是一个多层次、多方面的政策体系，具有相对的独立性和完整性。在制定和实施农业政策过程中，要具有系统思想和整体观念，做到农业政策系统的各个方面协调配套，不得偏废。

二、绿色农业政策及其目标

（一）绿色农业政策的概念

绿色农业政策是指政府为了实现社会、经济及绿色农业发展目标，对绿色农业发展过程中的重要方面及环节所采取的一系列有计划的措施和行动准则的总称。其主要目标是保障绿色农业经济生产和再生产的顺利进行。

（二）绿色农业政策的目标

1. 绿色农业资源利用目标

绿色农业资源利用目标关注于自然资源的可持续开发和利用，确保农业生产与自然生态系统的和谐共存。实现这一目标意味着要在增强农业生产力的同时，保护和改善农业生态环境，防止土地退化、水资源过度开发和生物多样性丧失。这要求农业生产不仅要注重产量和效益，而且要提高资源使用的效率和经济效益，通过合理规划和科学管理，实现水、土地、气候等自然资源的充分而有效利用，同时减少农业生产对环境的负面影响，保障资源的长期可用性。

2 绿色农业科技进步成果应用目标

绿色农业科技进步成果应用目标强调利用现代科技手段提高农业生产的智能化、精准化水平，减少农药化肥的使用，促进生态农业和有机农业的发展。通过引进和推广绿色农业相关的先进技术和方法，如生物技术、信息技术和新材料技术，农业可以实现资源高效利用、生产过程环境友好、产品安全健康。此外，这一目标还鼓励开展绿色农业领域的科研活动，加强科研成果转化，提升农业整体的技术水平和国际竞争力，从而为农业可持续发展提供坚实的技术支撑。

3. 绿色农业产业化目标

绿色农业产业化目标旨在通过改革和调整制度安排，以促进绿色农业的微观生产经营和宏观运营组织之间的有效对接，构建一个高效、协调的绿色农业产业体系。这包括创新绿色农业的生产经营模式，例如推广合作社、家庭农场、企业化管理等新型经营主体，以及完善绿色农业的产销对接机制，提高产品的附加值。绿色农业产业化经营的目标还包括通过技术创新和品牌建设，提升绿色农业产品的市场认知度和消费者信任，从而拓宽市场渠道和增加经济收益。

4. 绿色农业竞争能力不断提高目标

绿色农业的竞争力提升目标集中于建立一个有效的市场运作和经营体系，增强绿色农业在国内外市场的竞争能力。这要求绿色农业不仅要在生产效率和产品质量上具有优势，还需要具备良好的市场敏感度和适应能力，能够应对市场变化和消费者需求的多样性。提高绿色农业的竞争力还包括加强国际合作和交流，掌握国际市场准入标准，使绿色农产品能够进入更广阔的市场空间。同时，绿色农业还应在科技创新、品牌建设、质量安全管理等方面下功夫，以提升整体竞争力，吸引更多的资本和资源，实现绿色农业的健康发展和市场占有率的提高。

三、绿色农业政策体系的构建

（一）绿色农业政策体系构建的原则

绿色农业政策体系的构建应遵循以下原则，如图 6-1 所示。

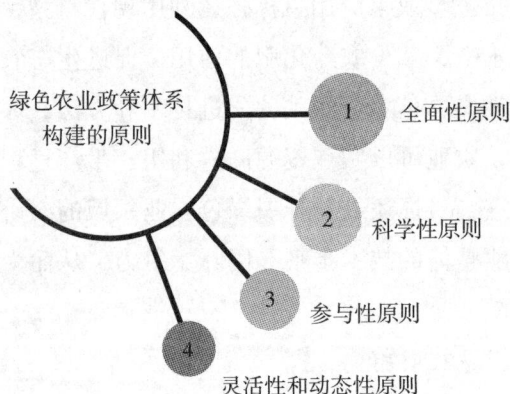

图 6-1　绿色农业政策体系构建的原则

1. 全面性原则

绿色农业政策体系的全面性原则强调政策需要综合考虑农业生产的全过程和所有相关方面，以确保在整个农业系统中实现可持续发展。绿色农业政策不仅要关注农业生产的直接活动，如种植和养殖，而且还要涉及加工、销售、消费等环节，以及农业生产对环境、经济和社会的广泛影响。此外，全面性原则还要求考虑到不同地区的农业特点和发展水平，制定差异化的策略和措施，确保政策的普遍适用性和有效性，实现经济、环境和社会效益的综合提升。

2. 科学性原则

科学性原则要求绿色农业政策的制定和实施基于充分的科学研究、数据支持和实践验证，确保政策决策具有坚实的理论和实证基础。在政策制定过程中，需要深入分析绿色农业的发展现状、面临的问题和挑战，以及科技进步对农业的潜在影响，确保政策措施既符合农业发展的规律，又能有效应对实际问题。科学性原则也要求对政策的实施效果进行定期评估和科学分析，以监测政策的实际影响，及时调整和优化政策措施，确保绿色农业政策的有效性和前瞻性，从而促进农业的科学发展和技术进步。

3. 参与性原则

政策制定是一个开放、包容的过程，应鼓励农民、农业企业、消费者、科研机构和非政府组织等各方积极参与。通过这种方式，可以使得政策措施更加贴近农业生产的实际，更好地满足市场和社会需求，同时增强各方对绿色农业政策的认同感和参与度。参与性原则还意味着政策制定者应采用更加透明和民主的方式，公开政策讨论和决策过程，收集和考虑各方的意见和建议。这样不仅可以提高政策的透明度和公信力，还有助于发现和解决政策制定中可能忽视的问题，使得政策更加全面和有效。通过促进多方参与，绿色农业政策也能够更好地促进社会共识，形成支持绿色农业发展的强大合力。

4. 灵活性和动态性原则

政策应能够及时适应外部环境的变化，包括经济社会发展、科技进步、市场需求变化和环境条件等。这要求政策制定者要保持高度的警觉性和前瞻性，对政策进行定期的评估和必要的调整，确保政策始终反映当前的挑战和机遇。灵活性意味着绿色农业政策在实施过程中能够根据不同地区、不同类型农业生产的具体情况做出适应性调整，避免"一刀切"的做法。而动态性则要求政策能够随着时间的推移而演进，及时吸纳新的科研成果、技术创新和实践经验，以保持其有效性和前瞻性。

（二）绿色农业政策体系的构建思路

1. 绿色农业产业结构政策

绿色农业产业结构政策旨在通过优化农业产业结构来推进农业的绿色化转型，促进可持续发展。具体包括以下四方面内容：

（1）绿色农业种植业结构政策。绿色农业种植业结构政策着重于调整和优化种植结构，确保粮食安全的同时推动经济作物和其他作物的发展。一是稳定并提高粮食生产的质量和效率，优化粮食品种结构，增加优质粮食的产量。二是鼓励发展特色经济作物和设施农业，如大棚蔬菜、设施水果，以提升农业的经济效益和市场竞争力。三是推广有机耕作和生物技术，减少化肥农药的使用，发展无公害、绿色、有机农产品，以实现种植业的可持续发展。

（2）绿色农业林业结构政策。绿色农业林业结构政策旨在提高森林覆盖率，促进林业的可持续发展。一是通过加大植树造林的力度，改善森林生态系统，同时也要重视经济林、用材林和特用林等多功能林木的开发与利用。二是鼓励多样化林业经营模式，如生态旅游、林下经济，以增强林业的综合效益。三是通过建立科学的采伐与更新制度，保护森林资源，实现林业的可持续经营。四是倡导林产品的深加工和高值化，增加林农收入，促进农村经济发展。

（3）绿色农业畜牧业结构政策。绿色农业畜牧业结构政策应关注提高畜牧业效率和产品质量，同时减少对环境的影响。一是大力发展高效转化率的畜禽品种，如食草牲畜，优化饲养结构，减少对粮食的直接消耗。二是鼓励区域特色畜牧业的发展，如牧草养殖、生态养殖等，推广良好的养殖管理和健康养殖模式。三是通过加强畜产品的加工和质量控制，提高畜产品的市场竞争力，促进畜牧业与其他农业部门的良性互动，支持畜牧业全产业链的可持续发展。

（4）绿色农业渔业结构政策。绿色农业渔业结构政策聚焦于保护水生资源和推动渔业的可持续发展。一是鼓励合理开发利用水域资源，保护渔业生态环境，推广环保养殖技术和方法。二是鼓励发展生态渔业和循环渔业，如发展稻田养鱼和生态养殖模式，减少对野生渔业资源的依赖。三是稳定近海捕捞，加强保护近海渔业资源，完善休渔制度，严格控制捕捞强度，减少捕捞量。四是大力发展远洋渔业，不断扩大国外作业海域，加强国际渔业合作。五是大力发展水产品的精加工、深加工和综合利用，重点抓好大宗水产品的保质和低值水产品的深加工，提高水产品质量和附加值。

2. 绿色农业资金政策

（1）保持绿色农业投资政策的系统性和稳定性。政府要对现行的绿色农业投资政策进行重新梳理整合，在制定新的绿色农业政策时，要做到彼此呼应、前后衔接，使整个绿色农业投资政策形成一个可行的完备体系。要想把政策体系长期稳定下来，减少其随意性和波动性，进而避免绿色农业投资的政策性波动，最好的办法便是绿色农业政策法律化。例如，出台《绿色农业投资法》，将中央和地方政府在绿色农业投资方面各自所具有的权限以及应承担的责任，用法律的形式固定下来，规范各级政府的投资管理活动，确认政策性金融机构的投资权益，从而建立起一整套保障绿色农业投资长期稳定的长效机制。

（2）加大政府财政支持绿色农业发展的力度，明确资金投入的重点。政府财政支持在绿色农业发展中起到至关重要的作用，它不仅提供了必要的资金保障，也体现了政府对绿色农业发展的重视程度和政策导向。通过增加财政投入，政府能够激励更多的农业生产者参与绿色农业实践，同时促进绿色农业技术的研发和推广。明确资金投入的重点，这意味着需要将有限的财政资源集中投向绿色农业中最为关键和效益最大的领域，如绿色种植、生态畜牧、资源循环利用、农业废弃物处理、农业水资源管理、土壤保护、农业生物多样性保护等。在这些领域加大投入，可以有效促进绿色农业技术的应用和推广，提高农业生产的环境友好性和资源使用效率。

为了使政府财政支持达到预期的效果，需要建立一套科学合理的资金管理和监督机制，明确资金使用的规则和标准，建立项目评审和资金分配的透明机制，确保资金专款专用，严格防止资金的挪用和浪费。同时，还需要建立项目的跟踪评估和效果反馈系统，定期评估财政支持项目的实施效果，根据评估结果调整和优化资金投入方向和策略，确保政府财政支持能够有效促进绿色农业的发展。

（3）建立和完善农村金融体制，拓宽绿色农业融资渠道。一是鼓励金融机构创新金融产品和服务。绿色农业发展的投资需求和风险特征要求金融机构创新特定的金融产品和服务，为绿色农业项目提供低息贷款、绿色信贷、保险产品以及风险投资。例如，为支持生态农业、有机农业的发展，金融机构可以推出与这些项目相匹配的长期贷款产品，或为减轻自然灾害可能带来的风险，提供专门的保险产品。二是促进多元化融资渠道的发展。除了传统的银行贷款外，绿色农业的融资渠道应该更加多元化，如引入私人资本、鼓励公私伙伴关系（PPP）模式、吸引国内外绿色投资基金等。这不仅能够增加绿色农业的资金来源，还能提高资金使用的效率和效益。三是强化金融服务的覆盖面和可达性。在偏远农村地区，金融服务的不足会严重阻碍绿色农业的发展。因此，需要加强农村金融机构的服务网络，利用数字金融技术提高金融服务的普及率和便捷性，使得绿色农业项目能够得到必要的资金支持。

3. 绿色农业农产品及对外贸易政策

（1）调整绿色农产品进出口贸易措施

①建立符合国际规则的绿色农产品质量标准体系。国家应参照国际先进的质量管理和标准制定体系，结合本国实际情况，制定全面、科学、具有操作性的绿色农产品质量标准体系，提升本国农产品的国际竞争力。

②加强动植物检疫工作。加强动植物检疫工作对于保护国内外生态环境、保障农业生产安全、维护人民健康具有重要意义。具体措施可以从五个方面展开：一是改革检疫体制，实现国内外检疫的有机结合。二是不断提高检疫装备水平和检疫技术，引进先进设备，增加检疫设施，提升检疫效率和准确性。三是加强检疫人员的培训，提高其专业素质和应对突发疫情的能力。四是加大检疫信息的公开和宣传力度，提升公众对于动植物检疫重要性的认知，促进全社会共同参与绿色农业的保护工作。五是加强国内外疫情的监测和信息共享，及时发现并应对跨国疫情，有效防控病害的传播。

③完善绿色农业生物技术安全管理法律制度。绿色农业中生物技术的应用日益增多，尤其是转基因技术的使用，这要求我们建立和完善相应的安全管理法律法规，促进这些技术的安全应用。第一，建立和完善生物技术安全

管理的法律法规体系，对转基因产品的研发、生产、销售、使用和监督等各个环节进行全面规范。第二，严格执行转基因产品的生产许可登记制度，所有欲投放市场的转基因产品都需经过严格的审查和登记，确保其安全性和有效性。第三，严格执行转基因食品的销售标志制度，这不仅有助于保障消费者的知情权，也有利于增强消费者对绿色农业产品的信任和接受度。

④进一步规范进出口秩序，严厉打击走私。一是要确立明确、透明的进出口政策，为绿色农产品的国际贸易提供稳定可预见的政策环境。二是加强海关、边境管理等相关部门的协同合作，利用技术手段提高监控和检查效率，对走私活动实施严厉打击，对违法者施以严厉的法律制裁。

（2）扩大优势绿色农产品的出口

①提高绿色农产品质量，增强其竞争力。绿色农产品以其环保、健康的特点受到越来越多消费者的青睐，因此提升质量不仅是满足国际市场需求的必要条件，也是实现农产品价值增值的有效途径。这要求：第一，从源头做起，从种植、养殖的每一个环节入手，实施严格的绿色农产品质量控制和标准化生产。第二，加强农产品的品牌建设。建立具有国际影响力的品牌，通过品牌效应提升产品附加值，同时也能更好地传递绿色农业的理念。第三，利用现代信息技术，比如区块链技术来追踪产品的生产和流通过程，提高产品的透明度和可追溯性，有效提高绿色农产品的市场竞争力。

②改革绿色农产品的出口体制。打破少数外贸公司垄断出口的格局，促进市场的公平竞争，提高绿色农产品出口的效率和灵活性。适当放开粮棉等重要农产品的出口经营权，鼓励更多的企业参与国际贸易，增强整个行业的竞争力和抗风险能力，促进出口产品多样化，提高我国农产品在国际市场上的议价能力。

③建立出口市场信息网络。出口市场信息网络可以为出口企业提供实时的国际市场信息、各国国内产品市场情况、进口标准以及法律法规等重要信息。通过这些信息，企业能够更好地制定市场策略，及时调整出口方向和产品结构，以应对国际市场的变化。此外，出口市场信息网络还可以作为国内外企业之间的交流平台，促进经验分享和合作机会，进一步提升绿色农产品的国际竞争力。

④加强双边和多边合作与谈判。加强与主要贸易伙伴的沟通，了解彼此的市场需求和监管政策，减少因认知差异导致的贸易摩擦。积极参与国际组织和多国谈判，在更广泛的范围内促进对绿色农产品的贸易规则制定，为我国农产品出口创造公平的国际环境。

4. 绿色农业支持政策

（1）强化对绿色农业的投入支持。强化对绿色农业的投入支持可以从以下几方面入手：

第一，进一步加大对绿色农业基础设施建设、绿色农业科研教育和技术推广、绿色农产品质量标准和市场信息等服务体系建设的支持力度，改善生产条件，提高绿色农业综合生产能力。

第二，建立健全绿色农业结构调整支持体系，解决我国农业进入新阶段和参与国际化进程后，结构性矛盾日益突出、市场竞争力下降的矛盾，支持绿色农业产业化经营，促进绿色农产品加工业发展。

第三，结合目前国家西部大开发战略的实施，以生态环境建设为中心，加大农村能源和绿色农业示范工程建设的投资力度，合理开发利用自然资源，保护生态环境，促进绿色农业可持续发展。

（2）建立健全绿色农产品价格支持体系。绿色农产品价格支持体系可以通过提供最低价格保证、奖励补贴或价格补差等机制，促进农民生产绿色农产品的积极性。由于绿色农产品往往需要更高的生产成本和更严格的标准，因此价格支持能够帮助农民覆盖额外的成本，并使得他们从绿色农业实践中获得合理的收益。

（3）建立绿色农业收入支持体系。许多国家在对农业提供价格支持和投入补贴的同时，还通过建立农业收入支持体系来稳定农业生产者收入。我国也可以通过成立政策性绿色农业保险机构，向绿色农业生产者提供保险。政府需要为绿色农业保险提供保费补贴，使农民能够负担得起保险费用。在这样的支持体系下，农民可以更有信心地从事绿色农业，促进农业的长期可持续发展。

第二节 加快绿色农业科技创新

绿色农业是一种新型的现代农业体系，其发展必然离不开科技创新，科技创新是推进绿色农业发展的动力源泉，是绿色农业发展的重要支撑和保障。

一、绿色农业科技创新的作用

第一，绿色农业科技创新能够建立合理的资源配置机制，有效提升资源的使用效率和生产率，从而促进绿色农业的发展。科技创新的不同类型适应不同的资源禀赋条件，可以有效地促进资源配置效率的提高。科技创新可分为四种类型，即节约资本的科技创新、节约劳动的科技创新、节约土地的科技创新和中性科技创新。节约资本的科技创新可以减少农业生产对昂贵设备和资本投入的依赖，通过改进技术和管理方法来提高资本的使用效率；节约劳动的科技创新，如自动化和智能化技术的应用，不仅能够减少人力需求，还能提高劳动生产率，在劳动力成本高的地区尤为重要；节约土地的科技创新通过提高单位面积的产出来实现土地资源的高效利用，如精准农业和改良作物种植技术，有助于在有限土地上获得更高的收益；中性科技创新在不特别偏向任何一种资源节约的同时，提高整体的生产效率。通过这些创新，绿色农业能够在资源有限的约束下最大化产出，同时减少对环境的负面影响，实现长期发展。

第二，绿色农业科技创新可以在一定程度上提高绿色农业比较利益水平，从而诱导更多的资源投入绿色农业中，为其持续发展奠定坚实的基础。绿色农业科技创新可以增加农业生产的边际产出，降低边际成本，使得绿色农业相对于传统农业具有更高的比较利益，这种利益的提升能够吸引更多的投资进入绿色农业领域。例如，当农民认识到采用新技术能够提高作物产量并减少化肥农药的使用时，他们更愿意投资于这些创新技术。随着绿色农业科技创新的深入，不断增加的投入在提高农业生产效率和生态环境保护方面形成了正向反馈，从而为绿色农业的持续发展创造了有利条件。

第三，绿色农业科技创新是实现绿色农业生产结构变革的主要动力，有效推进了绿色农业的发展进程。在现代农业生产体系中，科学技术广泛融入农业生产的每一个环节，极大地促进了农村生产力的发展。随着科技创新的不断涌现，绿色农业科学技术迅速转化为现实生产力，绿色农业生产企业的出现，使得传统的农业产业企业相对地萎缩和改组，农业经济结构发生变化，绿色农业可获得更广阔的发展空间。

二、绿色农业科技创新体系建设的原则

绿色农业科技创新体系的建设应遵循以下原则，如图 6-2 所示。

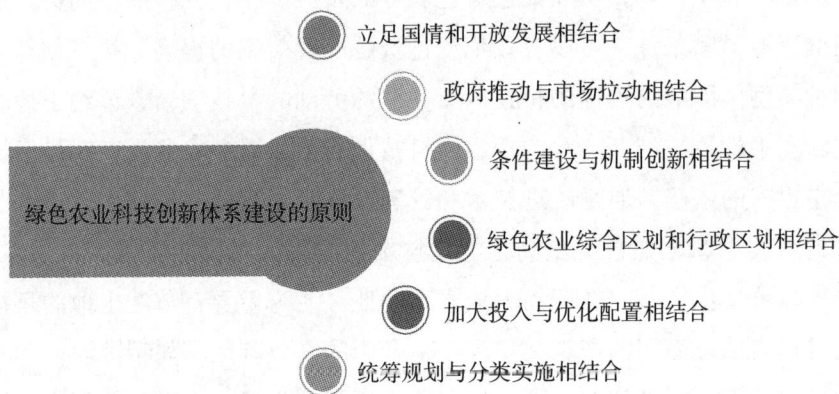

立足国情和开放发展相结合

政府推动与市场拉动相结合

条件建设与机制创新相结合

绿色农业科技创新体系建设的原则

绿色农业综合区划和行政区划相结合

加大投入与优化配置相结合

统筹规划与分类实施相结合

图 6-2　绿色农业科技创新体系建设的原则

（一）立足国情和开放发展相结合

在推进绿色农业科技创新时，既要重视吸收和借鉴国际上的成功经验，又不能简单模仿外国模式，必须将这些经验与本国实际情况相结合，使得科技创新既符合国际趋势又贴合国内实际。一是要提升自主创新能力，强化基础研究，促进关键共性技术、先进适用技术的研发，并加快成果的转化应用。二是要加强国际合作，积极学习和引进国外的先进技术。通过开放合作，不仅能够吸收国外的先进理念和技术，还能够通过交流与合作加速我国绿色农业

技术的创新，实现与国际接轨，提升我国绿色农业的整体技术水平和竞争力。

（二）政府推动与市场拉动相结合

由于科研活动往往需要大量的初期投资，且风险较高，市场独自作用时可能难以承担所有研发费用，因此政府的介入是十分必要的。一方面，政府可以通过提供资金支持、政策激励、建设研发平台等方式，激发绿色农业科技创新的活力。另一方面，政府要加快制定相关标准和规范，引导科技创新朝着服务绿色农业发展的方向前进。在强化政府主导作用的同时，也要充分发挥市场机制的作用，调动农业企业、农民等社会力量的积极性、创造性，形成政府主导的多元化的绿色农业科技创新体系。

（三）条件建设与机制创新相结合

目前我国绿色农业技术研究和推广机构面临的一大挑战是基础设施落后和创新能力不足，这直接影响了科技创新的质量和速度。为了有效解决这些问题，绿色农业科技创新体系的建设不仅需要加强基础条件，比如提升实验设施、研究平台和人才培养体系，还必须通过机制创新来提高创新效率，如建立有效的激励和评价体系，促进科研人员和机构的创新积极性；同时，创造一个开放和协作的研究环境，提高科技创新的支撑能力和效率。

（四）绿色农业综合区划和行政区划相结合

我国的农业科技资源配置受到行政区划的影响，这虽然便于资源管理，但有时并不利于科技资源与农业生产的有效对接。因此，在构建绿色农业科技创新体系时，必须综合考虑行政区划和农业综合区划，使科技创新体系与农业生产的自然生态条件紧密结合。这样不仅能促进科技资源的合理配置，提高研发效率，还能确保科技创新成果能够更好地服务于各地农业生产的实际需要。特别是在建设绿色农业科技创新区域中心时，应充分考虑各地农业生产的特点和需求，依据农业综合区划来优化科技资源的布局，从而实现绿色农业科技创新体系的最大效能。

（五）加大投入与优化配置相结合

目前我国在绿色农业科技创新方面的投入整体偏低，要不断增加政府投入。同时要加强整合，优化配置，将有限的科技资源集中在绿色农业科学研究与示范的重点领域上，发挥绿色农业科技示范作用，注意绿色农业的规模效益；在加强绿色农业科技创新联合和合作的基础上，鼓励竞争，通过竞争增强活力，提高绿色农业科技创新效率。

（六）统筹规划与分类实施相结合

绿色农业科技创新工作具有复杂性和多样性，为保证科技创新工作的系统性、针对性和可操作性，必须坚持统筹规划与分类实施相结合的原则。一方面，需要制定全面的、长远的科技创新发展计划，确保各项工作协调一致、方向明确。另一方面，考虑到不同地区农业发展的实际情况，需要针对性地制定科技创新策略，对不同的绿色农业示范区、不同作物种类的科技需求进行分类指导和支持。

三、绿色农业科技创新的模式

（一）契约合同科技创新模式

政府根据绿色农业相关的"绿箱政策"，投入必要的科技资源和资金，支持绿色农业科技的研究与开发，并通过建立绿色农业科技示范园或利用现有的农业技术推广站，进行先进实用技术的区域试验与示范。政府或其代表机构与农民签订技术交流、培训、服务、试验和推广的合同，这些合同规定了技术服务的内容、条件和期限等。契约合同把政府、推广机构、农民联系在一起，明确绿色农业技术供给者与受用者之间的责任、权利与义务，形成一种法律化的绿色农业科技创新的契约关系，有利于共同创造出高质量、高附加值的绿色农产品，并推动农户向紧密型科技创新模式发展。

（二）农民行业协会科技创新模式

在政府的指导和支持下，农民基于主动和自愿的原则，以技术创新和产品开发为纽带，通过集资入股、资产联结的方式，形成股份制或股份合作制的新型模式。行业协会根据自身能力，集中资源来开发和推广前沿的技术与产品，从而达到生产的专业化和规模化。这种模式下，行业协会不仅承担技术研发和转化的任务，还负责将技术密集型产品推向市场，实现产值最大化。此外，农民行业协会还承担着制定和执行绿色农业技术标准和质量管理的职责，保证绿色农业产品的质量和可靠性。农户作为协会的股东和成员，不仅可以直接参与生产和管理，分享销售利润，还能够在年终获得利润分红。这有效地激发了农户的积极性，将他们的个体经济利益与绿色农业发展的长远目标相结合，为绿色农业科技创新提供了坚实的微观基础。

（三）现代绿色农业集团科技创新模式

改革开放以来，随着我国从计划经济向市场经济的转型，一批有实力的农业集团应运而生，这些集团拥有大面积的耕地资源，配备先进的加工和流通设施，能够有效地将绿色农业原料转化为高附加值的产品，实现从田间到餐桌的全链条控制和管理。集团内部产业链的不同环节相互促进，形成了上游农业生产对下游加工和市场需求的有机响应，加快科技成果的转化和应用。这些企业不仅是市场竞争的活跃参与者，更成为政府着力培育的绿色农业科技创新的主体。政府主要为它们改善创新环境，在政策范围内给予扶持与优惠，进一步提高其绿色农业科技创新能力，形成一条既可以参加国内外绿色农产品的市场竞争，又可以带动基地农户走上专业化经营之路，从而形成绿色农业科技创新的支柱力量，促进我国绿色农业的发展。

第三节　完善绿色农产品市场体系

绿色农产品市场体系，是流通领域内绿色农产品经营、交易、管理、服务等组织系统与结构形式的总和，是沟通绿色农产品生产与消费的桥梁与纽带，是现代农业发展的重要支撑体系之一。为响应城乡居民对各类高品质绿色农产品需求不断增长的趋势，需要加速市场基础设施的升级改造，增强市场服务的功能，拓宽市场的业务范围，并促使市场设施和管理更加现代化。这样不仅可以将市场的限制转变为推动力，还能提高我国农产品的竞争力，促进绿色农业的持续快速发展。

一、加快绿色农产品市场改造

（一）加强基础设施建设

推进绿色农产品市场的基础设施建设，打造一个高效、现代化的市场环境，使其能够更好地服务于绿色农产品的交易、加工和分销。具体而言，加强基础设施建设主要包括以下内容：

一是市场地面硬化，改善市场环境，减少雨水和灰尘对农产品的污染，提升市场内的交通流畅性和整体使用寿命。地面硬化工程应结合市场的具体需求，选用耐用、易于清洁和维护的材料。二是水电道路系统的改造，更新老旧的供水供电设施，确保市场内有稳定的水电供应，改善道路系统，保障物流的顺畅，降低运输成本，提高市场的接入性和吸引力。三是交易厅棚改扩建，为商户和消费者提供更加宽敞舒适的交易环境，提高市场的交易效率，吸引更多的商户和顾客，增加市场的活力。四是加强储藏保鲜设施、加工分选及包装设施的建设，确保农产品在市场内的有效保存，减少损耗，同时提升产品附加值；五是加强客户生活服务设施，如卫生间、休息区等建设，虽然这些设施是辅助性质的，但对提升市场的整体形象和用户体验有着不可忽视的作用。六是完善市场信息收集发布系统和市场管理信息化系统的建设，实现信息的快速收集、处理和发布，帮助商户把握市场动态，提高决策的效率和准确性。七是建立质量安全检测系统，对市场内的产品进行定期或不定期的质量检测，及时发现问题，保障消费者权益。八是建设和完善卫生保洁设施，提升市场环境，防止疾病传播，保障公共卫生安全。

（二）拓展业务功能

拓展绿色农产品市场的业务功能，将市场从单一的买卖功能转变为集加工、配送、信息服务等多功能于一身的现代化市场。具体来说，拓展业务功能包括以下几方面：

一是实行场地挂钩，市场与农产品生产基地建立直接联系，促使农产品从田间直接运达市场，减少中间环节，降低成本，提高绿色农产品的新鲜度和可追溯性，增强市场竞争力。二是开展加工配送，将加工和配送服务集成到市场功能中，为消费者提供更多样化的产品和服务。例如，市场内设立加工中心，提供切割、清洗、包装等服务，同时建立配送体系，实现线上购买线下配送，满足消费者对便捷购物的需求。三是加强对市场内绿色农产品的质量安全监管，通过建立严格的质量检测体系和追溯机制，使所有市场内销售的农产品达到安全标准，赢得消费者信任。四是推进规范包装，通过引导市场内商户采用环保、标准化的包装，提升产品档次，便于运输和识别，同时减少环境污染。五是强化信息服务，建立和完善市场信息服务系统，包括市场供需信息发布、价格信息发布、行业动态等，帮助商户和消费者做出更为明智的决策。六是壮大市场主体，鼓励和支持市场内商户扩大经营规模，提升服务质量，引入多样化的经营主体，增加市场活力。七是开拓对外贸易，通过建立国际合作和交流，引入外国的高质量农产品，同时推广本地绿色农产品到国际市场，提升市场的国际竞争力。八是维护安全交易，建立健全的交易规则和纠纷处理机制，保障商户和消费者的合法权益，营造公平、透明、安全的交易环境。九是完善公共服务，为商户提供商业咨询、法律援助等公共服务，支持市场内商户的发展，增强市场的整体服务功能。

二、发展绿色农产品现代流通方式

（一）发展绿色农产品连锁经营

引导绿色农业产业化龙头企业、批发市场和大型绿色农产品流通企业发展连锁经营，将绿色农产品的生产、加工、销售整合在统一的品牌和运营体系下，提升品牌的市场认知度和消费者的信任度。当龙头企业和大型流通企业采纳连锁经营模式时，它们能够通过规模经济降低运营成本，并通过统一的品质控制和服务标准，保障绿色农产品从田间到餐桌的全程质量。此外，这种经营模式有利于企业利用自身的市场影响力和资源配置能力，开拓更广泛的市场渠道，实现绿色农产品销售的地域拓展和市场份额的增加。通过整合上下游资源，这些企业还能更有效地响应市场变化，快速调整产品结构和营销策略，提高市场竞争力。

支持建立一批跨区域的大型绿色农产品物流配送中心，优化绿色农产品的流通渠道，提高其在全国范围内的分销效率。农产品物流配送中心通过集中采购和统一配送，能够有效降低物流成本，减少产品在流通过程中的损耗，确保产品质量。大型配送中心能够运用现代物流管理和信息技术，实现对绿色农产品流通的实时监控和管理，提高物流效率和响应速度。此外，配送中心的建立还能促进绿色农产品从地方市场向全国乃至国际市场的扩展，帮助绿色农产品建立更广泛的消费者基础。这种模式不仅有利于消费者获取更多样化的绿色农产品，还能帮助生产者寻找更多的销售机会，实现更大范围的经济效益。

鼓励农民专业合作经济组织在城市建立绿色农产品品牌直销连锁店，让绿色农产品更直接地展示给消费者。通过这种模式，农民合作社可以直接参与农产品的最终销售，减少中间环节，提高农民的收入。直销连锁店能够帮助消费者更直观地了解绿色农产品的来源和品质，增强消费者对产品的信任感。此外，这种连锁经营模式有助于农民专业合作经济组织建立品牌形象，通过品牌效应吸引更多消费者，扩大市场影响力。农民合作社通过直销连锁店还能收集消费者的反馈信息，更好地调整生产和销售策略，提高产品竞争力。同时，直销连锁店也为城市消费者提供了更便利、更健康的购物选择，促进绿色消费理念的普及。

（二）发展绿色农产品电子商务

绿色农产品电子商务是以农产品生产营销为目的，通过电子化方式进行的绿色农产品流通、交易和经营的一系列交易活动，主要根据电子信息技术，进行绿色农产品需求、价位、收益等方面资料的收集，利用互联网平台的信息共享，直接在平台销售农产品的过程。绿色农产品电子商务在绿色农产品销售过程中以互联网行业的发展为基础，运用现代化互联网信息技术，将现阶段较为先进的销售理念结合到传统农产品的销售工作中。其具有销售效率高、交易成本低、交易透明化等优势，使农民能够根据提供的信息进行生产方面的调整，为绿色农产品销售领域的发展提供了新的力量。发展绿色农产品电子商务可以从以下几方面着手：

第一，建立和完善绿色农产品电子商务平台。绿色农产品电子商务平台不仅需要提供一个直观、易用的购物界面，还应集成供应链管理、在线支付、物流跟踪、客户服务等功能，以提供无缝、高效的购物体验。电子商务平台应该突出绿色农产品的特色，通过详细的产品描述、生产者故事、生产过程的透明化等内容增加产品的吸引力和信任度。同时，平台可以利用大数据和人工智能技术进行市场分析和消费者行为研究，以优化产品推荐、价格策略和营销活动，更精准地满足消费者需求。

第二，加强绿色农产品电子商务的品牌建设和市场推广。在品牌建设方面，可以通过故事化的内容营销，让消费者了解绿色农产品背后的生产故事、农民的辛勤付出和环境友好的种植过程，从而建立情感链接和品牌忠诚度。同时，利用多种媒体渠道进行品牌推广，如社交媒体、在线广告、影响者合作等，扩大品牌的曝光度和影响力。在市场推广方面，可以通过参与或创建线上活动、促销节日等吸引消费者关注和参与，利用限时折扣、捆绑销售等策略激发购买欲望，吸引并维系更广泛的消费者群体。

第三，强化绿色农产品售后服务。高质量的售后服务可以帮助解决消费者在购买过程中可能遇到的问题，增强消费者的信任和满意度，从而促进口碑传播和复购行为。为绿色农产品提供优质的售后服务，包括快速响应消费者咨询、高效处理退换货请求、提供详细的产品使用和存储指导等。此外，可以建立用户反馈机制，收集消费者对产品和服务的意见和建议，及时进行改进和优化。对于电子商务平台来说，还需要不断监控和评估售后服务的质量，使得服务团队具备专业能力和良好的服务态度。

（三）发展绿色农产品期货市场

发展绿色农产品期货市场有助于稳定绿色农产品价格、降低市场风险，对于绿色农产品的生产者、加工商、经销商乃至消费者都有重要的意义。要有效地发展绿色农产品期货市场，可以从两个角度进行考虑：一是建立健全的绿色农产品期货市场制度。制定明确、详细的市场规则、交易规则、合约规范等，提高市场的公平性。建立有效的监管体系，监督市场运作，防止市场操纵、内幕交易等违法行为，保护投资者权益。健全市场准入机制，确保所有参与者具备相应的资质，遵守市场规则。二是提升绿色农产品期货市场的透明度和效率。绿色农产品期货市场要能够准确、及时地提供市场信息，包括价格信息、交易量、库存量等，帮助市场参与者做出更为理性的决策。加强信息披露机制来保障所有重要信息公平、公正地向所有市场参与者披露。发展先进的交易和结算技术，减少交易成本，提高交易速度和安全性。充分利用金融科技，如大数据、人工智能等，强化市场分析和预测能力，提供更为精准的价格发现功能。

三、推进绿色农产品分等分级和包装上市

加快制定全国统一的绿色农产品分等分级标准。统一的分等分级标准可以帮助消费者更好地理解产品的质量和价值，同时也能够为农产品的定价提供依据，促进市场公平交易。为实现这一目标，首先需要汇聚农业专家、行业协会、政府相关部门及消费者代表等多方力量，共同研究和制定科学、合理、易于理解的分级标准，这些标准不仅要反映绿色农产品的环保和健康属性，还应考虑到产品的口感、外观等因素。标准制定完成后，还需要开展广

泛的宣传教育活动，提高农民和经销商对分等分级重要性的认识，鼓励他们采用统一标准进行产品分级。

实行规格化包装，提升绿色农产品整体形象。通过统一的包装设计，不仅可以加强品牌识别度，还能在保证产品质量的同时，增强消费者购买的信心。为此，要积极引导在绿色农产品集中产区和产地批发市场建立分选和包装设施，帮助农产品生产者提高分等分级和包装的效率和质量，从而更好地满足市场和消费者的需求。在建设这些设施时，需要根据地方实际情况，采用适合当地绿色农产品特性的技术和设备，同时也要考虑环保和能效，减少生产过程中的能源消耗和废物产生。除了硬件设施的建设，还需要提供相关的技术支持和培训，帮助农民和经销商掌握分等分级和包装的技能，提高他们的专业水平。

第四节　健全绿色农业标准体系

绿色农业标准化就是按照标准生产绿色农产品的过程，包括从地块的环保测定到育种选苗，从施肥防病到收获加工等。绿色农业标准化有助于保障农产品的质量和安全，提高农业生产的效率和可持续性，促进资源的合理利用和环境的保护，符合生态文明建设的要求，对绿色农业的发展具有十分重要的作用。

一、绿色农业标准化体系的特征

（一）标准性

标准性是绿色农业标准化体系的首要特点，从绿色农产品生产、加工到流通全过程都按标准化机制运行，所有从事绿色农业生产和加工的个人和组织都需要遵守。标准性可以促进绿色农业的规模化和标准化生产，提高生产效率和产品质量，增强市场竞争力。

（二）体系性

体系性特征指的是绿色农业标准化体系是一个全面、系统的体系，包含了多个相关的标准和规范，这些标准相互关联、相互支持，共同构成了一个完整的规范体系。体系性确保了绿色农业标准化可以从整体上促进农业生态环境的改善和农业生产方式的转型，也有利于标准间的协调和整合，确保绿色农业发展策略的连贯性和有效性，为绿色农业的实施和监管提供了全面的框架。

（三）先进性

绿色农业标准化体系的先进性在于标准的制定和操作的科学性。一切技术标准和生产操作规程都是经过科学分析、筛选、优化和论证确定的，在标准制定上是先进的。先进性也意味着这些标准是动态的，能够根据科技进步、环境变化和社会需求的变化进行及时更新。

（四）统一性和适用性

统一性体现在绿色农业标准化体系要求全国各地的绿色农业生产都必须遵循一致的生产环境标准、生产技术规范以及产品质量标准。这种统一性保证了不同地区、不同规模和类型的农业生产都能在同一套标准框架下进行，有助于消除地域之间的标准差异，提高绿色农产品的整体品质和市场竞争力。适用性则强调这些标准需要根据我国绿色农业的实际生产特点来制定，确保标准既科学合理又易于执行。适用性要求标准既要高度概括性以保证其普遍适用，又要兼顾地方性、特殊性，确保各地区能根据自身具体情况灵活应用这些标准，从而推动绿色农业标准化体系在全国范围内的广泛应用和有效实施。

（五）公信力和权威性

由政府或者代表政府的权威机构制定和推行的绿色农业标准，自然具备一定的公信力和权威性。这些标准通常是基于科学研究、专业评估和广泛征求意见的过程中制定的，因而能较好地反映公共利益和社会需求。政府的背书不仅赋予了这些标准法律效力，还建立了消费者和生产者对这些标准的信任。具有公信力和权威性的标准能够有效引导生产者遵守绿色生产的要求，同时也使消费者对绿色产品的质量持有信心。在长期实践中，这种信任能促进绿色农业标准的遵守和推广，进而支持绿色农业的可持续发展。

二、绿色农业标准化体系的构成

绿色农业标准化体系的构成如图 6-3 所示。

图 6-3　绿色农业标准体系的构成

（一）绿色农业标准制定体系

绿色农业标准制定体系涉及标准的编制计划、草拟、审批、编号、发布以及备案过程，确保每一项标准都经过严格的审查和合理的制定。国务院相关行政主管部门与企业组织共同参与标准的制定过程，采用科技手段，以质量为核心，以市场为导向，建立涵盖绿色农产品的生产、加工、贮藏、销售等各个环节的标准，实现产前、产中、产后全过程的标准化管理。此体系的目标是建立一个与国际标准接轨的绿色农业标准体系，促进绿色农业的国际合作和竞争力。

（二）绿色农业标准实施体系

绿色农业标准实施体系是指标准的贯彻和执行，它指导绿色农业生产活动，目的是降低成本和提高产品质量。该体系要求所有绿色农业生产者遵守制定的标准，规范生产的各个环节，包括生产环境、产品质量、加工、标志、包装、运输和贮存等。通过严格实施标准，确保生产出的农产品符合规定的质量标准，以满足市场和消费者对高质量绿色农产品的需求。实施体系不仅增强了产品的市场竞争力，还有助于提升整个绿色农业的行业标准。

（三）绿色农业标准化服务体系

绿色农业标准化服务体系是指各级政府设立的绿色农业技术推广机构、地方合作经济组织、农民技术协会等组织为农民提供的宣传教育、技术培训、标准信息咨询、标准化示范等服务。此服务体系旨在促进绿色农业标准的普及，提升农业生产者对标准化重要性的认识，加快绿色农业技术的传播和应用，进而提高绿色农业的整体水平和效率。

（四）绿色农业标准监督体系

绿色农业标准监督体系是确保绿色农业标准得到实际执行和遵守的关键，起着维护市场秩序和保障产品质量的重要作用。该体系涉及对绿色农业生产全过程的监督检查，从土地使用、种植、养殖到产品的加工、包装、销售等各个环节都包括在内。监督体系的建立和实施要求有关部门制定明确的监督标准和程序，确保所有环节都符合既定的绿色农业标准。

（五）绿色农业检验检测认证体系

根据绿色农产品标准化的要求，对绿色农产品质量进行检验检测，只有达到一定的质量标准，绿色农产品才能通过某项认证。绿色农业标准检验检测认证体系对绿色农业结构调整、绿色农产品质量升级、绿色农产品消费安全、提升绿色农产品市场竞争力都具有重要的技术保障作用。

（六）绿色农业标准化评价体系

绿色农业标准化评价体系是对绿色农业标准化实施效果进行评估的机制，旨在系统地分析和评价绿色农业标准制定和执行的有效性和实际影响。通过对绿色农业标准实施情况的定期评价，可以识别实施过程中存在的问题，评估标准的实际适用性和效果，提出改进和优化的建议。评价体系应当包含明确的评价指标、方法和流程，涵盖绿色农业的各个方面和环节，确保评价结果的全面性和客观性。评价结果的反馈应用于标准的修订和完善，以不断提升绿色农业标准化工作的质量和效率，促进绿色农业健康和可持续发展，增强其在国内外市场的竞争力。

三、绿色农业标准化体系建设的原则与策略

（一）绿色农业标准化体系建设的原则

绿色农业标准化体系建设的原则是多方面的，确保该体系科学、有效、可持续，并能广泛适用于不同的地域和农业生产模式。绿色农业标准化体系建设应遵循的基本原则包括以下几点：

1. 科学性原则

绿色农业标准化体系的建设必须基于科学的研究和实践证据，确保所有标准都有坚实的科学基础。这涉及对土壤、水资源、生物多样性等自然条件的深入研究，以及对不同农业生产技术和管理实践的效果评估。科学性原则保证标准的有效性和前瞻性，能够引导绿色农业朝着更加可持续和环境友好的方向发展。

2. 实用性原则

绿色农业标准化体系应具有强烈的实用导向，确保标准易于理解和执行。这意味着标准化体系应考虑到不同规模农业生产者的实际情况和能力，制定既合理又可操作的标准。实用性原则有助于提高标准的接受度和实施效果，促进绿色农业的普及和发展。

3. 可持续性原则

绿色农业的核心目标是实现农业生产的可持续性，因此，标准化体系的建设也应遵循可持续性原则。这要求标准化体系在设计时充分考虑环境保护、社会公正和经济效益的平衡，鼓励采用资源节约和环境友好的农业生产方法。

4. 包容性原则

绿色农业标准化体系应兼顾不同地区、不同类型农业生产的特点和需求，体现出高度的包容性和适应性。这意味着标准化体系应涵盖多样的农业生产环境和方法，尊重地方传统和创新实践，同时为各类农业生产者提供指导和服务。

5. 动态性原则

鉴于农业生产条件、科技进步和市场需求等都在不断变化，绿色农业标准化体系也应是动态的，能够及时反映新的科学研究成果和实践经验。这要求标准化体系具有定期评估和更新的机制，确保其始终保持时效性和相关性，引导绿色农业持续向前发展。

6. 国际性原则

在总结我国农业科技成果和先进的生产经验基础上，积极采用和引进国际标准和国外先进标准，使我国绿色农产品标准迅速与国际接轨。

7. 重点性原则

当前应以关系到国计民生和人民生命安全的国家标准、强制性标准以及主导生活的产品、出口产品、效益附加值高的绿色农产品的质量标准制定为重点。对需要规范绿色农业市场的产品和技术，制定推荐性标准，鼓励生产采用。

（二）绿色农业标准化体系建设的策略

1. 吸纳相关利益群体参与制定标准，强化标准的可操作性

进一步完善当前实施的绿色农产品标识管理，根据不同种类和级别的绿色农产品的特点，积极推行分类、分级管理。同时，以食品安全生产标准

为基础，根据不同绿色农产品特点，在农产品生产、加工、包装和运输过程中推行全程质量控制，健全农产品质量监督检测体系，完善与国际质量标准接轨的农业质量标准体系。应重点抓好产地环境管理技术标准体系、农业投入品管理技术标准体系、生产过程管理技术标准体系、包装标识管理技术标准体系、市场准入制度技术标准体系、食物安全预警技术体系、产品认证体系、农产品生产——加工——销售编码标签体系建设。在标准体系建设中，应本着服务产业发展、与国际接轨、便于实际操作、能够量化考核的理念，吸收产业发展协会或龙头企业、生产经营者、消费者等利益相关群体共同参与的方法制定，以保证标准体系既满足现实需求、又具有可操作性。

2. 因地制宜，加快特色产品标准化体系建设

各地区具有不同的自然环境、文化背景和农业生产特点，因而形成了各具特色的农产品。针对各地区农产品资源的特点，应加快特色农产品的标准化体系建设。依托各类农产品协会力量，出台相关农产品生产的标准规范，为这些特色绿色农产品的市场化铺平道路。

3. 加快标准制定的速度，缩短绿色农业标准制定修改的周期

在某些发达国家，农业标准每隔5年便要修订一次，其修改内容完全根据农业生产和市场需求进行。我国绿色农业标准也应采用定期修改的方式，不断对标准进行更新和完善，考虑到目前国际市场准入、国内市场准出要求和我国绿色农业标准化工作起步较晚及绿色农业生产实际情况，标准修改周期应定为3年，以后逐渐调整为5年或更长。这能够促进绿色农业生产者、加工企业和销售商更快地响应市场变化，提高他们的市场敏感度和适应能力。同时，缩短标准修改周期还有利于及时纠正和完善现有标准中的不足，提升标准的合理性和科学性，增强绿色农业标准的实际应用效果。在未来，随着绿色农业标准化工作的逐步深入和成熟，标准修订周期可以适当延长，以确保标准制定的深度和质量，同时也能给予产业链足够的适应和调整时间。此外，定期修订绿色农业标准也有助于我国农业更好地融入国际市场，满足国际贸易的需求，提升我国绿色农业产品的国际竞争力。

4. 建立绿色农业生产标准化达标奖惩制度

建立绿色农业生产标准化达标奖惩制度是一种有效激励机制，目的在于促进和确保绿色农业标准的广泛实施与遵守。通过这种制度，可以提高生产者对绿色农业标准重要性的认识，并激励他们主动采用绿色生产方法。对于那些遵循并达到绿色农业生产标准的企业、组织和个人，政府和相关机构应给予积极的奖励，如提供项目支持、资金补助、税收优惠或优先参与市场的机会等。这些奖励不仅可以帮助他们减轻绿色转型的经济负担，还可以提升其在市场上的竞争力。对于未能达到绿色农业生产标准的实体，应实施相应的惩罚措施，如经济罚款、限制或禁止市场准入、降低信用评级等，以此敦促其改进生产方法，遵守绿色生产标准。惩罚措施的目的不在于惩罚本身，而是为了推动整个行业的可持续发展，确保绿色农业生产标准得到有效执行。

第五节　强化绿色农业产业链评价

产业链是同一产业或不同产业中的企业，以产品为链接对象，通过投入产出作为联系纽带，以价值增值为目标导向，旨在满足用户需求，依据特定的逻辑联系和时空布局，形成上下关联且动态变化的链式中间组织。

农业产业链的概念便是在此基础上衍生而来。它连接了供应、资源和需求市场，并涵盖了与农业产前（如农产品种植和收获）、产中（如农产品加工和物流运输）和产后（如农产品的流通销售）相关的企业、农业组织和政府部门，形成了一个多链式结构。

具体来说，这个链式结构包括与农业科研、农资器械、农产品种植以及牧渔业饲养等相关的前期部门，负责农产品加工、贮藏和运输的中间部门，以及负责农产品销售和流通的后期部门。这些部门聚集了大量企业，这些企业之间既有分工又有合作。

一、农业产业链的内涵

农业产业链是一个复杂且多环节的系统，涵盖了从农业生产到最终消费的整个过程。这个链条不仅涉及农产品的种植、养殖、加工，还包括了储存、运输、销售等多个环节。每个环节都紧密相连，相互依赖，共同构成了农产品产业链的整体运作。如图6-4所示。

图 6-4 农产品产业链流程

产业链的起点是农业生产。这包括农作物的种植和畜禽的养殖。在这一阶段，农民或农业企业根据市场需求和自身资源条件，选择适合的农作物品种和养殖方式，进行农业生产。同时，农业生产还受到气候、土壤、水源等自然条件的影响，因此，农业生产具有较大的不确定性和风险性。

第二阶段是农产品加工环节。农产品经过初步的处理和加工，如清洗、切割、包装等，可以提高其附加值和市场竞争力。加工企业根据市场需求和消费者偏好，对农产品进行深加工，生产出各种食品、饮料、保健品等。这一环节不仅增加了农产品的价值，还为消费者提供了更多样化的选择。

第三阶段是储存和运输环节。农产品在加工完成后，需要进行储存和运输，以保证其品质和供应稳定性。储存设施如冷库、仓库等，能够延长农产品的保鲜期；而运输环节则通过公路、铁路、水路等交通方式，将农产品从产地运往销售地。这两个环节的有效运作，对于减少农产品损耗、保证市场供应具有重要意义。

最后是销售环节。农产品通过批发市场、零售市场、电商平台等渠道，最终到达消费者手中。销售环节涉及农产品的定价、促销、品牌建设等多个方面。通过有效的销售策略和渠道管理，可以提高农产品的销售量和市场占有率，从而实现产业链的良性循环。

农业产业链是一个由多个环节和参与者构成的复杂生态系统，涵盖了从农业生产到最终消费的全过程。在这个生态系统中，各个参与者和企业扮演着不同的角色，相互合作、相互影响，共同推动着产业链的发展。

农民是农业产业链的起点，他们负责农产品的生产。农业企业则可能参与农业生产，提供技术、资金等支持，与农民紧密合作。加工企业则对农产品进行加工处理，提高其附加值，为市场提供更多样化的产品。物流企业负责农产品的储存和运输，确保产品能够及时、安全地到达销售点。销售商则通过各种渠道将农产品销售给消费者。

除了这些直接参与产业链的企业和个体，政府和行业协会等组织也在产业链中发挥着重要的协调和监督作用。政府通过制定农业政策、提供资金支持等方式，推动产业链的健康发展。行业协会则为企业提供交流平台，促进信息共享和合作，提升整个产业链的竞争力。

农业产业链不仅是一个物质流动的过程，更是一个价值增值的过程。各环节的协同合作和优化管理，可以提高农产品的附加值和市场竞争力，促进农业产业的可持续发展。然而，这个产业链也面临着农产品价格波动大、市场供需不平衡、质量安全风险等挑战和问题。为了解决这些问题，各方需要加强协作和沟通，提高产业链的整体效率和竞争力。

二、农业产业链现代化运作逻辑

（一）组织链的现代化

组织链的现代化是农业产业链高效运作的关键。作为农业产业链的基石，组织链涵盖了从农户到合作社，再到龙头企业等多元化的主体。这些主体之间的协作紧密度直接关系到产业链的稳定性和效率。

为了实现这种紧密协作，现代化的组织链需要构建一种更加牢固的合作关系。这种关系不仅仅基于简单的业务往来，而是通过合同、股份等具有法律约束力的方式，将各个主体紧密地联系在一起，形成一个稳定的利益共同体。这样的共同体能够在市场波动时共同抵御风险，共享利益，从而确保产业链的持续发展。

这种紧密的合作关系还带来了诸多经济优势。首先，它显著降低了交易成本。在传统的农业产业链中，由于主体间缺乏深度合作，交易往往伴随着高昂的信息获取成本和谈判成本。而现代化的组织链通过合同和股份绑定，减少了信息不对称，简化了交易流程，从而大幅降低了这些成本。

资源配置效率也得到了显著提升。在紧密的合作关系下，各主体能够更有效地协同工作，优化资源分配，避免浪费和重复投资。这种协同不仅体现在物质资源的合理利用上，还包括技术、知识和信息的共享，从而推动了整个产业链的创新和升级。

这种紧密合作的组织链模式极大地增强了农业产业链的整体竞争力。在全球化的市场环境中，农业产业面临着激烈的竞争。通过构建稳定的利益共同体，农业产业链能够形成合力，共同应对市场挑战，从而在国内外市场中脱颖而出。

（二）供应链的现代化

供应链是农业产业链现代化运作中的关键所在。在当前的农业现代化进程中，供应链的优化和升级对于提升农业的整体效率、降低成本、增强市场竞争力等方面具有举足轻重的作用。

从供应链的角度来看，农业现代化要求农业生产、加工、销售等各个环节实现高效协同。供应链的现代化能够确保农产品从田间到餐桌的顺畅流动，减少不必要的中间环节，降低损耗，提高整体效益。同时，通过引入先进的物流技术和管理手段，可以实现对农产品质量的全程监控和追溯，保障食品安全。

供应链的完善有助于实现农业资源的优化配置。在供应链中，各个环节之间的信息交流和协调配合是关键。通过搭建信息化平台，实现农业生产、流通、销售等信息的共享和互通，可以更加精准地把握市场需求，指导农业生产，避免资源浪费和产能过剩。

供应链的现代化还能够提升农业产业链的整体竞争力。随着全球化的深入发展，农产品市场竞争日益激烈。一个高效、稳定的供应链可以帮助农业企业更好地应对市场波动，提高市场占有率。同时，通过供应链的优化，可以降低运营成本，提高盈利能力，为农业企业的持续发展提供有力保障。

然而，当前农业供应链仍存在一些问题和挑战。例如，农产品流通环节多、成本高，信息化水平低，物流设施不完善等。为了推动农业供应链的现代化，需要政府、企业和社会各界的共同努力。政府可以加大政策扶持力度，推动农业物流基础设施建设；企业可以加强技术创新和人才培养，提升供应链管理水平；社会各界可以加强合作，共同推动农业产业链的现代化进程。

（三）空间链的现代化

空间链主要关注的是农业产业链在空间布局上的优化，旨在根据资源禀赋、市场需求和区域优势来合理规划农业产业布局，进而促进产业链的集聚和协同发展。

在中国，农业是国民经济的重要基础，而空间链的现代化对于提升农业的整体竞争力和可持续发展能力具有关键作用。中国地域辽阔，各地的资源条件、市场需求和区域优势差异显著，因此，空间链的现代化必须紧密结合实际情况，因地制宜地进行规划。

资源禀赋是空间链规划的重要考虑因素。中国各地的自然资源和气候条件差异很大，有的地方适合种植粮食作物，有的地方则更适合发展畜牧业或特色农业。因此，在规划农业产业布局时，应充分考虑各地的资源特点，合理安排种植结构和养殖方式，以最大化资源利用效率。

市场需求也是决定空间链布局的关键因素。随着人们生活水平的提高和消费结构的升级，对农产品的需求也在不断变化。因此，空间链的现代化需要密切关注市场需求的变化，及时调整产业布局，以满足消费者对高品质、多样化农产品的需求。

此外，区域优势也是空间链规划中不可忽视的因素。中国的一些地区具有独特的地理、文化和经济优势，这些优势为农业产业的发展提供了有利条件。在空间链规划中，应充分利用这些区域优势，打造具有地方特色的农业产业链，提升农产品的附加值和市场竞争力。

为了实现空间链的现代化，中国政府和企业需要共同努力。政府应加大对农业产业链的支持力度，制定优惠政策和提供资金支持，引导农业产业向优势区域集聚。同时，企业也应积极响应国家政策，加强技术创新和品牌建设，提升农业产业链的整体水平。

（四）价值链的现代化

价值链反映了农产品从生产到消费过程中价值的增值过程。在传统农业模式下，农产品往往只经过简单的加工就进入市场，附加值较低，市场竞争力也相对较弱。而现代化的价值链则通过技术创新、品牌建设和市场拓展等方式，有效提升农产品的附加值和市场竞争力。

技术创新是提升农产品附加值的关键。随着科技的不断进步，农业生产技术也在日新月异地发展。通过引入新品种、新技术和新设备，农业生产效率可以得到显著提高，而农产品的品质也会得到相应提升。例如，通过基因工程技术培育出的抗病、抗虫、抗旱等特性的新品种，不仅可以减少农药和化肥的使用，降低生产成本，还能提高农产品的产量和品质，从而增加其附加值。

品牌建设是提升农产品市场竞争力的重要途径。在现代市场经济中，品牌已经成为消费者选择商品的重要依据。因此，通过加强品牌建设，打造具有知名度和美誉度的农产品品牌，可以有效提升农产品的市场竞争力。品牌建设不仅包括商标注册、包装设计等外在形象的打造，更包括产品质量、售后服务等内在品质的提升。只有"内外兼修"，才能真正赢得消费者的信任。

市场拓展也是现代化价值链中不可或缺的一环。市场拓展不仅包括开拓新的销售渠道和市场，还包括根据市场需求进行产品创新和升级。通过深入了解消费者的需求和偏好，结合市场趋势和竞争态势，制定出具有针对性的市场拓展策略，可以帮助农产品更好地融入市场，实现价值的最大化。

三、农业产业链各主体的能力评价

（一）农业生产者的绿色生产能力评价

1.绿色种植技术的掌握程度

绿色种植技术的掌握程度是评价农业生产者绿色生产能力的重要指标。随着农业科技的不断进步，越来越多的绿色种植技术被开发出来，这些技术旨在提高农业生产效率的同时，减少对环境的负面影响。农业生产者对这些技术的掌握程度，直接决定了其绿色生产的能力。

从现状来看，一些先进的农业生产者已经开始积极采用绿色种植技术，如有机农业、生态农业等。他们通过学习和实践，逐渐掌握了这些技术的精髓，并将其应用到实际生产中。这不仅提高了农产品的品质，还降低了对环境的污染。然而，也有一些农业生产者对绿色种植技术的掌握程度还不够深入，需要加强学习和培训。

2.环保意识的提升与落实

环保意识的提升与落实是评价农业生产者绿色生产能力的另一个重要指标。随着全球环境问题的日益突出，环保意识已经逐渐成为现代社会的一种基本素养。对于农业生产者来说，具备强烈的环保意识，不仅能够推动他们采用更加环保的生产方式，还能够减少农业生产对环境的破坏。

从目前的情况来看，越来越多的农业生产者开始意识到环保的重要性，并积极落实到实际生产中。他们通过采用环保的农业生产资料、合理利用水资源、减少化肥和农药的使用等措施，努力降低农业生产对环境的影响。然而，也有一些农业生产者的环保意识还有待提高，需要加强宣传和教育。

（二）农产品加工企业的绿色加工能力评价

1.清洁生产技术的应用

清洁生产技术是农产品加工企业实现绿色加工的重要手段。这些技术旨在减少生产过程中的环境污染，提高资源利用效率，并生产出高质量的产品。农产品加工企业对清洁生产技术的掌握和应用程度，直接反映了其绿色加工能力。

具体而言，清洁生产技术包括节能技术、减排技术、循环利用技术等。例如，在果蔬加工过程中，采用高效的清洗设备和多级过滤、循环利用废水的方法，可以减少水资源的消耗和废水的排放。此外，低温干燥、真空包装等技术也有助于减少食品中的水分含量，延长食品的保质期，从而减少食品浪费。

评价农产品加工企业的绿色加工能力时，应考查其对清洁生产技术的掌握程度、应用范围和实际效果。企业能否将这些技术融入生产过程中，实现生产效率和环保效益的双赢，是评价其绿色加工能力的重要指标。

2. 废弃物减排与资源化水平

废弃物减排与资源化利用是农产品加工企业实现绿色加工的另一个关键环节。在生产过程中，难免会产生一些废弃物，如何处理这些废弃物，既减少对环境的污染，又能实现资源的有效利用，是衡量企业绿色加工能力的重要标志。

废弃物减排方面，农产品加工企业应通过优化生产工艺、提高原材料利用率等措施，尽量减少废弃物的产生。同时，对于不可避免的废弃物，企业应积极探索资源化利用的途径，如将废弃物转化为肥料、饲料或生物能源等，实现废弃物的循环利用。

评价农产品加工企业的废弃物减排与资源化水平时，可以考察其废弃物的产生量、处理方式以及资源化利用的效果。一个具备较高绿色加工能力的企业，应该能够在减少废弃物排放的同时，有效提高废弃物的资源化利用率，从而实现经济效益和环保效益的协调发展。

（三）流通与销售环节主体的绿色服务能力评价

1. 绿色物流体系的完善程度

绿色物流体系的完善程度是评价流通与销售环节主体绿色服务能力的重要指标。绿色物流旨在减少物流活动对环境的影响，提高资源利用效率，并推动可持续发展。一个完善的绿色物流体系应包括环保包装、节能运输、废弃物回收等多个环节。

评价绿色物流体系的完善程度时，可以考察几个方面：首先，是否采用了环保包装材料和技术，以减少包装废弃物对环境的影响；其次，运输过程中是否采取了节能措施，如优化运输路线、使用低碳排放的运输工具等；最后，是否建立了废弃物回收系统，以便对废旧包装和损坏产品进行回收再利用。

一个完善的绿色物流体系不仅能够降低物流成本，还能提高企业的环保形象和市场竞争力。因此，流通与销售环节主体应不断完善绿色物流体系，提高自身的绿色服务能力。

2. 绿色营销与消费引导能力

绿色营销与消费引导能力是评价流通与销售环节主体绿色服务能力的另一个重要指标。绿色营销旨在推广环保产品和服务，引导消费者形成绿色消费习惯，从而促进整个社会的绿色发展。

评价绿色营销与消费引导能力时，可以关注几个方面：首先，企业是否积极宣传绿色产品和服务，提高消费者对绿色消费的认知度；其次，企业是否提供了便捷的绿色购物渠道，如线上绿色商城或绿色产品专区等；最后，企业是否通过营销活动或优惠政策来鼓励消费者选择绿色产品和服务。

具备较强绿色营销与消费引导能力的企业能够更好地满足消费者对环保产品的需求，同时推动整个社会的绿色发展。因此，流通与销售环节主体应加强绿色营销和消费引导工作，提高自身的市场竞争力和社会责任感。

第七章　绿色农业发展的绩效管理

第一节　绿色农业发展的绩效管理概述

一、绿色农业发展绩效管理的概念与原则

（一）绿色农业发展绩效管理的概念

绩效是指完成某些任务或目标的程度，它衡量的是工作或活动在特定时期内所达到的成果和效果。绩效不仅涉及最终结果的量化，还包括过程中的效率、质量、成本和其他相关指标的综合评估。

绩效管理是指各级管理者和员工为了达到组织目标共同参与的绩效计划制订、绩效辅导沟通、绩效考核评价、绩效结果应用、绩效目标提升的持续循环过程[①]，来提升组织、团队和个人的绩效。

绿色农业发展绩效管理是指采用现代管理理论和科学方法，通过制定合理的绩效标准和程序，对农业实践中的行政业绩、效率和效果进行全面的评估和管理。包括绩效计划的制定、绩效的实施监控、绩效的评估和分析、利用绩效结果进行决策支持和政策调整等，最终目的是使绿色农业发展的绩效得到持续的改进和提升，实现经济效益、环境效益和社会效益的和谐统一。

---

① 颜爱民.人力资源管理经济分析[M].北京：北京大学出版社.2010：258.

（二）绿色农业发展绩效管理的原则

1. 结果导向，注重过程

该原则强调，绿色农业发展绩效管理不应仅局限于最终成果，而应兼顾评估和优化实现这些成果的过程。这意味着，在衡量绩效时，既要考量绿色农业项目或活动的最终输出和成果，如生产量、收益、环境保护效果等，也要关注这些成果是如何实现的，包括使用的方法、过程中的资源效率、环境影响等。它促使组织不断反思和优化工作流程、方法和实践，以实现更高效、更环保的农业生产。

2. 实事求是，客观公正

在实施绩效管理时，必须建立规范的评估和考核程序，确保所用的数据准确无误，评估标准适当且一致应用。同时，增加信息公开的程度，让评估过程和结果对所有利益相关者透明，从而接受公众和利益相关者的监督和评价。

3. 统筹兼顾、突出重点

绿色农业发展绩效管理要紧紧围绕"三农"中心工作和目标任务开展，同时以管理创新解决制约绿色农业和农村经济发展的核心问题，从而促进农业产业的全面提升和可持续发展。

4. 可操作性原则

绿色农业发展绩效管理中的环节，包括目标设定、过程监控、结果评估等，都应该是明确、具体、可衡量的，以确保所有参与者都能理解其意图并据此行动。绩效目标需要具体到可以量化或明确评价的程度，使得绩效的监控和评价可以依据具体的标准执行，从而避免模糊不清的目标导致的执行偏差。此外，绿色农业发展绩效管理措施要具备实际可执行性，确保所设计的管理策略和方法可以在现实条件下有效实施。

5. 持续改进原则

绿色农业发展绩效管理是一个动态的过程，涉及持续的监控、评价、反馈和调整。绿色农业发展绩效管理体系需要不断地进行自我评估和更新，以确保其始终能够有效应对环境的变化和满足发展的需要。

二、绿色农业发展的绩效评价方法

（一）成本效益分析法

成本效益分析法是一种经济学方法，用于评估绿色农业发展项目或政策总成本与总收益，以评价绩效目标实现程度。应用成本效益分析法时，首先需要明确项目或政策的所有相关成本，包括直接成本和间接成本。直接成本指直接投入农业活动中的资金，如购买种子、肥料、农药等。间接成本则可能包括环境退化、生物多样性损失等不易量化的成本。接下来需要评估项目或政策带来的所有收益，同样包括直接和间接收益。直接收益是增加的农作物产量和销售收入，而间接收益包括生态服务的改善、农村社区生活质量的提升等。在成本和收益都被量化后，通过对比两者的大小，决策者可以评估绿色农业发展项目或政策的效益。

（二）比较法

比较法是一种系统性的绩效评价方法，能够综合反映绿色农业发展的成效。主要涉及以下三个方面的比较：

1. 绩效目标与实施效果的比较

在绿色农业项目实施之初，会设定具体的绩效目标，该目标通常涵盖经济效益、环境保护和社会影响等多个方面。项目实施过程结束后，通过收集相关数据来衡量这些目标的实际达成程度。例如，如果一个绿色农业项目旨在减少农药使用量，提高作物产量，那么评估时就会比较项目实施前后的农药使用量和作物产量数据，从而评价项目是否有效实现了既定绩效目标。

2. 历史与当期情况的比较

通过对比同一项目或政策在不同时间点的实施效果，可以评估其持续性和发展态势。例如，通过比较连续几年的农业资源使用效率、土壤和水质状况、农民收入等指标，可以评估绿色农业实践在提升资源利用效率、改善生态环境和增加农民收益方面的效果是否持续和显著。

3. 不同部门和地区同类支出的比较

不同地区和部门在实施绿色农业政策时的资源和资金分配可能存在差异，通过横向比较，可以发现哪些地区或部门在资源利用和项目实施上更有效或存在浪费，从而为资源的优化配置提供依据。同时，这种比较也有助于促进经验的交流和最佳实践的推广，进一步提高整个绿色农业领域的绩效。

（三）因素分析法

因素分析法是指通过综合分析影响绩效目标实现、实施效果的内外因素，评价绩效目标实现程度。在应用因素分析法进行绩效评价时，需要识别出与绿色农业项目或政策绩效相关的各种因素，通常包括政策环境、技术进步、管理水平、自然条件和社会经济背景等。每一个因素都可能以不同的方式影响绿色农业的绩效，因此需要通过细致的分析来评估每个因素的影响程度和作用机制。

（四）最低成本法

最低成本法是指通过比较来实现相同或相似效益的不同项目的成本，从而确定哪一种方法最为经济高效。在绿色农业发展领域，往往有多种方式可以达到类似的环保或可持续发展目标。例如，减少农药使用的目标可以通过引进生物农药、改良种植结构或提高农作物的抗病性等多种方法实现。最低成本法就是要在这些不同的实施方案中，通过具体的成本计算和比较，找出成本最低的方案。这种方法尤其适用于那些效益较为明确，但难以直接量化评价的情况，能够帮助决策者在多个可行方案中做出经济效率最高的选择，从而在资源有限的情况下将绿色农业的发展效果最大化。

（五）公众评判法

公众评判法是一种更为直接反映公众意见和满意度的绩效评价方法，具体是指利用专家评估、问卷调查等多种手段，收集关于绿色农业项目或政策的直接反馈信息，以评价绩效目标实现程度。通过对农户和消费者进行问卷调查，可以了解他们对于某个绿色农业技术或政策的看法、接受程度以及实际影响，通过专家评估则可以从更加专业的角度评价项目或政策的科学性和实用性。公众评判法的优势在于能够直接反映受众的真实感受和需求，确保绩效评价结果更加人本化和贴近实际。此外，这种方法还有助于增强政策的透明度和公众的参与度，通过广泛收集各方意见来提升绿色农业政策或项目的社会认可度和有效性。

三、绿色农业发展的绩效评价阶段

绿色农业项目单位首先进行自评，其后省级农业相关部门或其下属部门对这些自评结果进行汇总，形成一份综合的自评报告。接着，上级农业部门负责组织开展检查和复核工作，对各项目单位的自评进行验证和补充，确保评价结果的准确性和客观性。最后，根据各项目单位的绩效指标完成情况，综合评估并得出最终的评估结果，形成正式的评价报告。整个评价工作分为四个主要阶段，具体如图 8-1 所示：

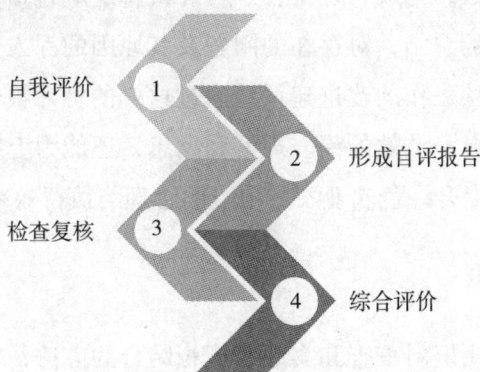

图 7-1 绿色农业发展的绩效评价阶段

（一）自我评价

绿色农业项目建设单位需要根据评价和考核的标准、具体的指标以及所需的证明材料进行自我评价。具体而言，单位要在实地考察的基础上，对照绿色农业项目绩效评价指标体系中的每个具体指标和评价标准进行逐项打分，并提供相应的证明材料来支持评价结果。如果一个建设单位涉及多个项目，必须对每个项目单独进行评价，并为每个项目单独生成自评分数。这样的自评过程旨在促进单位全面、客观地评估自身在绿色农业项目实施中的绩效。

（二）形成自评报告

省级农业部门或其下属单位首先需发布绩效考核的工作方案，该方案应详细阐明考核的方法、工作要求以及结果的应用等方面，从而为绿色农业项目单位的自评提供明确的指导和监督。在省级农业部门或下属单位的监督下，各项目建设单位将基于实地评价完成自评，并提供自评报告。省级农业部门或其下属单位在接收到各项目建设单位的自评报告后，要进行综合分析和校核，修正项目自评分数，包括对每个项目的自评分数进行权重调整，确保评分反映了项目的总投资规模和重要性，进而计算出整个省级或单位级别的加权平均自评分数，完成自评报告。自评报告还应包括对项目实施过程中的优秀做法和经验的总结，对存在的问题及其原因的深入分析，以及对未来项目建设和绩效考核工作的改进建议。通过这样的自评报告，不仅可以促进各项目建设单位对自身绩效的深入理解和反思，还能为上级管理部门提供决策支持，帮助持续提升绿色农业发展项目的管理与执行效率。

（三）检查复核

农业农村部采用资料审查和实地复核相结合的方法，对省级农业部门或下属单位的自评报告进行检查复核，以保障评价结果的客观性和公正性。在资料审查过程中，农业农村部组织专家团队对省级农业部门或部属单位提交的自评报告及其支持证明材料进行详细核查，以验证自评报告的真实性和完整性，确保所提供的信息和数据是准确无误的。在审查过程中，如果发现信息缺失或不一致，专家组会要求提交单位补充相关材料，以确保评价的准确性。

实地复核是通过实地访问和检查，由具备基建、财务和技术专长的专家组成的考核团队执行。他们采用随机抽查的方式，对选定的项目进行现场考察，以验证自评报告中提供的数据和信息。通过实地复核，评价团队可以直接观察项目的实际进展和成效，对照自评报告进行校核和修正。这不仅有助于发现和纠正可能的偏差，还能增加评价过程的透明度和公信力。

当检查复核过程中发现与省级农业部门或部属单位的自评分数存在明显差异时，农业农村部会与相关单位进行沟通协商，并附简要的文字说明，确保结果客观可靠。

（四）综合评价

根据前期的检查复核结果，对各项目单位的自评分数进行必要的调整和综合评价，汇总形成分项目评价报告和总体评价报告，评出"优秀、良好、一般、较差"四个档次，提交农业农村部绩效管理领导小组审定。

四、绿色农业发展绩效管理的意义

（一）有利于促进绿色农业发展目标的实现

通过实施绩效管理，绿色农业的发展目标更有可能得到实现。绩效管理核心指标的落实使得绿色农业发展的各项活动和项目都有具体的评估标准，不仅增强了目标实现的透明度和可测量性，而且有助于及时发现和纠正偏离目标的行为，确保资源被有效利用。此外，绿色农业发展绩效管理有助于调动和激励各级政府及相关部门更加积极主动地参与绿色农业发展，共同推进农业现代化和可持续发展目标的实现。

（二）有利于促进绿色农业发展管理理念的转变

从管理理念的转变角度来看，绿色农业发展绩效管理的推进有助于推动农业管理从传统的以经验为主向更加科学化、精细化和规范化的转变。通过绩效管理，可以促进农业管理者和工作者对其责任和任务有更清晰的认识，明确各自的工作职能，规范行政程序，从而有效提升行政效能和服务质量。

特别是通过绿色农业绩效管理创新项目的实施，不仅优化了管理流程，还促进了管理模式和工作方式的创新，为绿色农业的持续发展提供了坚实的管理支撑。这样的管理理念转变最终将促进绿色农业向更加高效、环保和社会责任明确的方向发展。

（三）有利于提高绿色农业发展扶持资金的使用效率

在公共财政资金的分配和使用上，确保资金能够有效地用于市场无法充分提供的公共产品或服务是政府职能的重要体现。然而，政府干预并非总能达到预期效果，有时甚至会因为管理不当而产生资源浪费或效率低下的问题。深化绿色农业发展绩效管理的改革，对于确保公共资金的有效利用、提升管理效率、防范廉政风险具有重要作用。通过建立科学、精细的绩效管理体系，可以对绿色农业项目的成本和收益进行详尽的分析评估，使得资金被用于最能产生积极环境和社会效应的项目上，提升资金使用的透明度和可追溯性，从而大幅提高资金的使用效率。

（四）有利于提高绿色农业公共政策的效率

通过实施绿色农业发展绩效管理，可以为政府绩效考核提供一系列完备的程序方法，从而科学地评价各项公共政策所产生的效益。对于公共政策运行不当的地方加以改进，对于完成得比较好的地方继续加以发扬，切实有效地提高公共政策的绩效。

第二节　绿色农业发展绩效的评价指标体系构建

一、绿色农业发展绩效评价指标体系构建的理论依据

（一）系统论

系统论是一门研究各种系统的共性规律和特征的学科。在系统论中，系统是由多个相互关联、相互作用的部分组成的整体，这些部分共同实现系统的功能和目标。系统论关注于系统内部的结构（各部分之间的联系）、功能（系统的作用和目标）以及系统与环境之间的交互关系。它使用数学和逻辑方法来描述系统的行为，旨在建立一套普适的原理和模型来解释不同系统的行为和特性。系统论对于绿色农业发展绩效评价指标体系构建的指导意义在于：

（1）提供了系统观念的指导。在构建绿色农业发展绩效评价指标体系时，系统论鼓励我们从整体的视角出发，考虑绿色农业发展的各个方面，确保指标体系全面覆盖绿色农业的关键维度。这意味着评价体系应全面反映绿色农业的经济、环境和社会三大目标，同时考虑到不同目标之间的相互作用和平衡，确保指标之间的系统性和互补性。

（2）在确定具体指标时，不仅要关注单个指标的功能和作用，还要考虑指标之间的相互关系和联动效应。这有助于识别和选择那些能够相互支持、共同作用以全面反映绿色农业绩效的指标，避免指标孤立、碎片化，增强评价体系的整体有效性和一致性。

（3）站在整个指标体系的高度，从有利于提高绿色农业发展绩效这一战略角度审视指标体系的科学性，有助于促进战略目标的实现。

（二）新公共管理理论

新公共管理理论起源于 20 世纪 80 年代，是对传统公共行政理论的创新。它主要受到市场机制、企业管理和经济学理论的影响，强调公共部门应借鉴私营部门的管理方法，提高效率、强化绩效、注重客户服务，并追求更大的成本效益。新公共管理理论提倡使用更具市场导向的管理手段，如契约化、竞争性外包、绩效评估、成本控制等，以提升公共服务的质量和效率。

新公共管理理论的核心观点包括：

（1）提高公共服务的效率和效果，通过引入竞争机制和市场原则来激发公共部门的活力；

（2）推广绩效管理和质量管理，确保公共服务的质量和公共资源的有效使用；

（3）强调客户（公众）满意度，认为政府应像私营部门那样重视用户需求和服务质量；

（4）倡导灵活性和创新性，在管理实践中鼓励创新思维和方法，以适应环境的变化。

新公共管理理论对构建绿色农业发展绩效评价指标体系的启示主要体现在以下两个方面：

第一，在绿色农业发展绩效评价指标体系构建中，新公共管理理论强调应将市场和受益对象的需求放在核心位置。评价指标体系需要紧密围绕项目对农民和其他项目单位带来的具体利益和改进进行设计，使得评价指标能够真实反映项目对其直接受益者的影响和价值。这种以受益者为导向的评价观念有助于使评价结果更加客观、贴近实际，从而为绿色农业项目的优化和改进提供有力支持。

第二，新公共管理理论提倡在绩效评价中全面考虑项目的投入资源和产出成果，强调效率和效益的平衡。在构建绿色农业发展绩效评价指标体系时要综合评估项目的成本效益，不仅要量化评价项目的直接经济产出，还需考虑其对环境和社会的影响。通过这种全方位的评价，可以更加准确地揭示绿色农业项目的综合价值和可持续性，促进资源的高效配置和绿色农业的长远发展。

（三）平衡记分卡理论

平衡记分卡理论是由美国学者罗伯特·卡普兰（Robert S. Kaplan）和大卫·诺顿（David P. Norton）在 20 世纪 90 年代初提出的一种综合性绩效管理工具。该理论强调应从财务、客户、内部业务流程、学习与成长四个维度全面评价组织的绩效。具体而言，财务维度关注组织的财务表现，如收入增长、成本控制、资产回报等，传统的绩效评价多集中于此维度。客户维度关注客户满意度、客户忠诚度等，强调了组织应对客户需求的响应能力和服务质量。内部业务流程维度关注组织内部运营效率和效果，评价组织在内部流程优化、质量控制、时间管理等方面的表现。学习与成长维度评价组织的创新能力、员工技能提升、信息技术应用等，关注组织未来发展和持续改进的潜力。

平衡记分卡理论对于构建绿色农业发展绩效评价指标体系的指导意义体现在两个方面：一是平衡记分卡理论鼓励从多个维度全面评价组织绩效，生态效益、农民满意度、农业可持续性等，以实现绩效管理的全面性和均衡性。二是平衡记分卡强调将战略目标转化为具体的评价指标，为绿色农业发展提供了将战略目标具体化、量化的方法论。这有助于明确绿色农业发展的长期目标和短期行动指南，使得评价指标体系与绿色农业的发展战略紧密结合，促进战略目标的有效实施。

二、绿色农业发展绩效评价指标选取的基本原则

绿色农业发展绩效评价指标选取的基本原则如图 7-2 所示。

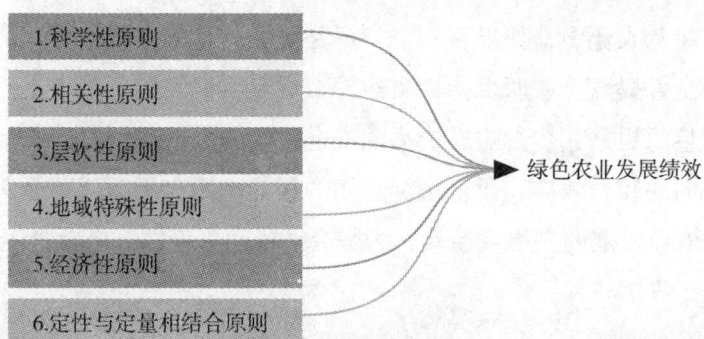

1.科学性原则
2.相关性原则
3.层次性原则
4.地域特殊性原则
5.经济性原则
6.定性与定量相结合原则

绿色农业发展绩效

图 7-2 绿色农业发展绩效评价指标选取的基本原则

（一）科学性原则

第一，在选取指标的过程中应该讲究科学的方法，以提高评价结果的有效性和可靠性。具体而言，要综合运用主客观相结合的方法，如专家咨询法、频度统计法和理论分析法等。专家咨询法是指借助行业专家的知识和经验选取指标。通过组织专家小组讨论或进行一对一咨询，可以集中行业内的智慧，使得选定的指标既具有理论基础又符合实践经验。频度统计法通过分析特定指标在现有研究或实践中出现的频次，帮助识别哪些指标是业界共识认为重要的，从而增强指标的普适性和接受度。理论分析法则要求对每个潜在的指标进行理论论证，使得选取的每个指标都有坚实的理论依据，并与绿色农业发展的目标紧密相关。

第二，指标本身必须能够准确反映绿色农业可持续发展的各个方面，这要求指标的定义清晰、测量方法明确。指标应详细描述其测量的具体内容，包括测量的维度、数据来源、计算方法等，使得不同的评价者可以得出一致的评价结果。明确的指标有助于评估绿色农业政策和项目的实际影响，促进决策的透明度和科学性，同时为绿色农业的持续改进提供可靠的数据支持。

（二）相关性原则

相关性原则要求评价指标不仅独立有效，而且彼此之间应具有内在的逻辑联系，能够相互验证和补充，使得整个指标体系的协调一致和互相支撑。按此原则，指标选取时应重视它们之间的关系，避免指标间的重复和冗余。例如，在绿色农业中，如果有一个指标是土壤质量的改善，另一个可能是农产品的安全性提高，这两个指标虽然看似独立，但实际上是相互关联的，因为土壤质量的提升直接影响农产品的安全性。相关性原则有助于揭示绿色农业各个方面的综合效应，通过指标之间的相互作用和影响，更全面、深入地理解绿色农业发展的多维度绩效，为综合评价和决策提供更为坚实的基础。

（三）层次性原则

层次性原则要求指标体系应当按照不同的层级或维度组织和分类，从而能够全面而有序地反映绿色农业发展的多方面绩效。这种层次化的结构不仅有助于更系统地理解和分析绿色农业的各个组成部分及其相互作用，而且可以确保评价结果的全面性和深入性。在实施层次性原则时，可以将指标分为宏观、中观和微观三个层次，或根据具体需要进一步细分。宏观层面的指标可能关注整个行业或国家层面的绿色农业发展，中观层面的指标可能针对特定区域或项目，而微观层面的指标则聚焦于具体的农业实践或操作。此外，指标体系还应该兼顾不同维度，例如经济、环境、社会等，确保对绿色农业发展的全方位评价。这种分层次、多维度的指标体系不仅能够为决策者提供更加细致和具体的评价结果，还有助于识别和解决问题，促进绿色农业的持续改进和优化。

（四）地域特殊性原则

地域特殊性原则强调在构建绿色农业发展绩效评价指标体系时需考虑各个地区的特定环境、文化、经济和社会条件，使得评价指标既具有普遍性又能反映地区间的差异。例如，一个水资源丰富的地区和一个干旱地区在绿色农业发展的优先领域和挑战上可能大相径庭，因此在评价指标的选取上也应有所区别。地域特殊性原则要求评价体系在保持一般性指标不变的同时，能够灵活地纳入反映各地特色和关键问题的指标。这样，评价结果不仅能够更真实地反映各地绿色农业发展的实际情况，也有助于地方政府和农业管理者根据本地实际情况制定或调整策略，促进绿色农业的地区适应性发展。

（五）经济性原则

经济性原则是指在选取评价指标时应当优先考虑通俗易懂、符合现实条件.具有较强可操作性的指标，全面考虑成本效益性。绩效评价指标要满足定性指标可衡量、定量指标可量化的要求，在确保评价目标实现的前提下，应当尽量精简，避免指标之间呈现信息重复，并且应涵盖尽可能多的信息量，以减少信息收集成本。对于一些具有很好衡量效果但需要付出高额成本的指标，应当考虑使用一些效果相当且获取成本较低的指标来替代，从而以较小的成本高质高效地完成绩效评价工作，达到更好的绩效评价效果。

（六）定性与定量相结合原则

定量指标通过数值直观展示绿色农业的具体成效，如产出率、资源利用效率、节能降耗程度等，便于进行精确测量和比较分析。而定性指标则补充了定量指标的不足，提供了对项目成效背后更深层次理解的可能，如农业可持续性的社会认同度、农民满意度和生态环境改善的质量感知等。在选取评价指标时，要注重设计可量化的指标，坚持定量与定性相结合，以定量指标为主的思路，确保评价结果的客观性。对于无法量化的内容可采用定性指标进行评价。通过把各个层面的目标，转化为可以定量或定性的指标，并对相应的指标进行监测，再通过对绩效指标监测和数据信息的分析，评估目标是否得以实现或实现的可能性。

三、绿色农业发展绩效评价指标体系的具体设计

笔者设计的"绿色农业发展绩效评价指标体系"具体如表 7-1 所示。

表 7-1　绿色农业发展绩效指标评价体系

目标层	准则层	指标层
绿色农业可持续发展	社会系统	农村人口增长率
		各类技术人员数量
		百户拥有通信工具
		城镇化率
		农业劳动力就业率
		农业教育与培训参与度
	经济系统	农产品商业化率
		农业总产值
		粮食总产值
		农民人均收入
	生态系统	森林覆盖率
		农用化肥施用量
		废水排放量
		废气排放量
		固体废弃物排放量
		生物多样性指数
		水资源利用效率

第三节　绿色农业发展绩效管理的完善措施

目前，尽管我国的绿色农业发展绩效管理和评价工作已经取得了一定的成果，但仍面临着评价体系不够系统、深入，以及对实际工作指导作用不足等挑战。为了充分发挥绿色农业发展绩效管理的作用，提升其在经济、社会和生态环境效益方面的贡献，可以采取以下策略来优化绿色农业的绩效管理实践。

一、加强绿色农业发展绩效管理的组织领导

（一）落实主要领导负责制

在这种制度下，主要领导的角色不仅仅是决策者和指挥者，更是参与者和推动者。第一，他们需要深入了解绿色农业的发展现状和绩效管理的具体情况，通过定期听取工作汇报，掌握第一手资料，这种直接参与的过程有利于领导层对绿色农业发展的深刻理解和对绩效管理工作的精准把握。第二，主要领导的积极参与可以为团队树立明确的工作目标和标杆，这种领导示范效应是通过文件和会议指示难以实现的，它能激发团队成员的积极性和创造性，促进团队协作和工作效率的提高。第三，主要领导还需要担负起协调角色，处理绩效管理过程中出现的各类难点和问题。在绿色农业发展中，可能会遇到资源分配、政策支持、技术创新等多方面的挑战，主要领导需要集合各方资源和智慧，寻找问题的解决方案，推动难点问题的突破。第四，主要领导要促进绩效管理与业务工作的有机融合。绩效管理不应是一个孤立的、附加的工作模块，而应与绿色农业的日常业务工作紧密结合，形成互相支撑、相互促进的关系。这种融合可以帮助组织更好地实现战略目标，促进绿色农业的可持续发展。

（二）健全绩效管理工作机制

健全绩效管理工作机制是确保绿色农业发展绩效管理能够高效、有序进行的基础。一是要强化领导小组成员单位的组织协调工作。领导小组成员单位负责统筹协调各方面资源和力量，确保绩效管理工作的顺利推进。领导小组成员单位要定期组织会议评审绩效管理进展情况，识别存在的问题和短板，及时调整策略和计划。同时要强化日常监管和督促检查，确保绩效管理各项任务得到有效执行，防止任务延误或执行质量不达标。二是各部门在执行本单位绩效管理工作时，应加强对归口管理事业单位的指导。各部门不仅要在自身的绩效管理工作上做到位，还要对下属或相关联的事业单位进行指导和帮助，确保其绩效管理工作的有效开展。这种跨部门、跨层级的指导和支持，有助于形成统一的绩效管理标准和流程，避免管理混乱。通过定期的交流和培训，可以提升归口管理事业单位在绩效管理方面的能力和水平，确保整个组织在推动绿色农业发展方面能够同步前进，形成合力。三是做好绩效管理牵头部门与省级农业部门之间的沟通协调。绿色农业发展绩效管理牵头部门不仅要在内部管理上做好工作，还要能够有效地与上级和相关部门沟通协调，确保策略和行动的一致性，推动相关工作的无缝对接。这种对外的沟通和协调工作对于获取上级支持、协调资源、分享最佳实践和解决跨区域、跨部门的问题至关重要。四是事业单位要主动参与，强化支撑，更好地响应绩效管理的要求，为推动绿色农业发展贡献力量。

（三）夯实绩效管理工作基础

第一，积极开展绩效管理理论研究，夯实绿色农业发展绩效管理工作基础。通过深入研究绩效管理的理论，可以为绿色农业绩效管理提供科学的指导和支持。理论研究应关注绩效管理在绿色农业特定背景下的应用，探索适合绿色农业特性的绩效管理模型和方法。通过理论创新，可以提升绩效管理的科学性、系统性和前瞻性，帮助相关部门更好地理解和把握绩效管理的核心要素和操作流程，从而在实际工作中更加有的放矢。此外，理论研究还应注重实践的结合，将理论成果转化为实际操作的指南，确保绿色农业绩效管理既有坚实的理论基础，又能有效应对实际工作中的各种挑战。

第二，加快绩效管理信息化建设，提高绿色农业发展绩效管理工作质量和效率。信息化建设包括开发适合绿色农业绩效管理的软件系统、建立绩效数据的电子化管理和分析平台等。这些信息化工具可以帮助管理人员实时收集、处理和分析绩效数据，提高数据处理的准确性和效率。同时，信息化建设还有利于提高绩效管理的透明度和公正性，通过系统自动记录和跟踪绩效评价的全过程，减少人为干预和主观偏差。此外，信息化还能促进绩效管理知识的共享和交流，加强各部门和单位之间的协作和协调，为绩效管理的整体优化和提升创造有利条件。

第三，加强绩效管理队伍建设，强化教育培训，促进绿色农业绩效管理工作持续发展。建立一支专业化、高素质的绩效管理干部队伍，需要从选拔、培养和使用等方面入手，为绩效管理工作提供强有力的人才支持。培训方面，应重视对绩效管理理念、政策、方法等方面的系统教育，同时也要注重实践技能的培养，使绩效管理人员能够熟练应用各种绩效管理工具和方法，有效应对工作中的各种挑战。除此之外，还需要建立激励和约束机制，激发绩效管理人员的工作热情和创新精神，促使他们在工作中不断进取，为绿色农业发展绩效管理贡献力量。

（四）推动形成绩效文化

一是坚持以人为本，把查找问题、分析原因、提出改进措施作为结果运用的重心，积极研究绿色农业发展绩效管理激励政策，鼓励支持事业单位将绩效评估结果与绩效工资、绩效奖金挂钩，充分调动并保护干部职工的自觉性、积极性和主动性。

二是积极开展绩效文化建设，促使绩效管理深度融入组织文化。绩效文化的建设需要引导广大干部职工准确理解绩效管理的理念和内涵，熟悉绩效管理的知识、制度、流程和方法。这种文化建设努力让绩效管理成为组织文化的一部分，使其不仅是一套外部强加的规章制度，而是每个成员内心认同和自觉遵循的价值观和行为准则。当绩效管理理念内化于心、外化于行时，干部职工将会在日常工作中自然而然地运用绩效管理的原则和工具，促进个人和团队的持续改进和发展。这样的文化氛围有助于形成一个学习型、创新型的组织，进而为绿色农业的可持续发展提供强大的人文支撑和动力。

二、健全绿色农业发展绩效管理的法律制度

（一）制定专门的法律法规

专门的法律法规可以明确绿色农业绩效管理的定义、目标、原则和框架，为绿色农业绩效管理提供明确的法律依据和指导。这些法律法规应涵盖绿色农业的各个方面，包括资源使用、产品安全、环境保护等，确保绿色农业发展的各项活动都能在法律框架下进行。此外，法律法规还应明确相关部门和各级政府在绿色农业绩效管理中的职责和义务，促使他们能够在法律框架内有效地履行职责。

（二）建立健全执法和监督机制

即使法律法规再完善，如果缺乏有效的执行和监督，也难以达到预期的效果。因此，需要建立一套包括监督、检查、评估和反馈在内的全面执法机制，使得绿色农业发展绩效管理法律法规得到有效实施。一是对违法行为进行严格查处，二是通过定期的监督和评估来不断优化和调整法律法规，使其适应绿色农业发展的需要。

（三）加强法律意识和法治教育

即便法律法规完善，监督机制健全，如果社会公众和农业从业人员缺乏法律意识，法律制度的效力仍然会受到限制。因此，需要通过多种渠道和方式加强法律意识和法治教育，让所有社会成员都理解和认识到遵守绿色农业发展法律法规的重要性。这不仅包括对农业从业人员的直接教育，也包括通过媒体、公共活动等方式提高公众对绿色农业和绩效管理法律制度的认知，从而形成全社会支持和遵守绿色农业发展法律制度的良好氛围。

三、深入探索专项工作延伸绩效管理

（一）完善延伸绩效管理办法

进一步完善绿色农业发展绩效管理办法，延伸绩效管理的考核方案，根据实施过程中发现的问题，改进具体操作方式方法，及时出台延伸绩效管理实施办法，探索建立长效机制，不断提高实施效果。

（二）对绩效管理的配套体系进行完善

第一，建立合法、规范、真实的统计数据系统。统计数据系统应当确保数据的准确性和可靠性，为绩效评估和决策提供坚实的基础。实现这一点需要对数据收集、处理、存储和发布的每一个环节设定明确的标准和要求，确保数据不被篡改、伪造或误用。同时，统计数据系统不仅要满足国内需求，还应与国际标准相一致，以便于国际比较和合作。

第二，构建基于绩效的预算体系。将绩效管理的理念和方法应用于预算编制、执行和监督的全过程，以促进资源的有效利用和资金的适当分配。通过将预算与绩效目标直接挂钩，可以增强成本核算和监督的力度，使每一分投入都能产生最大的回报。这种预算体系不仅有助于降低成本、提高效率，还能促进财务管理的透明度和公正性，从而提升绿色农业项目的整体绩效和可持续性。

第三，将绩效评价纳入日常管理工作。绩效评价应该成为日常管理的一部分，与组织的长期目标和战略紧密相连，这样可以减少因内部评价事务造成的工作波动。通过持续的绩效评价，组织可以及时发现问题、调整策略，促进工作方法和管理流程的持续改进。此外，日常化的绩效评价还有助于构建一种以结果为导向的工作文化，激发员工的积极性和创造性，从而在促进科研工作进程和提高效益方面发挥积极作用。

第八章 绿色农业发展的风险管理

第一节 绿色农业风险概述

一、绿色农业风险的概念与构成

（一）绿色农业风险的概念

绿色农业风险是指从事绿色农业生产和经营时遇到的、无法预测的不确定因素，这些因素可能导致绿色农业从业者面临收入损失的不确定性。这类不确定性往往是难以预测的，并且即使预见到，人力也难以完全控制。由于农业本身易受气候、市场、技术、政策等多种因素影响，它是一个本质上充满风险的产业。绿色农业系统特别依赖自然气候，并且对市场和社会环境的依赖也同样重要。在这样的背景下，任何对绿色农业不利的外部环境变化都可能对绿色农业的生产造成极大的不确定性和不可控性。

（二）绿色农业风险的构成

在绿色农业的生产和经营中，风险损失与风险报酬都受到不确定因素的影响，这让绿色农业的经营者必须面对可能获得报酬或遭受损失的双重可能性。存在不确定因素的地方，既有可能获得报酬也有可能产生损失；通常情况下，较高的风险报酬往往伴随着较大的风险损失。那些不愿意承担风险的绿色农业经营者可能会失去重要的机会。绿色农业风险主要由风险因素、风险事件和风险损失这三个组成部分构成。

1. 风险因素

在绿色农业的风险中，风险因素指的是增加风险事故发生的概率或者严重程度的事件。风险因素可以被分为有形风险因素和无形风险因素。有形风险因素主要涉及物理或环境条件，例如极端气候事件如暴雨、干旱和地壳活动等自然现象，这些因素可直接导致农作物损失，影响土地生产力。此外，农业基础设施如灌溉系统和建筑结构的质量也是有形风险因素，这些因素决定了农业资产的抵抗风险的能力。与有形风险因素相对的是无形风险因素，这些因素通常关联到人的行为和道德层面。道德风险因素涉及农业从业者可能的不诚实行为或欺诈，这类行为可能故意引发风险事件或扩大已发生的损失。而行为风险因素则包括从业者的疏忽、粗心或缺乏关注，这些行为易导致风险事件的发生或使损失加剧。综上，无论是有形风险因素还是无形风险因素，它们都需要通过有效的风险管理措施来控制和缓解，以保障绿色农业的可持续发展和经济效益。

2. 风险事件

风险事件是指那些实际发生并可能导致经济损失或人身伤害的偶发事件。这些事件由潜在的风险转化为具体的损害，起到了将潜在风险具体化的媒介作用。例如，洪水、虫害和火灾等自然及人为灾难都可视为风险事件。这些事件在发生时，不仅可能导致直接的物理损害，如作物被毁、设施被破坏，还可能引起间接影响，比如市场供应减少、价格波动等。因此，理解并识别这些风险事件，并通过适当的预防和准备措施来减轻其影响，对于保护绿色农业的持续性与生产效率至关重要。

3. 风险损失

风险损失指的是由于风险事件的发生而导致的非故意的、非预期的经济价值减少。这种损失具有可度量的货币价值，表现为直接损失和间接损失。直接损失包括农作物损毁、农业设备损坏等，而间接损失则可能包括因灾害影响导致的市场价值下降、生产能力减少。风险和损失之间的因果关系很清晰：风险的实现导致了损失的发生。在绿色农业中，理解这一关系有助于农业经营者采取预防措施，比如保险购买、多样化作物种植等策略，以减轻风险转化为实际损失的可能性和影响。

二、绿色农业风险的特征

绿色农业风险的特征主要体现在以下五个方面，如图 8-1 所示。

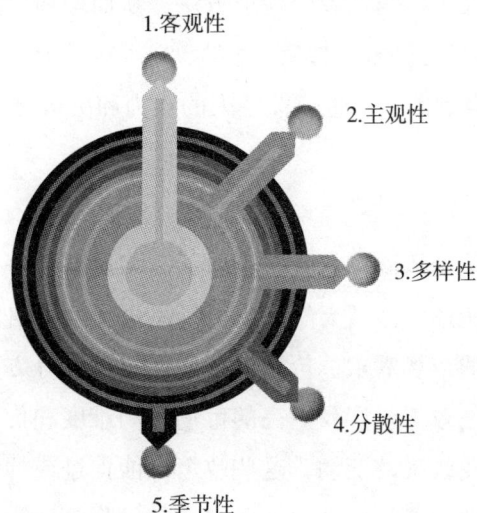

1.客观性
2.主观性
3.多样性
4.分散性
5.季节性

图 8-1　绿色农业风险的特征

（一）客观性

由于绿色农业生产活动深深根植于自然环境中，生产者不可避免地受到自然法则和环境因素的制约。这包括地理位置、气候变化以及其他自然环境的变化，如季节性气候异常和自然灾害。这些风险的存在是客观的，无法通过人为措施完全避免。例如，农业生产受到不可预测的极端天气事件的影响，如旱灾、洪水或冰雹，这些都是农业生产者无法控制的。因此，绿色农业的风险管理需要考虑这些不可避免的客观因素，并制定相应的适应和缓解策略。

（二）主观性

绿色农业的风险不仅仅是由自然因素引起的，人的行为和决策也在很大程度上影响着风险的产生和管理。从生产者的"不作为"到"胡作为"，人的主观因素在绿色农业风险构成中占据了重要位置。例如，在一些农村地区，农民可能因为传统观念而依赖自然、忽视防灾减灾措施，或者由于知识和技术的限制，采取不适当的农业生产方法，从而增加风险。此外，人为的不法行为，如市场操纵或资源破坏，也会增加生产风险。因此，绿色农业风险管理不仅要关注自然因素，也需关注人的行为和决策对风险的影响。

（三）多样性

绿色农业所面临的风险种类繁多，包括自然风险、市场风险和政策风险等。自然风险如前所述，涉及天气、灾害等不可预测的自然事件。市场风险体现在绿色农产品的市场需求、价格波动和竞争压力等方面，特别是绿色农产品往往面临着比一般工业产品更高的市场入门难度和价格不稳定性。政策风险则涉及国家农业政策的变动，这些政策可能促进或抑制农业的发展，影响农业生产的经济性和可持续性。绿色农业的风险管理需要全面考虑这些多样化的风险因素，采取综合措施以减轻潜在的负面影响。

（四）分散性

绿色农业风险的分散性体现在几个方面。首先，由于绿色农业主要以家庭为单位进行经营，这种模式意味着没有统一的风险衡量标准和操作规范，每个家庭可能会有不同的生产方法和风险管理策略。其次，风险在众多农业生产者中被分散承担，虽然这有助于分散单个事件可能造成的影响，但同时也意味着单一农户面对频繁的风险事件时，可能缺乏足够的资源来抵御这些风险。最后，绿色农业风险的地域性也非常显著，不同地区面临的主要风险类型不同，如中国北方地区更易遭受旱灾，南方地区则更多面临洪涝灾害，东部沿海地区常受台风影响，而西部地区可能更多面临技术和市场风险。因此，制定绿色农业风险管理策略时，必须针对不同地区的具体条件和风险类型进行详细分析，确保风险管理措施的有效性和适应性。

（五）季节性

绿色农业风险的季节性是其另一显著特征，这主要由农业生产的季节变化直接影响。绿色农业生产活动通常高度依赖季节，如播种和收获时间严格受季节影响。如果错过关键的生产窗口，可能会导致整个生产周期的失败，从而造成重大经济损失。此外，由于大部分绿色农产品在相同的季节内集中上市，市场供需可能出现短时间内的极大波动，如同一时间大量产品涌入市场可能导致价格暴跌，或者在某些季节内产品短缺导致价格飙升。这种季节性的市场风险对农业经营者的影响极大，要求他们不仅要精准掌握生产节奏，还需对市场趋势有充分的预判和应对策略，以最大化收益并减少风险。

三、绿色农业风险的主要类型

（一）自然风险

自然风险主要源于自然灾害，如洪水、旱灾、台风、冰雹、沙尘暴等气象灾害，以及风暴潮、海啸等海洋灾害，还包括生物灾害如蝗虫侵袭等。我国作为一个自然灾害频发的国家，各种自然灾害对农业生产构成了严峻的挑战。这些自然灾害直接影响到作物的生长周期和产量，导致严重的经济损失，并且影响食品安全和市场供应稳定。例如，洪水和台风不仅破坏作物，还可能导致土壤侵蚀和基础设施损毁，影响长期的农业生产能力。旱灾则可能引起水源短缺，影响灌溉，进一步加剧作物生长的困难。此外，生物灾害如蝗虫侵袭可以在短时间内毁灭大片农作物，对农业生产构成直接威胁。

（二）资源风险

资源风险是指在绿色农业生产过程中，由于自然资源的有限性以及社会对资源需求的无限性之间的矛盾导致的风险。绿色农业高度依赖自然资源，如土地、水源、生物种质资源等，这些资源的可持续供给是绿色农业安全生产的基础。然而，我国面临的自然资源匮乏，尤其是土地和水资源的短缺问题，对农业生产构成了严重的威胁。土地资源的减少和人口增长的压力使得土地使用的竞争日益激烈，导致可耕种的土地面积持续减少。水资源短缺则限制了农业的灌溉需求，尤其是在干旱地区。此外，随着环境污染和生态破坏的加剧，土壤退化、水质恶化等也在不断增加，从而加剧了绿色农业的资源风险。

（三）环境风险

环境风险指的是由于环境污染和生态破坏引起的对农业生产和发展的负面影响。在我国的农村地区，这种风险主要体现在过量或不合理使用农药和化肥等化学产品上，这些行为严重污染了土壤和水源。同时，家禽养殖和生活垃圾的不当处理，以及乡镇企业的废水、废气和废渣排放，恶化了地区环境，导致河流和水体广泛受到污染。这种水源的污染限制了农业用水的安全，使得许多地区的农民不得不用污染严重的水进行灌溉，这不仅影响作物的正常生长，还可能导致农产品质量下降，影响产品的市场价值和消费者健康。此外，环境退化如土壤盐渍化、沙化等也对农业生产构成威胁，这些因素加起来形成了环境风险，对绿色农业的可持续性造成了严重威胁。

（四）市场风险

市场风险是指国际和国内市场中不确定因素给绿色农业带来的损失可能性。在国际层面上，保护主义政策、反倾销措施和绿色贸易壁垒经常阻碍中国的绿色农产品出口，这些政策变动和市场限制直接影响了我国农副产品的加工产业和出口量，导致经济损失。国内市场的风险则体现在绿色农业生产能力的增加与市场需求之间的不匹配上。随着绿色农业的发展，农产品供应有时会超过需求，尤其是在市场基础设施不完善、供求信息不透明的情况下，这种不平衡尤为明显。农产品的过剩常导致价格下跌，使得农民和农业企业面临增产不增收的局面，影响他们的经济收益和生产动力。

（五）技术风险

技术风险在绿色农业中主要体现为技术应用的不确定性，即实际效果与预期效果之间的差异。首先，新技术的引入往往需要高投入，包括时间和资金，而其产出效果却受到多种因素的影响，如自然条件和市场环境，这增加了投资回报的不确定性。其次，由于农业生产过程中的技术往往容易被模仿，这降低了技术的独特性和竞争优势，从而可能影响农民的长期收益。再者，我国农民的整体教育水平相对较低，这限制了他们掌握复杂和高新技术的能力，从而导致技术应用失败的风险较高。最后，技术的适应性也是一个重要因素，不同的自然条件和地理环境可能会限制某些技术的效用，导致技术应用不成功或效果不如预期。

（六）政策风险

政策风险表现为政府政策变动给绿色农业发展带来的影响。国家宏观经济政策的变化直接影响到农业生产和经营的稳定性。例如，政府的利率调整、税收政策变更等均可影响农业投资的成本和回报，从而影响农业企业的财务状况和经营决策。地方政府的政策执行也存在变数，领导者决策失误或行政命令的干预可能导致绿色农业生产活动受到负面影响。此外，部分地方政府在土地管理上的不稳定政策，如单方面中断土地使用关系，可能妨碍农业项目的持续运营和发展。这些政策风险需要农业企业高度关注，通过灵活调整经营策略和增强与政府部门的沟通协调，以减少政策变动对企业造成的不利影响。同时，农业企业应该加强政策研究和预测能力，提前做好应对准备，以应对政策环境的变化。

第二节　绿色农业发展的风险识别

一、绿色农业发展风险识别的基本过程

风险识别是风险管理的基础。只有当人们准确地了解并识别出自己面临的风险时，才能够采取合适和有效的措施来应对。风险识别是指使用各种方法系统地、持续地探究和分析可能面临的风险及其潜在原因，这一过程发生在风险事故出现之前。鉴于我国绿色农业的生产、供应和销售条件随时间变化而具有显著的不确定性，再考虑到中国持续增长的人口和逐年减少的耕地面积，农业资源日益变得稀缺。因此，有效地识别和管理绿色农业所面临的风险，对于缓解资源稀缺的问题具有至关重要的作用。

绿色农业发展风险识别的基本过程包括几个关键步骤：

（一）感知风险

这是风险管理过程的起始点，目的是主动识别和感知可能影响绿色农业的各种潜在风险。在这一阶段，需要广泛搜集来自不同方面的信息，如自然环境的变化（气候异常、自然灾害等）、技术的适用性、市场需求的波动，以及政策和法规的更新等。通过与各利益相关者的沟通（包括农民、科研机构、市场分析师等），以及利用现有的数据和先进的预测工具，对那些可能对生产、供应链或销售产生影响的风险因素进行初步的感知和理解。

（二）分析风险

风险分析的目的是深入探讨已识别风险的具体特征和潜在影响。这个阶段的核心任务是评估各个风险的发生概率和对组织可能造成的影响程度。风险分析通常包括定性分析和定量分析两个主要方面。定性分析侧重于描述风险的性质、来源及其可能导致的结果，帮助相关组织形成对风险的基本理解

和认识。定量分析则尝试给出更精确的预测，如风险发生的数学概率和可能导致的具体损失量。例如，农业组织可能会评估某种病虫害暴发的频率和其对作物产量的具体影响，或者分析市场价格波动对收益的具体影响。这一分析过程需要收集历史数据、专家意见、现场调查结果等信息，以建立风险模型。风险分析的结果不仅帮助确定哪些风险是管理的重点，也为后续的风险评估与排序提供依据。

（三）风险评估与排序

在完成风险分析后，要对识别和分析的风险进行评估和排序。具体是指将风险按照它们对组织目标影响的严重性和发生概率进行分类。风险矩阵是风险评估与排序的常用工具，风险矩阵是一个二维表格，一轴代表风险发生的概率（低、中、高），另一轴代表风险造成的影响程度（低、中、高）。每个风险因子根据其概率和影响程度被放置在矩阵中的相应位置。这样的可视化帮助决策者快速理解哪些风险最需要关注和资源投入。高概率、高影响的风险（如重大自然灾害）将被优先考虑采取防范措施。风险排序不仅有助于资源的有效配置，确保优先处理最可能并且影响最大的风险，而且还促进了风险应对措施的系统化和战略化。通过这一阶段的工作，农业组织能够制定出更有针对性和实效性的风险管理策略，为应对潜在的风险做好准备。

二、绿色农业发展风险识别的基本原则

在对绿色农业进行风险识别的过程中，绝对不可盲目和毫无章法，必须遵循以下几条基本原则，如图 8-2 所示。

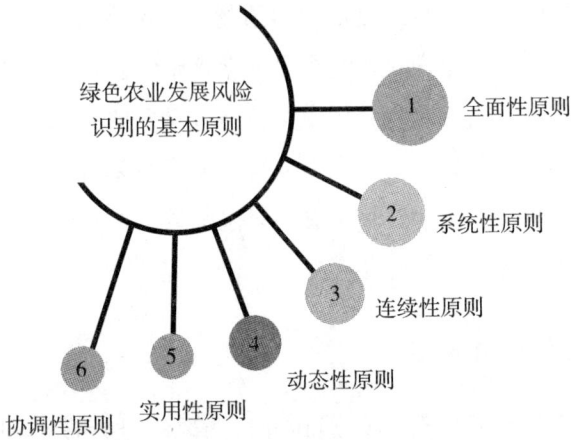

图 8-2　绿色农业发展风险识别的基本原则

（一）全面性原则

全面性原则要求人们对可能影响绿色农业发展的各种风险因素进行深入且全面的考察和分析。这种全面性要求识别过程中不仅涵盖所有可能的风险类型，而且还需要深入了解每种风险的特性和背景，包括风险发生的条件、影响范围、受影响的资源和可能发生的时间等。例如，识别由气候变化引起的长期风险时，需要分析未来几十年的环境趋势及其对农业生产的潜在影响。

（二）系统性原则

风险识别应当系统性地进行，这意味着风险管理流程需要整合入组织的整体运营中。系统性原则要求使用结构化的方法来识别风险，例如，通过建立风险数据库、采用风险评估模型和工具，以及设置跨部门的风险管理团队，确保风险识别在整个组织中均衡和一致。

（三）连续性原则

风险识别不是一次性活动，而是一个持续的过程。随着外部环境的变化和内部操作的调整，风险状况也可能发生变化。因此，绿色农业组织需要定期重新评估已知风险，并保持对新风险的警觉，以适应发展中的变化和新出现的威胁。

（四）动态性原则

风险识别应该具有动态性，能够反映出环境和市场条件的变化。这要求组织在识别风险时能够考虑到周期性变化、技术进步和政策更新等因素。动态性原则支持组织对风险进行前瞻性分析，以预测和准备未来可能出现的风险。

（五）实用性原则

风险识别的结果应当具有实用性，能够直接支持风险决策和管理策略的制定。这意味着识别的风险需要是可操作的，风险信息应具体到足以指导实际的风险应对措施。例如，明确指出风险发生的地点、可能的影响以及风险减缓的具体建议。

（六）协调性原则

风险识别应在组织内部不同部门之间进行协调，确保信息的共享和风险观点的一致性。协调性原则还要求考虑到组织外部的合作伙伴和利益相关者，如供应商、客户和地方社区，因为这些外部因素也可能影响组织的风险状况。

三、绿色农业发展风险识别的基本方法

（一）生产流程分析法

生产流程分析法也称作流程图法，在绿色农业发展中是一种重要的风险识别方法。这种方法强调通过细致分析从原料到成品的整个生产流程来发现潜在的风险点。在绿色农业生产中，从种子选择、种植、施肥、灌溉到收

割、处理和最终的产品包装，每个环节都可能隐藏着不同的风险。通过制作流程图，可以系统地检查每个步骤，评估其中的风险因素，如使用的化肥和农药的类型和量、灌溉系统的效率以及作物抵抗自然灾害的能力等。

在种植阶段，可以从种子的质量开始分析，考察种子是否具备良好的抗病虫害性能，是否适合当地的气候条件。在施肥环节，分析使用的肥料种类是否符合绿色农业的标准，肥料的施用量和方法是否能够最大限度地减少对环境的影响同时保证作物的生长需要。灌溉阶段评估水资源的可持续利用，检查系统是否存在漏洞，如水管老化或破损，以及灌溉方法是否最优化，收割和后处理环节的分析则需要关注收割机械的维护情况，作物的储存和处理条件是否能有效防止产品的损失和质量的下降。

通过流程图法，每个阶段的风险被明确标记并归类，管理者可以清楚地看到哪些环节需要优先处理，哪些措施可以施行来降低风险。

（二）风险专家调查列举法

风险专家调查列举法是在绿色农业风险识别中采用的一种系统方法，依靠专家的知识和经验来识别并分类潜在的风险。在应用这一方法时，风险管理团队会组织一系列的会议或访谈，邀请来自不同领域的专家参与。这些专家主要包括农业科学家、市场分析师、气候专家、财务顾问以及政策分析师等，涵盖绿色农业的各个方面。在讨论过程中，每位专家都会根据自己的专业领域提供对潜在风险的见解。

通过专家的调查和列举，可以收集到关于各种风险的详细信息，例如自然灾害的风险、市场价格波动的风险、新技术应用的失败风险、政策变动的影响等。这些风险会根据其性质被分类为直接或间接风险，财务或非财务风险，政治性或经济性风险等。例如，一位市场分析师可能指出，国际贸易壁垒的增加是一个政治经济风险，可能间接影响到绿色农产品的出口；而气候专家可能关注由于全球变暖导致的极端气候事件，这是一个直接的自然风险，可能导致农作物产量大幅下降。

完成风险列举后，风险管理团队会对收集到的数据进行分析，评估每种风险的可能性和潜在影响，从而制定相应的风险应对策略。

（三）资产财务状况分析法

资产财务状况分析法是一种重要的风险识别方法，特别适用于评估绿色农业企业的财务健康程度及其潜在风险。通过细致分析企业的财务报表（包括资产负债表、损益表以及财产目录），风险管理人员能够洞察企业的财务状况，识别那些可能导致财务困难的风险因素。这种方法通过审查资产的流动性、债务结构、收入的稳定性以及开支的可持续性，揭示出可能的财务问题。例如，如果一个农业企业的大部分资产都是不流动的，如土地和设备，而其短期债务较高，这可能指示着流动性风险。同样，通过分析损益表，可以发现收入是否过于依赖某个单一的作物或市场，这样的收入结构可能增加市场波动的影响。财务分析还可以展示成本控制的有效性和盈利能力的趋势，这对于预测未来的财务压力至关重要。通过这种全面的财务审查，企业可以预防潜在的财务危机，采取适当的风险缓解措施，确保财务稳定和可持续发展。

（四）分解分析法

分解分析法是指将一个复杂的事物分解为多个比较简单的事物，将它的大系统分解为具体的组成要素，然后从中分析可能存在的风险和潜在损失的威胁。失误树分析法是以图解表示的方法来调查损失发生前种种失误事件的情况，或者对各种引起事故的原因进行分解分析，来具体判断哪些失误最可能导致损失风险发生。

（五）SWOT分析法

SWOT分析法是一种广泛用于战略规划和风险评估的工具，它通过评估绿色农业项目的优势（Strengths）、劣势（Weaknesses）、机会（Opportunities）和威胁（Threats）来识别相关风险。在绿色农业的应用中，SWOT分析帮助决策者全面理解项目在当前和未来环境中的定位，以及它可能面临的内外部风险。优势分析揭示了绿色农业项目的内在优势，如可持续的农业技术、有机认证、生态友好的生产方法等，这些都是项目可以利用来增强市场竞争力的因素。劣势分析则关注项目内部的缺陷或弱点，如资金短缺、技术落后或缺乏有效的病虫害管理系统等，这些都是需要改进的地方以避免可能导致的负面影响。机会分析侧重于外部环境中可能带来的有利条件，例如政府补贴、市场需求增加或合作伙伴关系的建立，这些都可以作为项目发展的加速器。威胁分析则识别那些可能来自外部环境的不利因素，如政策变动、市场竞争加剧或气候变化等，这些都可能对项目产生阻碍作用。通过这种综合性分析，管理者可以制定出更有针对性的策略，优化资源配置，加强风险管理，确保项目的可持续发展。

（六）头脑风暴法

头脑风暴法在绿色农业项目中也是一种非常有效的风险识别方法，它通过组织项目涉及的各方人员（技术主管、经验丰富的生产人员和管理专家）进行自由而开放的讨论来激发创造性的思维和解决方案。在头脑风暴会议中，参与者被鼓励提出任何可能的风险点，无论是技术挑战、生产问题、市场风险还是管理缺陷，所有意见都被认真记录和分析。这种方法的优势在于能够利用集体智慧和多方视角，发现那些可能被忽视的风险，尤其是那些从日常操作中积累的实际经验中能够挖掘出的细微但关键的问题。头脑风暴法的开放性使得不同层级和背景的团队成员都可以自由地表达自己的观点，这对于揭示和解决那些可能不被人注意的复杂或隐蔽问题至关重要。

在实施头脑风暴法时，通常会设置一个无限制的思考环境，任何参与者都可以在没有批评的情况下提出想法。这种环境有助于促进创意的产生和共享，参与者可能会提出在常规思维模式下不会考虑到的风险。为了最大化头脑风暴的效果，会议应由一个有经验的主持人来引导，他们的任务是确保讨论的广度和深度，同时也要确保每个参与者都有机会发言。

（七）德尔菲法

德尔菲法在绿色农业发展风险识别中是一个非常有效的方法，尤其适用于处理复杂的问题。这种方法通过多轮匿名问卷调查来收集专家意见，并在每轮后提供前一轮的汇总反馈，以此为基础专家可以重新考虑自己的看法，从而逐步达成共识。

1.德尔菲法的特点

（1）匿名性。在德尔菲法中，参与者通常不会面对面交流，他们的身份对其他参与者保持匿名。这种匿名性有几个好处：首先，它帮助减少了所谓的"群体思维"现象，即个体倾向于追随群体意见，而不是表达自己真实的看法。其次，匿名性鼓励专家们更加坦诚地表达自己的观点，而不用担心面子问题或个人声誉。最后，由于专家们的意见不会直接与他们的身份关联，这可以减少权威影响，即较资深或知名度较高的专家意见对其他人的影响。

（2）统计性。在每一轮调查之后，协调员会对专家们的回答进行统计分析，如计算平均值、中位数或查看意见的分布情况。通过统计分析，可以更有效地整合并概括专家们的意见，使得最终的结果更具有代表性和可靠性。

（3）反馈性。每一轮调查之后，协调员会将汇总和分析的结果反馈给参与者，然后在下一轮中请他们考虑这些反馈信息并重新提出他们的意见。随着轮次的增加，参与者的意见往往会趋于一致。

2.德尔菲法的实施步骤

在绿色农业发展风险识别中，德尔菲法的具体实施步骤如下：

（1）定义问题和目标。在开始德尔菲法之前，首先需要明确风险识别的具体目标和问题。这包括确定研究的范围、关键问题和目标。在绿色农业项目中，需要识别由气候变化、市场波动、政策改变或技术创新带来的潜在风险。

（2）选择专家。选择一组具有相关领域知识和经验的专家。专家的选择应覆盖绿色农业的各个方面，如农业科学、环境保护、市场经济和农业政策等。专家的多样性可以增加获取的信息的广度和深度。

（3）设计调查问卷。设计初步的调查问卷，包括一系列开放式问题，目的是搜集专家对风险因素的初步看法。问卷设计应促使专家提供详细的意见，并可包括对风险发生可能性和影响的评估。

（4）进行第一轮调查。将问卷发送给所有选定的专家，并收集他们的意见。这一阶段不需寻求共识，而是尽量收集广泛的观点。

（5）数据汇总和分析。对第一轮调查收集到的数据进行汇总和分析。识别主要的风险因素，以及专家意见的一致处和分歧点。

（6）进行第二轮调查。基于第一轮的反馈，修改问卷并包括新的或未解决的问题，再次进行调查。此轮调查中可以要求专家考虑其他专家的观点，并对风险因素进行更深入的评估。

（7）数据再次汇总和分析。分析第二轮调查的结果，汇总数据，看是否达成了较高程度的共识。如果必要，可以进行额外的调查轮次，直到达到满意的共识水平。

（8）报告和实施。最终，整理德尔菲法过程中收集和分析的信息，形成详细报告。这份报告将包括关键风险的详细描述、风险发生的可能性、预期影响和建议的缓解措施。根据这些信息，绿色农业项目的决策者可以制定风险管理策略，以减少未来的不确定性和潜在的负面影响。

（八）数据分析法

数据分析法依赖于大量的数据收集和统计处理，通过分析历史事件的发生模式和频率，辅助决策者发现可能的风险点。在实际应用中，这种方法通常包括数据的采集、清洗和分析三个步骤。首先是数据采集，涉及从不同的信息源中收集关于农业活动的数据，如气候变化、作物病虫害发生记录等。其次，数据清洗过程中将去除错误和不相关的数据，确保后续分析的准确性。最后，通过统计分析工具，如回归分析、方差分析等，揭示数据中的潜在规律和关联性，从而预测和识别未来可能出现的风险。这种方法的有效性高度依赖于数据的质量和分析技术的先进性，能够提供定量的风险评估，帮助农业企业制定更为科学的风险管理策略。

（九）表格检查法

表格检查法是一种更为直观和结构化的风险识别方法，通过使用预先设计的检查表格来系统地识别和评估潜在的风险因素。这种方法要求实施者根据检查表中的条目进行实地考察，其条目可能包括土壤质量、灌溉系统状态、作物生长情况等多个方面。实施过程中，勘察人员需要依据其经验判断哪些因素可能导致风险，并据此做出相应的标记。表格检查法的优势在于它的结构化和系统性，可以确保不遗漏任何重要的风险因素。然而，这种方法也有其局限性，比如过度依赖于勘察人员的经验和主观判断，可能导致风险识别的不完全或偏差。因此，为了提高这种方法的有效性，通常需要对实施人员进行适当的培训，并定期更新检查表格以适应新的风险环境。

（十）试验验证法

试验验证法通过实际的试验活动来测试特定系统或技术在模拟的或控制的环境中的表现，从而有效地识别和评估潜在的安全风险。试验验证可以涉及多种形式，包括小规模的实验室试验和大规模的田间试验，这些试验能够提供关于新技术或方法在实际应用中可能遇到的问题和风险的直接证据。

在进行试验验证时，研究人员会设置不同的控制变量来观察变化对系统性能的影响，例如改变土壤类型、灌溉条件或作物种植密度等。通过这些试验，可以观察到新技术在不同条件下的适应性和稳定性，识别可能导致作物减产或质量下降的因素。此外，试验验证还可以揭示环境因素对农业技术效率的影响，如温度变化、湿度条件等对作物生长的影响，以及潜在的环境风险，如化肥和农药残留对土壤和水源的污染。

有效的试验验证不仅需要科学的设计和方法论支持，还需要充分考虑地域特性和目标市场的实际需求。这意味着试验的设计必须基于对当地农业生态系统深入的理解和对目标作物需求的准确把握。此外，试验验证的过程中还需累积大量的数据，并通过统计分析方法来确保结果的准确性和可靠性。

通过试验验证，绿色农业可以在推广新技术前有效地评估和降低风险，提高农业生产的可持续性和生态友好性。尽管试验验证方法可能需要较长的时间和较高的成本，但它提供的深入见解和科学证据是其他风险识别方法无法替代的，对于确保农业技术安全和高效至关重要。

在具体运用绿色农业的风险识别方法时需要依据实际情况来选择合适的方法进行辨识。绿色农业生产面临的自然、社会、经济、法律和政治环境如何等等，相关人员都应该进行认真分析、识别，以对绿色农业发展中潜在的风险作出较为准确的判断。

第三节　绿色农业发展的风险防范策略

一、建立绿色农业风险预警系统

建立绿色农业风险预警系统旨在通过提前识别和预测潜在风险，加强农业生产的稳定性和可持续性。该系统通过综合利用现代信息技术和数据分析，能够对各种可能影响农业的因素进行实时监控和评估，包括市场波动、气候变化、政策调整等，从而为政府部门和农户提供科学的决策支持。

系统的构建首先考虑的是信息的全面性和实时性。政府相关部门需要协调农业、气象、水利等部门，共同收集与农业生产紧密相关的各类数据，包括气候数据、市场价格、农产品供需情况、农业政策变动等。这些数据被系统化地整理和加工，形成可供分析和预测的数据库。其次，通过建立省、市、县、乡四级信息网络和资源数据库，系统可以实现数据的高效流通和处理。数据库不仅储存历史数据，也实时更新最新数据，保证信息的时效性和准确性。在此基础上，应用大数据分析、人工智能等技术进行深入分析，识别出可能的风险模式和趋势。系统根据分析结果，通过多种通信渠道定期向农业部门和农户发送预警信息。如即将到来的极端天气事件、市场价格大幅波动的预警、政策变动的即时通知等。通过及时的预警，农户可以提前做好准备，如调整种植计划、采取措施保护作物、优化销售策略等，有效减少损失。此外，预警系统的建设还需考虑到用户的易用性和接受度。这要求系统界面友好，信息传递清晰，并且要进行定期的用户培训，使农户能够理解和正确使用系统提供的信息。同时，政府应加大对农业信息化的投入，提供必要的技术和财政支持，确保系统的持续运行和更新。最后，为了保证系统的有效性和动态更新能力，还需要建立反馈机制。通过收集用户的反馈信息，分析系统运行的实际效果，及时调整和优化系统功能。这包括增强数据分析的准确性，扩大信息覆盖的范围，提高预警的及时性和针对性。

二、培养科技型职业农民

在我国，尽管农业仍是许多地区的经济支柱，但广大农民的文化和技术水平普遍不高，这直接影响了他们对新技术的接受度和绿色农业风险应对能力。因此，必须大力培育科技型职业农民。具体可以从以下几个方面入手：

一是通过设立农业职业学校和技术培训中心，为农民提供学习现代农业知识和技能的机会。这些培训通常包括现代农业技术的使用、病虫害防治方法、作物栽培技术以及环境保护和资源管理等。培训内容还应包括市场分析和农业经济管理。农民通过学习市场分析方法，可以更加理性地评估作物的市场前景，做出更为科学的种植和销售决策。同时，学习如何根据市场行情和自身条件合理调整生产结构，当市场发生变动时能够灵活应对，避免重大经济损失。

二是大力发展农村高等教育，鼓励高学历、高素质的技术人才进入农业领域，不仅可以提高农业技术的推广效率，还能促进农业管理和经济分析的专业化。这些人才可以在农村进行技术指导和经济策划，帮助农民理性分析市场趋势，合理规划生产，从而避免盲目跟风和错误的生产决策。

三是加强对农民的信息化教育，提高农民的风险管理能力。农民通过学习如何利用互联网和其他数字工具来获取市场信息、气候预报等，可以更好地制定生产计划和应对策略。农业信息网和数据库的建立，为农民提供了实时的市场动态和技术信息，是提高其市场响应速度和风险预警能力的有效途径，因此农民应积极掌握使用这些信息网和数据库的方法。

在实施培训计划时，需要考虑到培训的普及性和深入性。这意味着培训不仅要面向青年农民，也要关注中老年农民，确保技术传播的广度和深度。此外，培训方式也应多样化，包括面对面教学、在线课程和实地操作等，以适应不同农民的学习习惯和需求。

三、建立绿色农业产品价格保护机制

建立绿色农业产品价格保护机制是应对绿色农业市场波动风险的有效策略。该机制通过政府的直接介入，确保农产品价格的稳定，避免因市场供需不平衡导致的价格大幅波动，从而减少农民面临的经济风险。

绿色农业产品价格保护机制包括绿色农产品收购价格保护制度和绿色农产品的储备制度两个主要部分。收购价格保护制度旨在设定一个保护价格，即政府承诺在市场价格下跌到此水平时，将介入市场，通过收购农产品来支持价格。这一策略确保农民即使在市场价格低迷时期也能获得预期的最低收入，增强其对农业投资的信心，鼓励其继续从事绿色农业生产。储备制度则是通过政府或指定机构在市场价格较低时购入并储存农产品，待市场价格上涨时再行抛售，以此方法调节市场供需关系，稳定市场价格。这不仅有助于平抑价格波动，也为应对可能的食品安全危机提供了一定的缓冲。例如，当遇到自然灾害或其他影响产量的因素时，储备的农产品可以被投放市场，缓解供应紧张的状况。

建立绿色农业产品价格保护机制还需考虑农业市场信息的特性。市场信息通常存在一定的滞后性，政府的介入应更多地集中在通过提前的市场分析预测市场趋势，而非仅在市场已经出现严重供需失衡时才采取措施。这要求政府加强市场监测和预测能力，建立一个包括价格信息、产量信息、市场需求预测等在内的全面信息系统，以便在市场变动前做好准备，提前调整策略。此外，还需注意绿色农业产品价格保护机制的透明性和公正性。政府在设定保护价格时，需要广泛听取包括农民、消费者代表、农业专家等多方面的意见，确保价格既能保障农民的利益，又不会对消费者造成过大的负担。同时，收购和储备的操作应公开透明，避免腐败和资源浪费的问题，确保资源的有效利用。

四、建立绿色农业风险专项基金制度

绿色农业风险专项基金用于为绿色农业风险提供财务支持，用于补偿和救助遇到自然灾害或市场波动等风险事件的农民，有效地转嫁农业风险，减

轻受灾农民的经济压力。

政府应根据每年的财政状况划拨一定比例的收入用于绿色农业风险专项基金的建立。资金的提取和管理，需要严格的制度化操作，确保基金的稳定性和可持续性。基金的规模可根据各地经济发展情况和农业风险的具体需要来确定，以适应不同地区面临的风险特点和救助需求。

为了保证基金的有效管理和使用，可以成立一个专门的农业风险基金委员会。委员会由经济、农业及财政专家组成，负责监督基金的收入、支出和投资操作。委员会的职责包括评估救助申请、确定补偿标准、监督资金的发放及跟踪资金使用的效果。为了实现基金数量的累积增加并保证资金的保值增值，基金管理委员会可以将部分基金进行风险较小的投资。投资应考虑到安全性和流动性，确保在需要时能够迅速转换为现金，用于应对急迫的农业风险。

在制度实施过程中，农业部门或地方政府应加大宣传，提高农民对风险基金制度的认知，鼓励他们在遇到风险时积极申请基金支持，从而减轻自身的经济负担。

五、创新绿色农业巨灾风险分散机制

我国的农业面临多种自然灾害风险，这些巨灾事件极易造成重大损失。目前，我国农业巨灾风险管理主要依赖于政府救济、社会捐助和农民自主管理等传统方式，这些措施多为灾后应对，缺乏前瞻性和系统性。此外，现有的农业保险体系由于赔付率高和风险集中，往往面临资金不足和破产风险的问题。因此，建立一个有效的巨灾风险分散机制，尤其是通过成立专业的农业再保险公司，对于增强农业的风险抵御能力具有重要意义。农业再保险公司的设立可以为农业保险公司提供风险分担的平台。再保险机构通过承接一部分或全部保险公司的巨灾风险，可以显著降低单一保险公司面对的风险暴露，特别是在面对高频率或高强度自然灾害时。这样的机制不仅有助于保险公司维持财务稳定，防止因巨灾赔付导致的资不抵债，还可以通过风险分散降低整体保费水平，促进农民购买保险，增加保险的普及率。

在政策层面，政府应出台相关支持措施，鼓励并引导金融机构和保险资

本进入农业再保险市场。政府可以通过提供税收优惠、财政补贴或风险投资等方式，激励私营部门和国有企业共同参与农业再保险市场的构建。此外，政府还应制定相关法规，确保再保险市场的运作透明、公正，同时加强监管，确保再保险活动的安全性和有效性。

六、建立与完善现代绿色农业商业保险体系

在现代农业环境下，由于农业的固有风险高和赔付率高的特性，农业保险经常面临赔付压力大和保险公司利润低甚至亏损的困境。为了解决这一问题，需要从中央到地方建立一套完整的农业商业保险组织体系，不仅能够有效管理农业保险业务，还能为农民、农产品经营者及农业信贷机构提供广泛的保险服务。

该保险体系的建立需要围绕以下几个方面进行：

一是根据不同地区的农业特性和风险类型设计具有针对性的保险产品，包括作物保险、畜牧保险、渔业保险及林业保险等，每种保险都应针对特定的风险因素进行设计，如气候变化、病虫害、市场价格波动等。二是加强政府的支持和参与。政府应通过立法和政策引导，为农业保险市场的发展提供法律和政策支持，包括提供税收优惠、财政补贴或风险共担机制等。这样的措施可以降低保险公司的运营风险和成本，使保险产品更加经济实惠，从而提高农民的购买意愿。三是增强保险机构的风险管理能力。保险公司应利用先进的数据分析技术和风险评估工具，准确预测和量化农业风险。四是建立有效的索赔和补偿机制，确保在灾害发生后，农民能够得到快速和公正的赔偿，这不仅能够减轻农民的经济负担，还能增强农民对农业保险的信任和依赖。为此，保险机构需要设立透明的索赔程序和标准，提高处理索赔的效率。五是进行广泛的教育和宣传，提高农业保险普及率。通过教育和宣传，增加农民对农业保险重要性的认识，让农民了解保险如何帮助他们转移风险、分散损失并在灾害发生时获得补偿。

参考文献

[1] 乔颖丽. 新形势下农业微观组织发展趋势研究 [M]. 北京：清华大学出版社，2016.

[2] 张兵，应瑞瑶，陈振华. 农业微观经济组织：变迁、创新、发展 [M]. 北京：中国农业科技出版社，2000.

[3] 郑景骥. 中国农业微观基础的组织创新 [M]. 成都：四川人民出版社，2001.

[4] 杨建良. 农业经营管理 [M]. 石家庄：河北科学技术出版社，2013.

[5] 李秉龙，王胜利，王可山. 农业经济管理概论 [M]. 北京：中共中央党校出版社，2005.

[6] 董晓燕，徐刚，马仲霞. 信息化背景下农业经济管理研究 [M]. 北京：线装书局，2022.

[7] 孟海红，王艳芹. 农业经济管理理论与实践研究 [M]. 长春：吉林人民出版社，2023.

[8] 高博文. 农业经济的发展与管理研究 [M]. 长春：吉林出版集团股份有限公司，2023.

[9] 施孝忠. 农业经济管理与可持续发展研究 [M]. 北京：科学技术文献出版社，2019.

[10] 谭胤宁. 现代农业经济管理理论及前沿性问题研究 [M]. 北京：中国商务出版社，2014.

[11] 郭翔宇. 农业经济管理前沿问题研究 [M]. 北京：中国财政经济出版社，2012.

[12] 巫国兴，邓燕文. 新编农业经济管理概论 [M]. 厦门：厦门大学出版社，2001.

[13] 赖作卿. 产业分化与企业成长农业产业化的理论与实证研究 [M]. 太原：山西经济出版社，2003.

[14] 谭静，陈文宽. 农业产业化新论 [M]. 成都：四川科学技术出版社，2006.

[15] 赵邦宏，邸文祥. 中国农业产业化经营 [M]. 北京：中国物价出版社，2002.

[16] 雷俊忠，饶开宇. 农业产业化经营研究 [M]. 成都：电子科技大学出版社，2008.

[17] 罗东明，杨明洪. 我国农业产业化经营风险研究 [M]. 哈尔滨：哈尔滨工程大学出版社，2007.

[18] 彭代彦. 农业生产要素配置和农产品供给的计量分析 [M]. 武汉：华中科技大学出版社，2003.

[19] 张礼招，兰莉，刘冬梅. 现代绿色农业综合实用技术 [M]. 赤峰：内蒙古科学技术出版社，2022.

[20] 黄金鹏，杜巍，严立东，等. 绿色农业模式与技术 [M]. 广州：世界图书出版广东有限公司，2012.

[21] 袁建伟，晚春东，肖维鸽，等. 中国绿色农业产业链发展模式研究 [M]. 杭州：浙江工商大学出版社，2018.11.

[22] 揭益寿. 中国绿色循环农业与社会主义新农村建设 [M]. 徐州：中国矿业大学出版社，2006.

[23] 金丽华，封树立，谢云梦. 绿色农业循环发展与种植研究 [M]. 长春：吉林科学技术出版社，2022.

[24] 刘连馥. 中国绿色农业发展报告 [M]. 北京：中国农业出版社，2019.

[25] 赵丽红，刘薇. 绿色农业经济发展 [M]. 咸阳：西北农林科技大学出版社，2019.

[26] 徐步朝，徐雨杭. 江西绿色农业新供给战略研究 [M]. 南昌：江西人民出版社，2022.

[27] 季明川. 资源环境与绿色农业发展 [M]. 北京：中国农业出版社，2018.

[28] 段景田，段博俊. 绿色农业发展研究 [M]. 北京：中国农业出版社，2017.

[29] 方芳. 上海都市现代绿色农业发展与典型案例 [M]. 上海：上海财经大学出版社，2021.

[30] 吴雪莲. 农户绿色农业技术采纳行为研究 [M]. 北京：中国农业出版社，2017.

[31] 郭洪军，李彦. 济南市绿色农业示范区建设的模式探索与实践 [M]. 北京：中国农业科学技术出版社，2018.

[32] 张伟 . 北京绿色农业金融发展机制研究 [M]. 北京：中国金融出版社，2018.

[33] 傅琳琳 . 浙江省绿色农业发展评价与产业链发展模式研究 [M]. 北京：中国农业出版社，2022.

[34] 严立冬 . 绿色农业组织与管理论 [M]. 北京：人民出版社，2015.12.

[35] 朱晓红 . 农业大数据在农业经济管理中的应用 [J]. 中国农业会计，2024，34（4）：109–111.

[36] 蔡春旬 . 农业经济管理对农村经济发展的促进作用探讨 [J]. 农机市场，2024（2）：75–76.

[37] 陈霞 . 乡村振兴背景下农业经济管理对农村经济发展的促进作用 [J]. 中国集体经济，2024（5）：49–52.

[38] 宋鸿艳 . 论信息化在提高农业经济管理效能中的作用及措施 [J]. 山西农经，2024（2）：162–164.

[39] 徐福锁 . 农业经济管理的信息化建设研究 [J]. 财经界，2024（2）：15–17.

[40] 郭美兰 . 新农村建设背景下农业经济管理的优化路径分析 [J]. 中国市场，2023（34）：31–34.

[41] 袁钦丽 . 基于新农村建设环境探讨农业经济管理的优化路径 [J]. 河北农业，2023（11）：33–34.

[42] 李秀梅 . 农业经济转型期农业经济管理科学发展的研究 [J]. 农村实用技术，2023（11）：18–19.

[43] 岳国强 . 信息化促进乡村振兴提高农业经济管理效能的作用 [J]. 农业工程技术，2023，43（29）：126–127.

[44] 王阿静，覃思怡，汤玉晴，等 . 绿色金融助力安徽绿色农业发展的研究 [J]. 中国集体经济，2024（8）：39–43.

[45] 沈红丽，茹祥隆 . 数字金融对农业绿色发展的影响效应与机制研究 [J]. 华北金融，2024（2）：32–47.

[46] 郭清华 . 绿色农业种植技术推广中存在问题及发展建议 [J]. 农机市场，2024（2）：58–60.

[47] 栾红旭，王丹丹 . 我国农业绿色发展研究 [J]. 生态经济，2024，40（2）：230–231.

[48] 木天琦，起建凌 . 数字经济时代下农业绿色发展路径探索：以云南省为

例 [J]. 南方农机，2024，55（3）：184–186，198.

[49] 张近乐，姚冰洋. 绿色信贷促进农业农村绿色产业发展路径探析 [J]. 财经理论与实践，2024，45（1）：91–96.

[50] 杨秋实. 乡村振兴背景下农业绿色发展的问题研究 [J]. 现代化农业，2024（1）：72–74.

[51] 王亚珍. 绿色农业种植技术推广的重要性和发展措施 [J]. 种子科技，2024，42（1）：131–133，154.

[52] 符建华，薛静娴. 数字乡村建设、农村人力资本与农业绿色发展 [J]. 调研世界，2024（1）：15–25.

[53] 连华，徐晓雪，徐建堂. 山东省绿色农业高质量发展中存在的问题及对策建议 [J]. 山东农业工程学院学报，2024，41（1）：18–22.

[54] 梁炜昊. 绿色发展视域下农业高质量发展的机遇、挑战与应对策略 [J]. 农业经济，2024（1）：7–10.

[55] 赵永双，孙瑜，张帆，等. 中国农业绿色发展绩效测度与提升路径研究 [J]. 湖北农业科学，2022，61（11）：208–213.

[56] 蒋海玲，潘晓晓，王冀宁，等. 基于网络分析法的农业绿色发展政策绩效评价 [J]. 科技管理研究，2020，40（1）：236–243.

[57] 魏芳，余思明，覃朝晖. 农业绿色转型与农业高质量耦合协调发展研究 [J]. 商业经济，2024（1）：142–145.

[58] 高永祥. 新发展格局下江苏省农业绿色转型发展现状及创新策略研究 [J]. 现代商贸工业，2023，44（11）：10–12.

[59] 林芮. "互联网 +" 背景下绿色农业电子商务发展策略的探析 [J]. 商场现代化，2022（16）：60–62.

[60] 黄茂兴，马永伟. 农业绿色发展的本质特征和实践策略 [J]. 农村金融研究，2022（7）：3–9.

[61] 张俊峰. 加快绿色农业经济发展的策略 [J]. 农家参谋，2018（20）：4.

[62] 韩祖奇. 当前我国生态农业绿色营销发展策略研究 [J]. 农业经济，2018（6）：118–120.

[63] 许烜，符勋芳. 我国绿色农业产业集群发展策略 [J]. 农村经济与科技，2016，27（19）：24–26.

[64] 刘银行，黄凯莉. 新型农业经营主体绿色发展的金融服务路径与策略研究 [J].
现代金融导刊，2022（5）：64-68.

[65] 张卫建. 推进我国农业绿色高质量发展的作物布局优化策略 [J]. 民主与科学，
2021（6）：18-21.

[66] 田志勇. 有机绿色农业发展策略浅析 [J]. 南方农业，2019，13（33）：123-
124.

[67] 胡星汝. 绿色金融在乡镇农业经济中应用的问题与对策 [J]. 农业科技与装备，
2023（4）：63-64.

[68] 郭微微，杨琳，陈艳芬，等. 加强农业投入品管理 助推绿色食品产业健康发
展 [J]. 上海农村经济，2023（1）：14-16.

[69] 赵海霞. 植物保护技术在农业绿色发展中的应用与管理措施探析 [J]. 种子科
技，2022，40（6）：112-114.

[70] 杨爱霞，张海珍. 开发绿色食品推进绿色农业可持续发展 [J]. 现代农村科技，
2021（4）：7.

[71] 刘晓丽. 绿色农业中政府、企业、农户的行为博弈研究 [J]. 质量与市场，2021
（1）：104-105.

[72] 桑晟赟. 基于绿色蔬菜的农业设施标准化管理优化策略 [J]. 农业技术与装备，
2020（12）：100-101.

[73] 刘晶晶，康升云. 绿色食品概念辨析及生产管理应用 [J]. 农业与技术，2020，
40（12）：172-174.

[74] 王农，李无双，潘淑君，等. 发展绿色农业的探讨与思考 [J]. 天津农业科学，
2018，24（5）：30-32，43.

[75] 王笑丛. 绿色生产决策的影响因素与效果分析 [J]. 社会科学家，2018（2）：
76-81.

[76] 谷永芬，吴倩. 我国农业产业链升级路径选择 [J]. 江西社会科学，2011，31（8）：
88-93.

[77] 李萍，何瑞石，宋晓松. 有效提升我国农业产业链供应链韧性 [J]. 宏观经济管
理，2024（2）：61-69.

[78] 初侨,燕艳华,翟明普,等.现代农业全产业链标准体系发展路径与对策研究[J].
中国工程科学，2021，23（3）：8-15.

[79] 安晓宁.财政支农创新协调绿色开放共享的政策实践[J].农村工作通讯，2017（23）：42-43.

[80] 司祥慧.中国农业绿色发展水平的综合评价及提升对策研究[D].济南：山东财经大学，2023.

[81] 魏颖芳.新时代农业绿色发展研究[D].长春：吉林大学，2023.

[82] 冯琳.新型农业经营主体绿色发展行为的影响因素及对绩效的作用研究[D].镇江：江苏大学，2023.

[83] 胡长波.绿色农业技术推广的实现路径研究[D].郑州：河南农业大学，2022.

[84] 华长营.数字普惠金融对农业绿色发展的影响研究[D].郑州：郑州航空工业管理学院，2022.

[85] 张梦臻.中国农业绿色发展绩效的时空演变特征及影响机制研究[D].郑州：河南大学，2021.

[86] 龚雅婷.技术进步、环境规制对我国农业绿色全要素生产率的影响研究[D].成都：西南财经大学，2021.

[87] 王弘儒.中国农业绿色发展绩效评价及治理对策研究[D].济南：山东财经大学，2018.

[88] 张春梅.绿色农业发展机制研究[D].长春：吉林大学，2017.